Lieferkettensorgfaltspflichtengesetz

Roland Falder · Constantin Frank-Fahle
Peter Poleacov

Lieferkettensorgfaltspf- lichtengesetz

Ein Überblick für Praktiker

Roland Falder
Emplawyers PartmbB
München, Deutschland

Peter Poleacov
INN.LAW® - Innovative Lawyers
Düsseldorf, Deutschland

Constantin Frank-Fahle
emltc,
Abu Dhabi/Dubai,
United Arab Emirates

ISBN 978-3-658-36836-4   ISBN 978-3-658-36837-1 (eBook)
https://doi.org/10.1007/978-3-658-36837-1

Die Deutsche Nationalbibliothek verzeichnet diese Publikation in der Deutschen Nationalbibliografie; detaillierte bibliografische Daten sind im Internet über http://dnb.d-nb.de abrufbar.

Springer Gabler
© Der/die Herausgeber bzw. der/die Autor(en), exklusiv lizenziert an Springer Fachmedien Wiesbaden GmbH, ein Teil von Springer Nature 2022
Lektorat/Planung: Irene Buttkus
Springer Gabler ist ein Imprint der eingetragenen Gesellschaft Springer Fachmedien Wiesbaden GmbH und ist ein Teil von Springer Nature.
Die Anschrift der Gesellschaft ist: Abraham-Lincoln-Str. 46, 65189 Wiesbaden, Germany

Vorwort

Das Lieferkettensorgfaltspflichtengesetz (LkSG) wird in den kommenden Jahren einen prägenden Einfluss auf die außenwirtschaftlichen Beziehungen in Deutschland ansässiger Unternehmen, aber auch auf deren in- und ausländische Geschäftspartner, haben.

Das vorliegende Werk soll Unternehmen einen ersten, jedoch fundierten Überblick über die neuen im internationalen Wirtschaftsverkehr bedeutenden Verpflichtungen des LkSG verschaffen.

Deutschland ist in besonderem Maße in den Welthandel eingebunden. Auf der einen Seite als Exportnation. Auf der anderen Seite als Einkäufer von Lieferungen und Leistungen aus Auslandsmärkten. Internationale Lieferketten spielen daher eine strategische Rolle für die deutsche Wirtschaft, auch und gerade in Schwellenländern.

Die dortigen Arbeits- und Produktionsbedingungen entsprechen häufig nicht den hierzulande anerkannten Mindeststandards. Während die Einhaltung solcher Standards in Lieferketten bislang auf freiwilliger Basis erfolgte, sieht das LkSG künftig umfangreiche Sorgfaltspflichten vor, die Unternehmen zwingend zu beachten haben. Dies wird Unternehmen in ihrer Compliance-Organisation vor rechtliche, organisatorische und technische Herausforderungen stellen.

Vor dem Hintergrund, dass das Thema „Environmental, Social, and Governance" (ESG) zukünftig an Bedeutung zunehmen wird, halten es die Autoren für zwingend erforderlich, dass sich die Unternehmensleitung, die relevanten Fachabteilungen sowie externe Berater mit den neuen Anforderungen auseinandersetzen.

Die Autoren, allesamt Praktiker mit Schwerpunkten im internationalen Arbeits-, Vertrags- bzw. Wirtschaftsrecht, behandeln die Normen des LkSG in einer leserfreundlichen Struktur. Sie erörtern zentrale Praxisfragen und geben erste praktische Hinweise zur Umsetzung.

Weiterführende Artikel, Handlungsempfehlungen für die Praxis sowie Ankündigungen zu Veranstaltungen zu diesem Thema finden Sie unter www.esg-network.org. Sie erreichen die Autoren für Anmerkungen, Hinweise und Kritik per E-Mail: info@esg-network.org.

München/Dubai/Düsseldorf, Deutschland   Roland Falder
Januar 2022   Dr. Constantin Frank-Fahle
                                                                Peter Poleacov

Inhaltsverzeichnis

Einleitung und Ausgangsüberlegungen 1

Zusammenfassung

Wenige Gesetze wurden in den vergangenen Jahren kontroverser diskutiert als das nunmehr unter dem sperrigen Namen „Lieferkettensorgfaltspflichtengesetz" vom Bundestag verabschiedete Regelwerk. Das Gesetz wird zwar erst am 1. Januar 2023 in Kraft treten, es hat jedoch bereits heute erhebliche Auswirkungen auf Unternehmen im In- und Ausland.

Die Auseinandersetzungen um das Gesetz erscheinen angesichts der geforderten und kaum diskutablen Einhaltung von Menschenrechten und Umweltschutz in internationalen Wirtschaftsbeziehungen zunächst erstaunlich. Insbesondere die Ächtung von Kinderarbeit und Sklaverei ist seit Jahrzehnten internationaler Konsens. Wie so oft steckt jedoch der Teufel im Detail.

Die Wirtschaft befürchtet ein teures „Bürokratiemonster". Ebenso wird durch das Gesetz möglicherweise eine ausufernde, mitunter die Profitabilität des Unternehmens bedrohende Haftung für unter Umständen in fernen Ländern begangene Gesetzesverstöße eingeführt. Hinzu kommen potenzielle Reputationsschäden, die kaum bemessen und erst recht nicht eingegrenzt werden können. Nach Ansicht deutscher Wirtschaftsverbände stelle das Gesetz zudem einen erheblichen Wettbewerbsnachteil für deutsche Unternehmen im internationalen Wettbewerb dar.

Ganz anders sehen dies zivilgesellschaftliche Organisationen und Bündnisse, die sich im September 2019 zu der „Initiative Lieferkettengesetz" zusammengeschlossen hatten. 18 Trägerorganisationen und 72 Unterstützerorganisationen, darunter der Deutsche Gewerkschaftsbund (DGB), Misereor, Oxfam, Greenpeace, Germanwatch und Brot für die Welt (um nur einige zu nennen) üben seit Jahren

Druck auf die Bundesregierung aus, sich verstärkt um den Schutz von Umwelt und Menschenrechten zu kümmern und hierzu eine gesetzliche Regelung zu schaffen.

Politisch war das Gesetz angesichts dieser Konstellation erstaunlich wenig umstritten. Energisch vorangetrieben durch die Minister Hubertus Heil (Bundesminister für Arbeit und Soziales, SPD) und Dr. Gerd Müller (Bundesminister für wirtschaftliche Zusammenarbeit und Entwicklung, CSU) gab es zwar Diskussionen um Details, nicht jedoch um die grundsätzliche Ausrichtung. Da auch andere Parteien wie Grüne, Linke und FDP grundsätzlich zustimmten, ergab sich ein breiter Konsens, der letztlich zu der Verabschiedung des Gesetzes noch vor Ende der Legislaturperiode 2021 führte.

Wie nicht selten in der deutschen Politik, war es ein katastrophales Einzelereignis, dass die Motivation der Handelnden wesentlich bestimmte. In diesem Fall handelte es sich um einen Brand in einer Textilfabrik in Bangladesch (Rana Plaza) im Jahr 2013 mit 1134 Toten, darunter besonders viele Frauen und Kinder. Die dortigen Arbeitsbedingungen, bspw. verschlossene Notausgänge und vergitterte Fenster sowie unsachgemäß gelagerte feuerempfindliche Materialien, trugen erheblich zu den katastrophalen Folgen bei. Da die Textilfabrik ganz überwiegend für den Export arbeitete, wurde sogleich die Frage nach der Verantwortung deutscher Unternehmen gestellt. Klagen persönlich Betroffener in Deutschland scheiterten an formalen Hürden, was den Handlungsbedarf auf Seiten des Gesetzgebers aus Sicht der maßgeblichen Akteure anschaulich illustrierte.

Hintergrundinformationen

Es war der damalige Minister Dr. Gerd Müller, der in einer emotionalen Rede anlässlich der dritten Lesung des Gesetzes im Bundestag folgende Eingangsworte wählte:

„Nie wieder Rana Plaza!": Das hat mir den Mut gegeben und auch die Kraft beim Besuch an den Trümmern in Bangladesch vor sieben Jahren. „Nie wieder Rana Plaza!": Das war das Versprechen, nachdem 1100 Frauen gestorben sind, weil grundlegende Bedingungen der Arbeitssicherheit nicht eingehalten wurden. Heute, acht Jahre danach – es hat acht Jahre gedauert –, sage ich: Wir haben euch nicht vergessen."

Gegen diese Bilder und Argumente hatte die deutsche Wirtschaft von Anbeginn an einen schweren Stand und kämpfte lediglich Rückzugsgefechte, etwa um die Frage der zivilrechtlichen Haftung deutscher Unternehmen gegenüber ausländischen Geschädigten.

Daran trägt die Wirtschaft aber auch ein gewisses Maß an Eigenverschulden. Der deutsche „Nationale Aktionsplan" basierend auf den UN-Leitlinien für Wirtschaft und Menschenrechte sah nämlich zunächst eine freiwillige Umsetzung des Plans vor. Aktiv wurde der Gesetzgeber jedoch erst, als eine Erhebung nachwies, dass sich weniger als 20 % der Unternehmen freiwillig an den Vorgaben des Plans orientierten.

Das Gesetz knüpft an die globale Einbettung der deutschen Wirtschaft an. Deutsche Unternehmen sind nach Einschätzung des Gesetzgebers durch ihre starke Einbindung in globale Absatz- und Beschaffungsmärkte in besonderer Weise mit menschenrechtlichen Herausforderungen in ihren Lieferketten konfrontiert. Das betrifft insbesondere volkswirtschaftlich bedeutende Branchen wie die Automobilindustrie, den Maschinenbau, die Metallindustrie, Chemie, die Textilbranche, Nahrungs- und Genussmittelunternehmen, den Groß- und Einzelhandel, die Elektronikindustrie und Energieversorger. Dies prädestiniert deutsche Unternehmen nach Auffassung des Gesetzgebers dazu, durch Ausübung ihrer wirtschaftlichen Macht die Grundprinzipien eines fairen Welthandelssystems durchzusetzen.

Eine der vielen offenen Fragen, die sich aus diesem Ansatz ergibt, ist diejenige nach dem Verhältnis zu nationaler und vor allem internationaler Politik. Natürlich, dies erkennt auch der Gesetzgeber in der Begründung des Gesetzes an, ist es in erster Linie Aufgabe der Politik internationalen Abkommen und Konventionen zur weltweiten Geltung zu verhelfen. Oftmals können in vielen Regionen der Welt staatliche Einflüsse auf die nationale Wirtschaft Menschenrechts- und Umweltverstöße nicht verhindern, wenn nicht in Einzelfällen sogar fördern. Hinzu kommen fundamentale Unterschiede in der Auslegung der Menschenrechte. Denn vielfach handelt es sich um interpretationsbedürftige Formulierungen, über die eben kein internationaler Konsens besteht. Allerdings geht es nicht nur um Formulierungen und Gesetzesauslegungen. In etlichen Fällen gibt es nicht einmal im Ansatz einen Konsens über den Kanon der Menschenrechte, wenn etwa in einigen Ländern bestimmte Handlungen ausdrücklich unter Strafe gestellt sind, die andernorts dem Schutz der Menschenrechte unterfallen.

Die entscheidende Frage, auch für die Anwendung dieses Gesetzes ist, wie weit von Unternehmen verlangt werden kann, Prinzipien umzusetzen, deren internationale Durchsetzung nicht einmal Staaten oder internationalen Organisationen gelingt.

Übersicht
Die vorliegende Publikation behandelt zunächst den Adressatenkreis und die geschützten Rechtsgüter, ehe aufzeigt wird, welche Glieder der Lieferkette in welchem Ausmaß betroffen sind. Dabei wird u. a. dargestellt, wie die gesetzlich vorgesehene Weitergabe von Pflichten auf vertraglicher Grundlage in praktischer Hinsicht erfolgen kann. Auch Fragen des internationalen Privatrechts werden diesbezüglich angesprochen.

Einen wesentlichen Teil der Darstellung nehmen die Sorgfaltspflichten ein, die Unternehmen und deren Partner künftig einhalten müssen. Hieraus resultierende Folgeverpflichtungen, wie Mitarbeiterschulungen und Audits – gerade auch im Ausland – und sich daraus ergebende praktische Probleme werden ebenfalls thematisiert.

In engem Zusammenhang mit den Pflichten stehen die zivilrechtlichen und öffentlich-rechtlichen Haftungsfragen. Das Ausmaß der potenziellen Sanktionen zeigt, wie ernst das Gesetz genommen werden muss. Noch bedeutender als finanzielle Folgen von Verstößen können drohende Reputationsschäden sein. Der öffentliche „Pranger" und der „Stempel" mit Menschenrechtsverletzungen Geld zu verdienen, dürfte vielfach größere Wirkung bei Unternehmen erzielen, als die vage Gefahr eines Bußgeldes. Andererseits kann mit einer proaktiven Herangehensweise viel für die Marke (Branding) und das Ansehen bei Mitarbeitern, Kunden und Geschäftspartnern gewonnen werden. Es ist zudem damit zu rechnen, dass Anteilseigner und Geschäftspartner (z. B. Banken) entsprechenden Druck ausüben werden.

Abschließend erfolgt ein Ausblick auf künftige Entwicklungen. Dabei bleibt nicht unberücksichtigt, dass es sich nicht um einen deutschen Alleingang handelt, sondern bereits auf vielen Ebenen Initiativen zu ESG/ESC (Environmental, Social and Governance/Compliance) bestehen und stetig weiterentwickelt werden. Das jüngste Beispiel ist der US Uyghur Forced Labor Prevention Act (HR 6256) (UFLPA), der am 23. Dezember 2021 von Präsident Biden unterzeichnet wurde.

Nicht zu verkennen sind jedoch auch gegenläufige Tendenzen in einigen wichtigen Volkswirtschaften, wie China, wo Gesetze wie das Lieferkettensorgfaltspflichtengesetz als westlicher Neo-Kolonialismus und Versuch betrachtet werden, eine aufstrebende Volkswirtschaft zu behindern. Dadurch entsteht eine beachtliche Sprengkraft für die Globalisierung, die Unternehmen gerade in Zeiten des Umbruchs vor große Herausforderungen stellt und einer sorgfältigen strategischen Planung bedarf.

Unternehmensbezogener und territorialer Anwendungsbereich

2

Zusammenfassung

Der Anwendungsbereich des Gesetzes wird in § 1 LkSG legaldefiniert. In diesem Rahmen wird sowohl auf den unternehmensbezogenen (persönlichen) als auch auf den territorialen Anwendungsbereich eingegangen. Grundsätzlich werden Unternehmen, die eine gefestigte Verbindung zur Bundesrepublik Deutschland und mindestens 3000 (ab dem 1. Januar 2024: 1000) Arbeitnehmer haben, erfasst. Wenn auch die Regelung bezüglich des Anwendungsbereichs grundsätzlich detailliert ausgestaltet ist, bleiben Fragen bezüglich eines indirekten Anwendungsbereichs offen.

Der Gesetzgeber unterscheidet im Rahmen der Lieferkette zwischen unmittelbaren und mittelbaren Zulieferern und setzt dementsprechend verschiedene Anforderungen an die verschiedenen Lieferantentypen.

Was Sie aus diesem Kapitel mitnehmen
- Voraussetzungen des unternehmensbezogenen (persönlichen) und territorialen Anwendungsbereichs
- Klärung der Anwendbarkeit des LkSG auf Tochtergesellschaften bzw. Niederlassungen von deutschen Unternehmen im Ausland

Mit der Einführung des Lieferkettensorgfaltspflichtengesetzes (LkSG) versucht der deutsche Gesetzgeber die internationale Menschenrechtslage und den Umweltschutz durch eine verantwortungsvolle Gestaltung von Lieferketten zu verbessern.

© Der/die Autor(en), exklusiv lizenziert durch Springer Fachmedien
Wiesbaden GmbH, ein Teil von Springer Nature 2022
R. Falder et al., *Lieferkettensorgfaltspflichtengesetz*,
https://doi.org/10.1007/978-3-658-36837-1_2

Den Anknüpfungspunkt bilden dabei in Deutschland ansässige Unternehmen. Wenngleich die Gesetzesdefinition von Unternehmen in einem konkreten Maß erfolgt, bleiben dennoch Fragen – gerade im Hinblick auf den geografischen, d. h. unternehmensbezogenen Anwendungsbereich – offen.

2.1 Unternehmensbezogener (persönlicher) Anwendungsbereich

§ 1 Anwendungsbereich

(1)   Dieses Gesetz ist anzuwenden auf Unternehmen ungeachtet ihrer Rechtsform, die

1.   ihre Hauptverwaltung, ihre Hauptniederlassung, ihren Verwaltungssitz oder ihren satzungsmäßigen Sitz im Inland haben und
2.   in der Regel mindestens 3000 Arbeitnehmer im Inland beschäftigen; ins Ausland entsandte Arbeitnehmer sind erfasst.

Abweichend von Satz 1 Nummer 1 ist dieses Gesetz auch anzuwenden auf Unternehmen ungeachtet ihrer Rechtsform, die

1.   eine Zweigniederlassung gemäß § 13d des Handelsgesetzbuchs im Inland haben und
2.   in der Regel mindestens 3000 Arbeitnehmer im Inland beschäftigen.

Ab dem 1. Januar 2024 betragen die in Satz 1 Nummer 2 und Satz 2 Nummer 2 vorgesehenen Schwellenwerte jeweils 1000 Arbeitnehmer.

Nach der Gesetzesbegründung ist der Begriff des „Unternehmens" rechtsformneutral, mit der Folge, dass keinerlei Beschränkungen bezüglich der Rechtsform bestehen, da hiervon das Bestehen von menschenrechtlichen oder umweltbezogenen Risiken nicht abhängt.

▶ Das LkSG richtet sich an Unternehmen, speziell an die jeweilige natürliche oder juristische Person oder sonstige Personengesellschaft als Rechtsträgerin des Unternehmens.

2.1.1 Unternehmen mit Verbindung zur Bundesrepublik Deutschland (§ 1 Abs. 1 S. 1 Nr. 1 LkSG)

Es werden Unternehmen, die einen Inlandsbezug aufweisen, ungeachtet ihrer Rechtsform vom Anwendungsbereich des LkSG erfasst. Ein Inlandsbezug kann sich dadurch ergeben, dass die Hauptverwaltung, die Hauptniederlassung, der Verwaltungssitz oder der satzungsmäßige Sitz in der Bundesrepublik Deutschland liegt.

▶ **Definition** Die Begriffe der Hauptverwaltung, der Hauptniederlassung und des Verwaltungssitzes stammen aus dem europäischen Unionsrecht, sodass deren Verwendung und Definition harmonisiert ist und deren Begrifflichkeiten und Systematik bereits in mehreren Richtlinien und Umsetzungsgesetzen verwendet wurden (bspw. Datenschutzgrundverordnung – DSGVO). Oftmals werden diese Begriffe seitens der Rechtsprechung nationaler Gerichte weiter mit Kriterien ausgefüllt.

Unter **Hauptverwaltung** ist der Ort zu verstehen, an dem die Willensbildung und – für Dritte objektiv erkennbar – die eigentliche unternehmerische Leitung der Gesellschaft erfolgt, also meist der Sitz der Organe, bei einer im Konzern eingebundenen Gesellschaft jedoch nicht der Sitz der Konzernleitung, sondern der Organe desjenigen abhängigen Unternehmens, welches das Niederlassungsrecht in Anspruch nehmen will.

Grundsätzlich können Anhaltspunkte zur Bestimmung des Orts der Hauptverwaltung auch aus Art. 3 Abs. 1 EuInsVO gezogen werden. Diese stellt auf den „Mittelpunkt der hauptsächlichen Interessen" ab.

Die **Hauptniederlassung** stellt den tatsächlichen Geschäftsschwerpunkt und in betriebswirtschaftlicher Sicht den Betriebsmittelpunkt dar. Dies ist bei einer Fabrik die zentrale Produktionsstätte oder sonst ein Ort, an dem sich die wesentlichen personellen Mittel oder Sachmittel konzentrieren.

Der **Verwaltungssitz** ist der Ort, von dem aus ständig und tatsächlich die Geschäfte der Gesellschaft geführt werden, d. h. der Tätigkeitsort der Geschäftsführung und der dazu berufenen Vertretungsorgane. Mithin ist maßgebend, wo die grundlegenden Entscheidungen der Geschäftsführung effektiv in die laufende Geschäftsführung umgesetzt werden.

Der Verwaltungssitz ist vom Satzungssitz der Gesellschaft zu unterscheiden, kann jedoch mit dem Begriff des Ortes der Geschäftsleitung gleichgesetzt werden, welcher sich im Steuerrecht etabliert hat.

Satzungsmäßiger Sitz ist der Ort im Inland, den die Satzung bzw. der Gesellschaftsvertrag bestimmt. Es gilt zu beachten, dass der satzungsmäßige Sitz und der Verwaltungssitz der Gesellschaft nicht identisch sein müssen.

Der Gesetzgeber geht davon aus, dass die relevanten Entscheidungen bezüglich des Risikomanagements von Lieferketten in diesen „Schaltzentralen" getroffen werden und insoweit eine Anwendbarkeit des LkSG rechtfertigen. Im Umkehrschluss bedeutet dies, dass eine Gründung nach deutschem Recht nicht erforderlich ist. In den Anwendungsbereich fallen ebenso Unternehmen, die im Ausland nach europäischem oder ausländischem Recht gegründet wurden und den entsprechenden Inlandsbezug dadurch herstellen, dass sich die „Schaltzentrale" (Hauptverwaltungssitz, Hauptniederlassung oder Verwaltungssitz) in Deutschland befindet.

2.1.2 Niederlassungen mit Verbindung zur Bundesrepublik Deutschland (§ 1 Abs. 1 S. 2 Nr. 1 LkSG)

Über den Inlandsbezug infolge einer „Schaltzentrale" in Deutschland hinaus, erstreckt sich der Anwendungsbereich des LkSG auch auf alle im deutschen Handelsregister eingetragenen Zweigniederlassungen ausländischer Unternehmen, unabhängig davon, ob sich deren Hauptverwaltung oder Verwaltungssitz im Inland befindet.

2.1.3 Arbeitnehmerschwellenwert (§ 1 Abs. 1 S. 1 Nr. 2, S. 2 Nr. 2 und S. 3 LkSG)

Ferner ist der Anwendungsbereich des LkSG nur eröffnet, sofern das Unternehmen bzw. die Niederlassung mindestens 3000 Arbeitnehmer im Inland beschäftigt (§ 1 Abs. 1 S. 1 Nr. 2 und S. 2 Nr. 2 LkSG). Ab dem 1. Januar 2024 wird der Schwellenwert von 3000 auf 1000 Arbeitnehmer gesenkt (§ 1 Abs. 1 S. 3 LkSG).

In § 1 Abs. 1 S. 1 Nr. 2 und S. 2 Nr. 2 LkSG verwendet der Gesetzgeber das Merkmal **„in der Regel"** und stellt hierdurch auf die für das Unternehmen im Allgemeinen prägende Personalstärke ab. Insofern geht das Gesetz einen Mittelweg zwischen rückblickender Betrachtung und der Prognose hinsichtlich der zukünftigen Personalentwicklung.

Hintergrundinformationen
Für die Bewertung ist auf einen angemessenen Referenzzeitraum abzustellen. Dieser ist einzelfallabhängig und sollte sich am Geschäftsjahr des Unternehmens orientieren. Auch im Hinblick auf Stabilität, Planungs- und Rechtssicherheit sind die betroffenen Unternehmen gut beraten, den Prognosezeitraum lang zu bemessen, sodass kurzfristige Schwankungen der Belegschaftsstärke keine Auswirkungen auf die Anwendbarkeit des LkSG haben.

Für die Prognose sind Kriterien heranzuziehen, die auf die Entwicklung des Unternehmens Einfluss haben. Hier sind insbesondere konkrete Veränderungsentscheidungen durch den Arbeitgeber (bspw. zukünftige, kontinuierliche Verkleinerung der Belegschaft bis zu einer gewissen Grenze) zu nennen. Diese Entscheidungen müssen vom zuständigen Gesellschaftsorgan beschlossen werden und ihrer Verwirklichung dürfen keine wesentlichen Hindernisse mehr im Weg stehen. Vor diesem Hintergrund sind bloße Erwartungen oder Absichten nicht ausreichend.

Führen **Leiharbeitnehmer** Arbeitsleistungen für den Entleiher aus, können diese gemäß § 1 Abs. 2 des Gesetzes als Angehörige des entsendenden Betriebs des Verleihers (§ 14 Abs. 1 AÜG) qualifiziert werden.

Das gilt jedoch nur, sofern das Entleihunternehmen längerfristig das Modell der Arbeitnehmerüberlassung als Instrument zur Deckung des Personalbedarfs nutzt. Der Gesetzgeber geht insoweit davon aus, dass der Einsatz der Arbeitnehmerüberlassung kennzeichnend für die maßgebliche Größe des Unternehmens ist. In zeitlicher Hinsicht muss eine Mindesteinsatzdauer von sechs Monaten vorliegen. Nur wenn diese überschritten wird, ist der Einsatz von Leiharbeitnehmern kennzeichnend für die maßgebliche Größe des Unternehmens, mit der Folge, dass die Leiharbeitnehmer hinzuzurechnen sind.

Das Mitzählen der langfristig eingesetzten Leiharbeitnehmer bei der Ermittlung der Arbeitnehmerzahl im Entleihunternehmen für die Anwendbarkeit des LkSG beruht auf der Erkenntnis, dass die Anzahl der eingesetzten Leiharbeitnehmer für die wirtschaftliche Leistungsfähigkeit des Unternehmens genauso relevant ist wie die Stammbelegschaft.

Entsandte Arbeitnehmer sind bei der Berechnung der Arbeitnehmerzahl ebenfalls erfasst. Insbesondere bei verbundenen Unternehmen (§ 15 AktG) sind sämtliche konzernangehörigen Gesellschaften zu berücksichtigen. Hierdurch soll in erster Linie sichergestellt werden, dass die Muttergesellschaft unter das LkSG fällt, unabhängig davon, ob die Arbeitnehmer beim Mutterkonzern oder bei den Tochtergesellschaften beschäftigt sind.

▶ Verbundene Unternehmen sind nach § 15 AktG rechtlich selbstständige Unternehmen, die im Verhältnis zueinander in Mehrheitsbesitz stehende Unternehmen und mit Mehrheit beteiligte Unternehmen, abhängige und herrschende Unternehmen, Konzernunternehmen, wechselseitig beteiligte Unternehmen oder Vertragsteile eines Unternehmensvertrags (nach §§ 291, 292 AktG) sind.

§ 1 Abs. 3 LkSG sieht für die Berechnung der Arbeitnehmerzahl und mithin für die Eröffnung des Anwendungsbereichs bei verbundenen Unternehmen (§ 15 AktG) vor, dass Tochter- und Enkelgesellschaften, sowie Schwester- und deren Tochter- und Enkelgesellschaften mit einzubeziehen sind.

2.2   Territorialer Anwendungsbereich

Bezüglich des territorialen bzw. geografischen Anwendungsbereichs des LkSG muss grundsätzlich ein Inlandsbezug der Unternehmen vorliegen (Abschn. 2.1.1).

Die Regelung des § 2 Abs. 5 S. 2 LkSG stellt klar, dass alle Schritte im In- und Ausland, die zur Herstellung der Produkte und zur Erbringung der Dienstleistungen erforderlich sind, von dem Lieferkettenbegriff umfasst sind.

Daraus resultieren auch Sorgfaltsanforderungen und Nachforschungspflichten für Unternehmen über die deutschen Grenzen hinweg. So erstreckt sich das LkSG nicht nur auf das Handeln im eigenen Geschäftsbereich, sondern auch auf

- unmittelbare Zulieferer und
- mittelbare Zulieferer.

Dabei müssen Zulieferer nur einen Bezug zu der Lieferkette eines in Deutschland ansässigen Unternehmens haben.

§ 2 Abs. 6 S. 2 LkSG knüpft hieran an und definiert den unternehmerischen Geschäftsbereich. Erfasst ist demnach jede Tätigkeit zur Herstellung, Erstellung und Verwertung von Produkten und zur Erbringung von Dienstleistungen, unabhängig davon, ob sie an einem Standort im In- oder Ausland vorgenommen wird.

Insoweit erstreckt sich der territoriale Anwendungsbereich des LkSG in Bezug auf Produktionsprozesse und Dienstleistungserbringung auch aufs Ausland, soweit eine Produktion bzw. Dienstleistungserbringung im Ausland erfolgt.

2.3   Anwendbarkeit auf Tochtergesellschaften bzw. Niederlassungen und Umgehungsstrukturen

Die Anwendbarkeit des LkSG auf Tochtergesellschaften bzw. Niederlassungen bestimmt sich im Wesentlich danach, ob die Aktivitäten der Tochtergesellschaften dem „eigenen Geschäftsbereich" (§ 2 Abs. 5 Nr. 1 LkSG) zurechenbar sind.

2.3.1 Tochtergesellschaften bzw. Niederlassungen innerhalb des „eigenen Geschäftsbereichs"

Das LkSG beschreibt die Sorgfaltspflichten für Unternehmen, die in den Geltungsbereich des Gesetzes fallen, in Abhängigkeit von der Risikonähe und unterscheidet dabei in § 2 Abs. 5 LkSG zwischen dem eigenen Geschäftsbereich und Risiken bei unmittelbaren und mittelbaren Zulieferern.

Da die Pflichten im eigenen Geschäftsbereich deutlich weiter reichen als bei Zulieferern, ist eine Abgrenzung vorzunehmen. Dies betrifft zunächst Tochtergesellschaften im In- sowie Ausland. Da diese zumeist in die Lieferkette eingegliedert sind und meist auch vertragliche Beziehungen bestehen, stellt sich die Frage, ob Tochtergesellschaften in den eigenen Geschäftsbereich fallen.

2.3.1.1 Bestimmender Einfluss

Einen ersten Ansatz zur Beantwortung der Frage bietet § 2 Abs. 6 S. 3 LkSG, wonach bei verbundenen Gesellschaften eine konzernangehörige Gesellschaft zum eigenen Geschäftsbereich der Obergesellschaft zählt, wenn die Obergesellschaft einen „bestimmenden Einfluss" ausübt.

Nach dem Wortlaut bleibt offen, ob aus der Formulierung zu schließen ist, dass ein Einfluss aktiv ausgeübt wird oder ob die bloße Möglichkeit ausreicht. Zudem ist zu klären, wann ein „bestimmender" Einfluss vorliegt.

2.3.1.2 Maßgebliche Faktoren

Hierzu ist ein Blick in die Gesetzesbegründung hilfreich. Danach soll eine Gesamtschau aller Umstände vorgenommen werden. Zu berücksichtigen und für einen bestimmenden Einfluss sprechen:

- „hohe" Mehrheitsbeteiligung an der Tochtergesellschaft,
- das Bestehen eines konzernweiten Compliance-Systems,
- die Übernahme von Verantwortung für die Steuerung von Kernprozessen im Tochterunternehmen,
- personelle Überschneidungen in der (Geschäfts-)Führungsebene, ein bestimmender Einfluss auf das Lieferkettenmanagement der Tochtergesellschaft,
- die Einflussnahme über die Gesellschafterversammlung und
- die Tatsache, dass der Geschäftsbereich beider Gesellschaften sich entspricht (gleiche Produkte und/oder Dienstleistungen)

Auch wenn die Aufzählung wiederum einige unbestimmte bzw. unklare Begrifflichkeiten enthält, wird sie in der Praxis ausreichend sein, um in der Mehrheit der
Fälle zu eindeutigen Ergebnissen zu kommen. Bei Betrachtung der bereits vorliegenden Compliance-Dokumente bzw. Grundsatzerklärungen großer deutscher
Konzerne wird klar, dass diese in der Regel von sich aus die Verantwortung für
sämtliche konzernangehörigen Unternehmen übernehmen. In vielen Fällen sind
alle oder mehrere der vorgenannten Kriterien gleichzeitig erfüllt.

2.3.1.3 Tochtergesellschaften und Niederlassungen im Ausland

Zudem wird diskutiert, ob die gesetzliche Regelung ausländische Tochtergesellschaften einschließt oder ob dies nicht zu Rechtsanwendungsproblemen führt (angesichts der anderen Rechtsordnung, der eine ausländische Tochtergesellschaft
unterliegt). Keineswegs überzeugt das Argument, nur in Satz 2 von § 2 Abs. 6
LkSG seien ausländische Standorte ausdrücklich erwähnt. Es wäre eine künstliche
Differenzierung ausländische Standorte der Obergesellschaft nur bei der Mitarbeiterzahl einzubeziehen, diese jedoch bei den Sorgfaltspflichten außen vor zu lassen,
wenn sie gesellschaftsrechtlich zwar verbunden, jedoch juristisch eigenständig
sind. Wäre dies richtig, wäre eine manipulative Gestaltung durch Ausgliederung
eines ausländischen Standortes eine taugliche Strategie. Dies lag jedoch ersichtlich
nicht in dem Bestreben des Gesetzgebers. Dies ergibt sich auch aus dem Rechtsge-
danken des kodifizierten Umgehungsverbotes (§ 5 Abs. 1 S. 2 LkSG).

Entsprechendes gilt mit Blick auf die Anwendbarkeit ausländischen Rechts.
Dies gilt nämlich, gerade hinsichtlich der für das Gesetz relevanten Arbeitsrechts-
regelungen auch für ausländische Standorte des deutschen Unternehmens. Zudem
ist nicht erkennbar, warum die Einhaltung internationaler Menschenrechtsstandards unabhängig von der für die Unternehmensverfassung maßgeblichen Rechtsordnung nicht möglich sein soll, wenn die sonstigen vorgenannten Kriterien erfüllt sind.

Zusammenfassend umfasst der eigene Geschäftsbereich eng verbundene Tochtergesellschaften im In- und Ausland. Dies gilt jedenfalls sowohl für Kapital- als
auch Personengesellschaften im Unternehmensverbund.

Entsprechendes gilt für Zweigniederlassungen (Branch Offices), die rechtlich
ohnehin nur ein „verlängerter Arm" des in Deutschland ansässigen Unternehmens
sind. Für Repräsentanzen (Representative Offices) hingegen dürfte das Gesetz irre-
levant sein, da diesen nach lokalem Recht in aller Regel eine eigene Geschäftstätigkeit untersagt ist.

In einigen Jurisdiktionen (bspw. Vereinigte Arabische Emirate, Qatar, Thailand
etc.) wird grundsätzlich investitionsrechtlich vorausgesetzt, dass ein ausländischer

Investor lediglich einen Minderheitsanteil (maximal 49 % der Gesellschaftsanteile) halten kann, wobei die Mehrheit der Gesellschaftsanteile (51 %) von einem lokalen Investor gehalten werden müssen. In diesen Konstellationen kommt es für die Beurteilung, ob die Gesellschaft dem „eigenen Geschäftsbereich" zuordenbar ist, insbesondere darauf an, wie Mitbestimmungsrechte ausgestaltet sind. Die Erfahrung zeigt, dass die Minderheitsgesellschafterposition des ausländischen (deutschen) Gesellschafters oftmals über sog. Vorzugsaktien bzw. Nebenvereinbarungen gestärkt wird, indem die Mitbestimmungsrechte des lokalen Gesellschafters ausgehöhlt werden. In diesen Fällen wird die Auslandsgesellschaft dem eigenen Geschäftsbetrieb des in Deutschland ansässigen Unternehmens zuzuordnen sein.

2.3.1.4 Holdingsgesellschaften

Schließlich wird die Frage des eigenen Geschäftsbereichs im Rahmen von Holdingsgesellschaften diskutiert. Dabei kann es sich bei der Holding um die Muttergesellschaft selbst oder eine Zwischenholding handeln. Interessant ist insbesondere die Thematik, ob in diesen Konstellationen jede an der Holdingstruktur beteiligte Gesellschaft die Verpflichtungen eines direkt betroffenen Unternehmens (Tier-0) einhalten muss und/oder ob der eigene Geschäftsbereich z. B. nur die Obergesellschaft mit Befreiungswirkung für die Töchter erfasst.

Abgesehen davon, dass in vielen Holdingstrukturen per Grundsatzerklärung ausdrücklich Verantwortung für alle konzernangehörigen Unternehmen übernommen wird, dürfte die Antwort über § 2 Abs. 6 LkSG zu finden sein. Jedenfalls dort, wo über die Holding bestimmender Einfluss auf die Tochterunternehmen ausgeübt wird, und sei es auch über den Umweg sog. Zwischenholdings, wird nach der Ratio des Gesetzes eine gemeinsame Betrachtung anzustellen sein. Daher ist auch bei Holdingstrukturen eher davon auszugehen, dass der eigene Geschäftsbereich alle Gesellschaften erfasst und diese nicht wie fremde unmittelbare Zulieferer angesehen werden.

2.3.2 Tochtergesellschaften bzw. Niederlassungen außerhalb des „eigenen Geschäftsbereichs"

Es stellt sich die Frage, ob das LkSG auch auf die Tochtergesellschaften bzw. Niederlassungen des deutschen Unternehmens anwendbar ist, die die obigen Kriterien nicht erfüllen und somit als rechtlich außerhalb des eigenen Geschäftsbereichs stehend anzusehen sind. Dies kann z. B. bei Minderheitsbeteiligungen im Ausland oder bei gleichberechtigten Joint Ventures der Fall sein.

> **Beispiel: Joint Venture**
>
> Der deutsche Textilhändler (German Textile GmbH) unterhält eine Tochterkapi-
> talgesellschaft in Singapur, an der die GmbH und deren ausländischer Ge-
> schäftspartner zu je 50 % beteiligt sind. Die Tochterkapitalgesellschaft ist im
> Wesentlichen mit dem Einkauf von Gütern im südasiatischen Raum befasst. ◄

Ausländische Unternehmen fallen dem Wortlaut nach nicht in den direkten Anwendungsbereich des LkSG. So hängt die Beantwortung der Frage, welche Sorgfaltspflichten zu beachten sind davon ab, ob die ausländische Gesellschaft oder
Niederlassung dennoch zum eigenen Geschäftsbereich zu zählen ist oder ob es sich
um ein von der Muttergesellschaft getrennt zu betrachtendes Unternehmen handelt, das letztlich als Zulieferer tätig wird.

Dies ist anhand der vorgenannten Kriterien zu bestimmen (Abschn. 2.3.1.2).

Handelt es sich bei dem Joint Venture im Beispielsfall um ein echtes Joint Venture und übt die GmbH keinen bestimmenden Einfluss aus, wäre das Joint Venture
außerhalb des eigenen Geschäftsbereichs der GmbH zu verorten.

Das Joint Venture ist dann aber möglicherweise als unmittelbarer Zulieferer
einzustufen.

2.3.3 Grenzen der Restrukturierung

Eine sich anschließende Folgefrage besteht darin, ob es durch unternehmerische
Gestaltung möglich ist, den strengen Vorgaben des LkSG zu entgehen bzw. die
geringeren Sorgfaltsanforderungen für Zulieferer zur Anwendung gelangen
zu lassen.

Dabei ist zu unterscheiden zwischen der konstruierten Ausgliederung geschäft-
licher Aktivitäten aus dem Bereich des eigenen Geschäftsbetriebs in den Bereich
der Zulieferer und der Umstrukturierung innerhalb der Lieferbeziehungen.

2.3.3.1 Ausgliederung ausländischer Aktivitäten aus dem „eigenen Geschäftsbereich"

Die Verantwortung eines in Deutschland in den Geltungsbereich des LkSG fallenden Unternehmens erstreckt sich auf den eigenen Geschäftsbereich. Abgesehen
von der wohl nur selten bestehenden Option, die Mitarbeiterzahl durch arbeits-
bzw. gesellschaftsrechtliche Maßnahmen unterhalb die gesetzlichen Schwellenwerte Grenzen zu senken und somit ganz aus dem Anwendungsbereich des Geset-

zes zu fallen, besteht für konzernangehörige Unternehmen ein gewisser Rahmen für eine Ausnutzung von Spielräumen.

Da das Gesetz grundsätzlich auf einen bestimmenden Einfluss der Konzernobergesellschaft abstellt, erscheint denkbar, die hierfür maßgeblichen Kriterien intern neu zu justieren.

Dem Gesetzestext steht nicht entgegen, durch rechtliche Umgestaltungsmaßnahmen dafür zu sorgen, dass eine Tochtergesellschaft nicht mehr zum eigenen Geschäftsbereich zu zählen ist. So ist denkbar, eine Beteiligung zu reduzieren oder Leitungspersonal auszutauschen. Ob es sich bei dieser Gesellschaft dann um einen unmittelbaren Zulieferer handelt, wäre gesondert zu beurteilen.

Bei der Abwägung, ob ein solches Vorgehen Sinn macht, wird aus Unternehmenssicht allerdings nicht nur das LkSG eine Rolle spielen. Steuerliche und gesellschaftsrechtliche Überlegungen werden in aller Regel sogar wichtiger sein als eine etwaige Reduzierung der lieferkettenbezogenen Sorgfaltspflichten. Somit wird es allenfalls in Einzelfällen in Betracht kommen, einen grundsätzlich angestrebten Einfluss auf eine konzernangehörige Gesellschaft aufzugeben.

2.3.3.2 Ausgliederung ausländischer Aktivitäten aus dem „eigenen Geschäftsbereich"

Auf der Ebene der in Deutschland betroffenen Unternehmen bestehen theoretisch Gestaltungsoptionen, die jedoch in der Gesamtschau kaum sinnvoll umsetzbar sein dürften. Jedenfalls werden im Konzernverbund regelmäßig andere Aspekte als die Risiken aus dem Lieferkettensorgfaltspflichtengesetz im Vordergrund stehen und eine Compliance mit den gesetzlichen Vorgaben wird von den betroffenen Konzernen meist problemlos darstellbar sein.

2.3.3.3 Requalifizierung eines unmittelbaren in einen mittelbaren Zulieferer

Anders könnte dies bei den unmittelbaren Zulieferern aussehen. Hier besteht aufgrund der vertraglichen Beziehungen ein maßgeblicher Einfluss des in Deutschland ansässigen Unternehmens. Nur wenige Unternehmen werden sich auf einen anrüchigen Wechsel des Lieferpartners einlassen. Es dürfte sich bei möglichen Umgehungen des Gesetzes mithin allenfalls um Einzelfälle handeln.

Unübersichtlicher könnte sich die Lage bei den mittelbaren Zulieferern darstellen. Dieses Restrisiko muss aus deutscher Sicht hingenommen werden, da keine eigenen Einflussmöglichkeiten bestehen und größere Risiken mit den Mitteln des Gesetzes (z. B. dem Beschwerdeverfahren) beherrschbar sind.

2.3.3.4 Umgehungsverbot (vgl. § 5 Abs. 1 S. 2 LkSG)

Arbeitet ein unmittelbarer Zulieferer in einem aus menschrechtlicher Sicht kritischen Gebiet könnte der Gedanke aufkommen durch Zwischenschaltung einer neu gegründeten Gesellschaft und Änderung der vertraglichen Beziehungen aus dem unmittelbaren Zulieferer einen mittelbaren Zulieferer zu machen. Der neue unmittelbare Zulieferer würde in einer unkritischen Region angesiedelt und könnte so als risikolos im Sinne des Gesetzes angesehen werden. Zu dieser Konstellation enthält § 5 Abs. 1 S. 2 LkSG einen Vorbehalt folgenden Inhalts:

§ 5 Risikoanalyse

(1)   […] In Fällen, in denen ein Unternehmen eine missbräuchliche Gestaltung der unmittelbaren Zuliefererbeziehung oder ein Umgehungsgeschäft vorgenommen hat, um die Anforderungen an die Sorgfaltspflichten in Hinblick auf den unmittelbaren Zulieferer zu umgehen, gilt ein mittelbarer Zulieferer als unmittelbarer Zulieferer.

Vor diesem Hintergrund wird bei Umgehungsgeschäften der mittelbare Zulieferer als unmittelbarer Zulieferer qualifiziert und insofern ein **Umgehungsverbot** normiert (vgl. § 5 Abs. 1 S. 2 LkSG). Die Norm dient der Vorbeugung einer missbräuchlichen Ausgestaltung der Lieferkette oder eines Umgehungsgeschäftes zum Zwecke der Vermeidung der auf den unmittelbaren Zulieferer bezogenen Sorgfaltspflichten.

Die Gesetzesbegründung führt hierzu aus, dass insbesondere die Zwischenschaltung von neu gegründeten (Briefkasten-)Firmen ohne eigenen Geschäftsbetrieb nicht dazu führen dürfe, dass sich eine Verlagerung von Verantwortlichkeiten ergibt. Der Gesetzeswortlaut geht allerdings über solche offensichtlichen Umgehungstatbestände weit hinaus und erfasst grundsätzlich alle missbräuchlichen Gestaltungen. Die Anforderungen an den subjektiven Umgehungswillen dürften allerdings kaum nachprüfbar sein. Da es im Zweifel die zuständige Behörde ist, die den Nachweis einer vorsätzlichen Gesetzesumgehung nachzuweisen hat, sind Beweisprobleme vorprogrammiert. Es ist somit im Einzelfall keinesfalls auszuschließen, dass Unternehmen mittels Umstrukturierung ihrer Lieferketten auch eine Reduzierung der Verpflichtungen aus dem Gesetz zu erreichen versuchen. Andererseits ist ein derartiger Aufwand, der ja auch Kosten verursacht, nur dann sinnvoll, wenn sich dadurch Risiken auch tatsächlich minimieren lassen. Dies ist jedoch nicht bzw. nur eingeschränkt der Fall, wenn der ursprüngliche unmittelbare Zulieferer schnell auffällig wird und daher in der Risikoanalyse wie ein unmittelbarer Zulieferer zu berücksichtigen ist.

Anzeichen für missbräuchliche Gestaltungen oder ein Umgehungsgeschäft sind insbesondere, wenn der zwischen dem Unternehmen und dem unmittelbaren Zulieferer auftretende Dritte keiner nennenswerten Wirtschaftstätigkeit nachgeht oder keine auf Dauer angelegte Präsenz in Gestalt von Geschäftsräumen, Personal oder Ausrüstungsgegenständen (wirtschaftliche Substanz) unterhält.

Konsequenz solch einer missbräuchlichen Gestaltung ist, dass sich die Rangfolge der Zulieferer verändert. In Umgehungskonstellationen gilt der (mittelbare) Zulieferer nach wie vor als ein unmittelbarer Zulieferer des Unternehmens mit der Folge, dass sämtliche Sorgfaltspflichten eines unmittelbaren Zulieferers einzuhalten sind.

2.3.3.5 Umstrukturierung der mittelbaren Zuliefererkette

Weitere denkbare Optionen sind die (künstliche) Verschachtelung von Lieferbeziehungen insbesondere auf der Ebene der mittelbaren Zulieferer. So kann es im Einzelfall nur schwer nachvollziehbar sein, wer letztlich Zulieferer des in Deutschland ansässigen Unternehmens ist. Auch auf der Ebene der mittelbaren Zulieferer kann mit Briefkastenfirmen gearbeitet werden. Hier wäre nicht einmal der Wortlaut des Gesetzes berührt, da sich die rechtlichen Gestaltungsvorgänge außerhalb des direkten Einflussbereichs des in Deutschland ansässigen Unternehmens abspielen und u. U. von diesem nicht einmal beeinflusst werden, wenn z. B. zum Schutz der Lieferbeziehungen Verschleierungen unter mittelbaren Zulieferern stattfinden.

Anwendungsbereich des LkSG

Auf der Ebene der in Deutschland betroffenen Unternehmen bestehen theoretisch Gestaltungsoptionen, die jedoch in der Gesamtschau kaum sinnvoll umsetzbar sein dürften. Jedenfalls werden im Konzernverbund regelmäßig andere Aspekte als die Risiken aus dem Lieferkettensorgfaltspflichtengesetz im Vordergrund stehen und eine Compliance mit den gesetzlichen Vorgaben wird von den betroffenen Konzernen meist umsetzbar sein.

Anders könnte dies bei den unmittelbaren Zulieferern aussehen. Hier besteht aufgrund der vertraglichen Beziehungen ein maßgeblicher Einfluss des in Deutschland ansässigen Unternehmens. Nur wenige Unternehmen werden sich auf einen anrüchigen Wechsel des Lieferpartners einlassen. Es dürfte sich bei möglichen Umgehungen des Gesetzes mithin allenfalls um Einzelfälle handeln.

Unübersichtlicher könnte sich die Lage bei den mittelbaren Zulieferern darstellen. Dieses Restrisiko muss aus deutscher Sicht hingenommen werden, da keine eigenen Einflussmöglichkeiten bestehen und größere Risiken mit den Mitteln des Gesetzes (z. B. dem Beschwerdeverfahren) beherrschbar sind.

Geschützte Rechtsgüther

3

Zusammenfassung

Bei der Bestimmung der Schutzgüter, also der Bereiche, in denen Verstöße vermieden werden sollen, unterscheidet das Gesetz zwischen menschenrechts- und umweltbezogenen Risiken. Konkret sollen Kinderarbeit, Zwangsarbeit, Diskriminierung und mangelnde Sicherheitsstandards entlang der Lieferkette verhindert werden. Ferner sollen Arbeitsunfälle und arbeitsbedingte Gesundheitsgefahren durch eine Verbesserung der Arbeitsbedingungen vermieden werden. Grundlage für das LkSG waren insbesondere die Leitprinzipien für Wirtschaft und Menschenrechte der UN.

Was Sie aus diesem Kapitel mitnehmen
- Art und Ausmaß von menschenrechtsbezogenen Risiken
- Ausgestaltung von umweltbezogenen Risiken

© Der/die Autor(en), exklusiv lizenziert durch Springer Fachmedien
Wiesbaden GmbH, ein Teil von Springer Nature 2022
R. Falder et al., *Lieferkettensorgfaltspflichtengesetz*,
https://doi.org/10.1007/978-3-658-36837-1_3

3.1   Menschenrechtsbezogene Risiken (§ 2 Abs. 1, 2 LkSG)

3.1.1   Struktur der Vorschrift

§ 2 Abs. 1 LkSG verweist auf die in der Anlage zu diesem Gesetz aufgeführten völkerrechtlichen Verträge zum Schutz der Menschenrechte (Anlage Nummer 1 bis 11). Sie stellen eine Auswahl des internationalen Menschenrechtskanons dar, der insbesondere die wichtigsten sog. „Arbeitsgrundechte" enthält.

Die genannten Übereinkommen der Internationalen Arbeitsorganisation gelten mithin als Kernübereinkommen, da in ihnen die grundlegenden Prinzipien und Rechte von Arbeitnehmern zum Ausdruck gebracht werden.

Alle aufgeführten Verträge wurden durch die Bundesrepublik Deutschland ratifiziert. Durch die Veröffentlichung im Bundesgesetzblatt ist ihr Inhalt für die Unternehmen zugänglich und kann so als Ausgangspunkt für das Risikomanagement verwendet werden. Im Regelfall wird es allerdings erforderlich sein, sich in die Materie, die bislang im innerstaatlichen Bereich nur rudimentäre Bedeutung hatte, einzuarbeiten.

Der Katalog ist abschließend und als Referenzrahmen für die unternehmerischen Sorgfaltspflichten zur Achtung von Menschenrechten durch die Verankerung in den VN-Leitprinzipien für Wirtschaft und Menschenrechte (Leitprinzip 12) und in den OECD-Leitsätzen für multinationale Unternehmen (Kapitel IV, Rz. 39) international anerkannt. Auch die Europäische Union bezieht sich in der Verordnung (EU) 2020/852 des Europäischen Parlaments und des Rates vom 18. Juni 2020 über die Einrichtung eines Rahmens zur Erleichterung nachhaltiger Investitionen (sog. Taxonomie-VO) ausdrücklich auf diesen Menschenrechtskatalog als Bewertungsgrundlage, ob eine unternehmerische Wirtschaftstätigkeit als nachhaltig einzustufen ist (vgl. Art. 3c und 18 Taxonomie-VO).

Wichtig ist der Hinweis in der Begründung des Gesetzentwurfs, dass mit dem Verweis auf die in der Anlage aufgelisteten Abkommen nicht impliziert ist, dass Unternehmen unmittelbar an die völkerrechtlich garantierten internationalen Menschenrechte gebunden sind. Nur Staaten sind als Vertragsparteien der jeweiligen internationalen Abkommen oder durch Völkergewohnheitsrecht unmittelbar an die darin festgehaltenen Menschenrechte gebunden und müssen ihrer staatlichen Schutzpflicht gerecht werden. Da die Bundesrepublik die Abkommen ganzheitlich ratifiziert hat, sind Unternehmen bereits an die Grundsätze gebunden. Neu ist insoweit lediglich, dass in Deutschland tätige Unternehmen nunmehr auch im Rahmen ihrer Vertragsbeziehungen mit ausländischen Vertragspartnern und darüber hinaus im Hinblick auf mittelbare Zulieferer die Grundsätze beachten und zu ihrer Durchsetzung beitragen müssen.

Die Bezugnahme auf ausgewählte Verträge und Übereinkommen dürfte trotz der Einschränkung einer primären Bindung von Staaten in der Praxis Probleme bereiten. Anders als in der Gesetzesbegründung impliziert, haben nämlich keinesfalls alle wichtigen Handelspartner Deutschlands die Abkommen ratifiziert. Ganz im Gegenteil, es gibt eine ganze Reihe von Staaten, in denen einige oder alle genannten Menschenrechte nicht akzeptiert werden, zum Teil gibt es sogar eine gegenteilige nationale Gesetzgebung. Selbst wo eine Anwendbarkeit gegeben ist, sind unterschiedliche Auslegungen von Rechtsbegriffen zu berücksichtigen, weswegen Begriffe wie Koalitionsfreiheit und Meinungsfreiheit international völlig unterschiedlich interpretiert werden.

Für derartige Konfliktfälle enthält das Gesetz keine Lösung. Es ist weder geregelt, dass sich Unternehmen auch entgegen lokalen Regeln an den Katalog halten müssen, noch ist gegenteilig der Vorrang zwingenden Ortsrechts vorgesehen.

Da Unternehmen – unabhängig von deren Größe und wirtschaftlicher Bedeutung, in aller Regel keine Option haben, lokales Recht zu ignorieren oder gar zu ändern, bleibt nur der Ansatz entweder so weit wie möglich Einfluss auszuüben oder aber im Extremfall die Geschäftsbeziehung einzuschränken oder gar einzustellen. Der Gesetzgeber stellt aber in § 7 Abs. 3 S. 2 LkSG klar, dass sich eine Pflicht zum Abbruch der Geschäftsbeziehung mit dem jeweiligen Zulieferer jedenfalls nicht bereits daraus ergibt, dass ein Staat eines der in der Anlage zu diesem Gesetz aufgelisteten Übereinkommen nicht ratifiziert oder nicht in sein nationales Recht umgesetzt hat.

3.1.2 Einzelverbote (§ 2 Abs. 2 LkSG)

Das Gesetz arbeitet in § 2 Abs. 2 LkSG mit einem Obersatz, der wie folgt lautet und alle nachfolgenden zwölf näher bezeichneten Verbote umfasst:

Ein menschenrechtliches Risiko im Sinne dieses Gesetzes ist ein Zustand, bei dem aufgrund tatsächlicher Umstände mit hinreichender Wahrscheinlichkeit ein Verstoß gegen eines der folgenden Verbote droht:

3.1.2.1 Kinderarbeit (§ 2 Abs. 2 Nr. 1 LkSG)

Legal Text

das Verbot der Beschäftigung eines Kindes unter dem Alter, mit dem nach dem Recht des Beschäftigungsortes die Schulpflicht endet, wobei das Beschäftigungsalter 15 Jahre nicht unterschreiten darf; dies gilt nicht, wenn das

Recht des Beschäftigungsortes hiervon in Übereinstimmung mit Artikel 2 Absatz 4 sowie den Artikeln 4 bis 8 des Übereinkommens Nr. 138 der Internationalen Arbeitsorganisation vom 26. Juni 1973 über das Mindestalter für die Zulassung zur Beschäftigung (BGBl. 1976 II S. 201, 202) abweicht.

Die Regelung enthält mithin keine absolute Definition der pönalisierten Kinderarbeit, sondern knüpft zum einen an das lokale Recht, zum anderen an die benannten internationalen Abkommen an (die allerdings kraft Ratifizierung anwendbar sein müssen). Als absolute Grenze für das lokale Recht ist das 15. Lebensjahr benannt.

Bei Kinderarbeit im Sinne des § 2 Abs. 2 Nr. 1 LkSG handelt es sich nicht etwa um ein seltenes Phänomen, wie aus westlicher Sicht vielfach vermutet. Die ILO schätzt die Zahl der arbeitenden Kinder auf weltweit bis zu 168 Millionen. Mehr als die Hälfte davon arbeiten zudem unter gefährlichen Bedingungen für Sicherheit, Gesundheit sowie geistige und körperliche Entwicklung. 73 Millionen Kinderarbeiter sind zwischen fünf und elf Jahre alt.

Praktische Beispiele von Kinderarbeit in Lieferketten sind vielfältig. Zu denken ist etwa an in indischen Steinbrüchen gewonnenen Natursteine (die von Pflastergehwegen und -straßen über Arbeitsplatten in Küchen bis hin zu Grabsteinen auch in Europa Verwendung finden), Kinderarbeit in den Minen des Kongo, wo die Rohstoffe für Mobilfunkgeräte und Laptops gewonnen werden, bis hin zu den Kakao- und Kaffeeplantagen in Teilen Afrikas und den Textilfabriken in Asien. Da derartige Missstände weithin bekannt sind, ist größte Vorsicht geboten. Schon bei der Risikoanalyse werden Unternehmen nicht darauf verweisen können, bislang keine konkreten Beschwerden erhalten zu haben.

3.1.2.2 Besonders schwere Arten der Kinderarbeit und kinderbezogene Sklaverei (§ 2 Abs. 2 Nr. 2 und 3 LkSG)

Legal Text

das Verbot der schlimmsten Formen der Kinderarbeit für Kinder unter 18 Jahren; dies umfasst gemäß Artikel 3 des Übereinkommens Nr. 182 der Internationalen Arbeitsorganisation vom 17. Juni 1999 über das Verbot und unverzügliche Maßnahmen zur Beseitigung der schlimmsten Formen der Kinderarbeit (BGBl. 2001 II S. 1290, 1291):

a)   alle Formen der Sklaverei oder alle sklavereiähnlichen Praktiken, wie den Verkauf von Kindern, Kinderhandel, Schuldknechtschaft und Leibeigenschaft sowie Zwangs- oder Pflichtarbeit, einschließlich der Zwangs- oder Pflichtrekrutierung von Kindern für den Einsatz in bewaffneten Konflikten;

b) das Heranziehen, Vermitteln oder Anbieten eines Kindes zur Prostitution, zur Herstellung von Pornografie oder zu pornografischen Darbietungen;

c) das Heranziehen, Vermitteln oder Anbieten eines Kindes zu unerlaubten Tätigkeiten, insbesondere zur Gewinnung von und zum Handel mit Drogen;

d) Arbeit, die ihrer Natur nach oder aufgrund der Umstände, unter denen sie verrichtet wird, voraussichtlich für die Gesundheit, die Sicherheit oder die Sittlichkeit von Kindern schädlich ist.

In Erweiterung von Nr. 1 werden hiermit auch Jugendliche bis zur Vollendung des 18. Lebensjahres einbezogen, sofern mit der Arbeit besondere erschwerende Umstände verbunden sind. Diese bestehen insbesondere in den unter lit. b) und c) beschriebenen illegalen Aktivitäten, aber auch im Bereich der Zwangsrekrutierung zu militärischen Zwecken. Dies kann durchaus auch im Zusammenhang mit Lieferketten Bedeutung erlangen, da es nicht selten um Konflikte der Nutzung von Bodenschätzen geht.

Hinsichtlich der ebenfalls unter lit. a) erwähnten Sklaverei und sklavereiähnlichen Praktiken kann auch auf Nrn. 3 und 4 verwiesen werden, da diese Aktivitäten unabhängig vom Alter der Betroffenen eine Menschenrechtsverletzung darstellen.

das Verbot der Beschäftigung von Personen in Zwangsarbeit; dies umfasst jede Arbeitsleistung oder Dienstleistung, die von einer Person unter Androhung von Strafe verlangt wird und für die sie sich nicht freiwillig zur Verfügung gestellt hat, etwa in Folge von Schuldknechtschaft oder Menschenhandel; ausgenommen von der Zwangsarbeit sind Arbeits- oder Dienstleistungen, die mit Artikel 2 Absatz 2 des Übereinkommens Nr. 29 der Internationalen Arbeitsorganisation vom 28. Juni 1930 über Zwangs- oder Pflichtarbeit (BGBl. 1956 II S. 640, 641) oder mit Artikel 8 Absatz 3 Nummer 2 und 3 des Internationen Paktes vom 19. Dezember 1966 über bürgerliche und politische Rechte (BGBl. 1973 II S. 1533, 1534) vereinbar sind.

Die Begrifflichkeiten der internationalen Abkommen zu Menschenrechten sind nicht immer klar abgrenzbar, letztlich kommt es aber auch gar nicht darauf an, ob es sich um Zwangsarbeit, Sklaverei oder sklavereiähnliche Praktiken handelt. Die unter Nr. 3 genannte Zwangsarbeit ist dadurch gekennzeichnet, dass der die Arbeit erbringende nicht aufgrund freiwilliger Vereinbarung tätig wird, sondern unfreiwillig „dazu gezwungen wird". Der Zwang kann sich dabei in verschiedener Hinsicht manifestieren. So kann es sich um die Androhung von (staatlichen) Strafen oder anderen Übeln handeln, wie dies aus u. a. Nordkorea, China und Eritrea bekannt ist. In Betracht kommt aber auch die Ausübung von Zwang durch wirtschaftlichen oder psychologischen Druck. Dies spielt häufig im Zusammenhang mit (illegaler) Migration und Geschlechterbenachteiligung (Zwangsprostitution, Verheiratung Minderjähriger) eine Rolle. Zwangsarbeit kommt auch bei militärischen Konflikten zur Anwendung.

Aus dem Gesetzestext ergibt sich, dass insbesondere auch **Schuldknechtschaft** und Menschenhandel zu Zwangsarbeit führen können.

Unter Schuldknechtschaft wird dabei die Verpfändung der Arbeitskraft in einer finanziellen Notlage als Sicherheit für eine Geldleistung (Kredit) verstanden, wobei meist keine realistische Chance auf Rückzahlung besteht. Der Geldgeber/Arbeitgeber kann so allein und willkürlich über die Art und die Dauer der Abhängigkeit entscheiden. Daraus ergibt sich oft ein auf Dauer angelegtes, sklavereiähnliches Abhängigkeitsverhältnis, das von Ausbeutung gekennzeichnet ist. Die Verpfändung von Arbeitskraft ist dabei nicht auf die eigene Person beschränkt, vielfach kommt es zur Verdingung ganzer Familien (u. U. über Generationen hinweg) oder zu einer Art Verkauf eigener Angehöriger, v. a. eigener Kinder.

Schuldknechtschaft in Verbindung mit Lohnsklaverei liegt vor, wenn Arbeitnehmer vor der Arbeitsaufnahme und/oder während des Arbeitsverhältnisses gezwungen sind, Unterkünfte, Arbeits- und Lebensmittel als Schuldner vom Arbeitgeber zu beziehen, und dafür der Arbeitslohn fast vollständig vom Arbeitgeber einbehalten wird (Company Store System). Noch heute ist die Schuldknechtschaft – obwohl weltweit als Form der Sklaverei verboten – in vielen Ländern verbreitet, so in Pakistan und Indien (wo sie als bonded labour bezeichnet wird) oder in Lateinamerika (wo sie peonaje – Knechtschaft – heißt). Selbst in Europa ist diese Form der Schuldknechtschaft in Form völlig überteuerter Unterkünfte, Arbeitsmittel, Reisekosten usw. nicht unbekannt (z. B. bei (illegaler) Migration, aber auch Wanderarbeitnehmern aus Osteuropa, z. B. in der Fleischindustrie und Landwirtschaft).

Der ebenfalls erwähnte **Menschenhandel** ist im Arbeitskontext dadurch gekennzeichnet, dass die Notlage von Arbeitskräften massiv ausgenutzt wird oder die Menschen gezwungen werden, ihre Arbeitskraft ohne angemessene Gegenleistung einzusetzen. Arbeitnehmer werden dabei nicht oder nicht angemessen entlohnt und müssen regelmäßig ihre Tätigkeit unter sehr schlechten Bedingungen ausüben.

In Deutschland ist Menschenhandel *strafbar*, wenn der Betroffene mittels Täuschung, Zwang, Drohungen oder Gewaltanwendung zur Aufnahme und/oder Fortsetzung von Dienstleistungen und Tätigkeiten gebracht oder gezwungen wird, die ausbeuterisch oder sklavenähnlich sind. Typische Merkmale sind schlechte Bezahlung, überlange Arbeitszeiten, extreme Vermittlungsgebühren und/oder „Mietzahlungen", Verstöße gegen Arbeitsschutzbestimmungen und verzögerte oder verweigerte Lohnzahlung.

Die Unterscheidung zwischen ungünstigen und schlechten Arbeitsbedingungen, Arbeitsausbeutung und Menschenhandel ist oftmals problematisch. Dabei ist es auch möglich, dass ein zunächst legales (ungünstiges) Arbeitsverhältnis im Laufe der Zeit mit wachsender Abhängigkeit zu Menschenhandel wird. Anders als der Begriff vermuten lässt, ist ein „Handel" im Sinne einer Transaktion zwischen mehreren Beteiligten (auf Arbeitgeberseite) nicht erforderlich.

Aus Sicht der Betroffenen sind oft falsche Versprechungen über Arbeits- und Verdienstmöglichkeiten, eine wirtschaftliche und/oder aufenthaltsrechtliche Notlage, die Notwendigkeit der finanziellen Unterstützung der Familie im Herkunftsland, Schulden, die abbezahlt werden müssen (u. a. für die Vermittlung der Stelle) sowie die Anwendung von Gewalt oder Drohungen der Grund, weshalb eine solch ausweglose Lage „akzeptiert" wird.

In begrenztem Umfang ist Zwangsarbeit nur bei Militär- und Zivildiensten sowie im Strafvollzug zulässig.

3.1.2.3 Sklaverei und sklavenähnliche Praktiken (§ 2 Abs. 2 Nr. 4 LkSG)

Legal Text
das Verbot aller Formen der Sklaverei, sklavenähnlicher Praktiken, Leibeigenschaft oder andere Formen von Herrschaftsausübung oder Unterdrückung im Umfeld der Arbeitsstätte, etwa durch extreme wirtschaftliche oder sexuelle Ausbeutung und Erniedrigungen.

Sklaverei ist ein gegenüber anderen Formen der Ausbeutung von Menschen weitergehender Zustand, bei dem Menschen als Eigentum eines anderen Menschen angesehen werden. Dabei ist zu berücksichtigen, dass der historische Begriff, geprägt durch die Verhältnisse in Afrika, der Karibik und den Südstaaten der USA mittlerweile zwar nicht gänzlich überholt, jedoch zu modifizieren ist. Dennoch hält sich in Teile der Öffentlichkeit hartnäckig das traditionelle Bild. So äußerte Franz Beckenbauer bespielhaft bei einem Besuch der WM-Baustellen in Katar, er habe „noch nicht einen einzigen Sklaven in Katar gesehen. Die laufen alle frei herum, weder in Ketten noch gefesselt."

Dies verkennt, dass es heute um andere Erscheinungsformen der Sklaverei geht. Als „moderne Sklaverei" wird eine verzweifelte Lage bezeichnet, aus der es für die Arbeiter aufgrund von Drohungen, Gewalt, Zwang, Machtmissbrauch oder Irreführung kein Entrinnen gibt.

Die Vereinten Nationen gehen heute von etwa 12 Millionen Sklaven aus. Davon sind etwa die Hälfte Kinder und Jugendliche.

In Indien, Bangladesch und Pakistan leben demnach die meisten Zwangsarbeiter. Besonders betroffen sind die Textil- und die Nahrungsmittelwirtschaft, aber auch andere Industriezweige. Vielfach handelt es sich auch um Migranten, die in vielen Teilen Asiens in der Fischerei- und Landwirtschaft versklavt werden.

In einigen Teilen Afrikas, Mittel- und Südamerikas, des Mittleren Ostens und Asiens sind diverse spezifische Formen der Sklaverei, oft verbunden mit Kinderarbeit, Schuldknechtschaft und Zwangsarbeit, anzutreffen. Oft geht es im Kontext internationaler Lieferbeziehungen um Landwirtschaft (weithin bekannt sind die Missstände in der Kakaogewinnung) und Rohstoffexploration.

Vielfach handelt es sich um eine faktische Ausbeutung ungeachtet der Illegalität vor Ort. Daher genügt bei der Beurteilung der Menschenrechtslage auch keinesfalls nur der Blick auf die lokalen Gesetze. Viele der betroffenen Länder haben einschlägige internationalen Abkommen ratifiziert und stellen Sklaverei und Zwangsarbeit nominell unter Strafe. Es bedarf somit eines genauen Blicks hinter die Kulissen, um die Situation zutreffend zu analysieren. Dabei können die Berichte internationaler Organisationen, insbesondere von Nichtregierungsorganisationen, als erste Einschätzungsgrundlage dienen.

3.1.2.4 Arbeitsschutz (§ 2 Abs. 2 Nr. 5 LkSG)

Legal Text

[D]as Verbot der Missachtung der nach dem anwendbaren nationalen Recht geltenden Pflichten des Arbeitsschutzes, wenn hierdurch die Gefahr von Unfällen bei der Arbeit oder arbeitsbedingte Gesundheitsgefahren entstehen, insbesondere durch:

a)   offensichtlich ungenügende Sicherheitsstandards bei der Bereitstellung und der Instandhaltung der Arbeitsstätte, des Arbeitsplatzes und der Arbeitsmittel;

b)   das Fehlen geeigneter Schutzmaßnahmen, um Einwirkungen durch chemische, physikalische oder biologische Stoffe zu vermeiden;

c)   das Fehlen von Maßnahmen zur Verhinderung übermäßiger körperlicher und geistiger Ermüdung, insbesondere durch eine ungeeignete Arbeitsorganisation in Bezug auf Arbeitszeiten und Ruhepausen oder

d)   die ungenügende Ausbildung und Unterweisung von Beschäftigten.

Eine Besonderheit in der gesetzlichen Auflistung stellt der arbeitsschutzbezogene Katalog des § 2 Abs. 2 Nr. 5 LkSG dar. Hier geht es nämlich nicht unmittelbar um allgemein anerkannte Menschenrechte und eine Bezugnahme auf internationale Abkommen, sondern es wird eine Einhaltung der nationalen Gesetze zum Arbeitsschutz verlangt.

An dieser Stelle wird die Motivation des Gesetzgebers besonders deutlich, der Unglücksfälle wie bspw. in Bangladesch (Einsturz und Brände in Textilfabriken) unbedingt zu verhindern versucht.

Um beurteilen zu können, ob bei einem Zulieferer ein Verstoß gegen dieses Verbot vorliegt, ist mithin nicht nur die Kenntnis des einschlägigen lokalen Rechts erforderlich, sondern zudem eine Prüfung, ob das anwendbare Recht in der Praxis verletzt wurde/wird. Anhand des Beispielsfalls der Textilfabriken in Bangladesch wird besonders deutlich, um was es dabei geht. Im Zweifelsfall muss danach vor Ort geprüft werden,

- wie die Arbeitsplätze beschaffen sind,
- ob die Zugänge frei sind, bspw. Notausgänge nicht versperrt werden und
- die Bau- und Feuerschutzvorschriften eingehalten sind.

Eine Kenntnis des lokalen Arbeitsrechts genügt dabei ebenso wenig wie eine (schriftliche) Versicherung des Lieferanten bzw. des Betriebsleiters. Ohne (vertraglich vorgesehene) ad hoc Audits (auch anlasslos) vor Ort wird eine Überprüfung dieser Verpflichtungen kaum möglich sein.

In der Gesetzesbegründung als Risikofaktor hervorgehoben wird insbesondere auch eine ungenügende Arbeitsorganisation in Bezug auf Arbeitszeiten und Ruhepausen. Hier kann sogar eine direkte Mitverantwortung eines Auftraggebers in Deutschland vorliegen, wenn z. B. kurzfristig Lieferbedingungen geändert werden, insbesondere eine frühzeitigere und umfangreichere Lieferung als ursprünglich vereinbart verlangt wird. Einem solchen Verlangen wohnt nämlich, so der Gesetzgeber, das Risiko inne, dass dies ohne Arbeitszeitverstöße auf Seiten des Lieferanten gar nicht zu bewerkstelligen ist.

Die Gesetzesbegründung weist zudem darauf hin, dass Unfälle und Gesundheitsgefahren vielfach durch mangelnde Unterweisung hervorgerufen werden. Daher sind geeignete Unterweisungen mit regelmäßigen Wiederholungen bzw. Aktualisierungen erforderlich. Auch diese Verpflichtungen müssen ebenso wie geeignete Kontrollen vertraglich vereinbart werden, da ansonsten, abgesehen von der Beendigung der Geschäftsbeziehung, keine geeigneten Mittel zu Durchsetzung vorhanden sind.

Es erscheint kaum vorstellbar, allein von Deutschland aus, die hier ggfls. geforderte vor Ort Prüfung vorzunehmen. Insoweit muss auf ortskundige Personen zurückgegriffen werden, wobei auf deren Qualifikation, vor allem aber unbedingte Unabhängigkeit zu achten ist. Bangladesch kann insoweit als warnendes Beispiel dienen, da dort ein großer Teil des Problems in Umsetzungsdefiziten (der an sich ausreichenden lokalen Gesetze) besteht, die durch übergroße Nähe von Unternehmensleitung, Politik, Behörden und Beratern gekennzeichnet ist.

3.1.2.5 Koalitionsfreiheit (§ 2 Abs. 2 Nr. 6 LkSG)

Legal Text
das Verbot der Missachtung der Koalitionsfreiheit, nach der

a) Arbeitnehmer sich frei zu Gewerkschaften zusammenzuschließen oder diesen beitreten können,

b) die Gründung, der Beitritt und die Mitgliedschaft zu einer Gewerkschaft nicht als Grund für ungerechtfertigte Diskriminierungen oder Vergeltungsmaßnahmen genutzt werden dürfen,

c) Gewerkschaften sich frei und in Übereinstimmung mit dem anwendbaren nationalen Recht betätigen dürfen; dieses umfasst das Streikrecht und das Recht auf Kollektivverhandlungen

§ 2 Abs. 2 Nr. 6 LkSG zielt darauf ab, die Koalitionsfreiheit der Arbeitnehmer vor allem von Zulieferern zu schützen. Zwar kommt es auch vor, dass die Unternehmensleitung entgegen der Gesetzeslage die Arbeit von Arbeitnehmervertretungen behindert. Das Hauptproblem besteht in vielen Ländern jedoch eher darin, dass freie Arbeitnehmervertretungen entweder gesetzlich gänzlich verboten oder zumindest staatlich strikt reguliert sind. Das Dilemma erkennt die Gesetzesbegründung grundsätzlich an und fordert von den Unternehmen „innerhalb ihres Geschäftsbereichs darauf zu achten, Vereinigungen oder andere Gruppen in ihrer Gründung und ihren Aktivitäten nicht *durch ihr unternehmerisches Handeln* zu behindern".

Diese Formulierung deutet darauf hin, dass es ausreicht, passiv zu bleiben (schließlich kann das Unternehmen die Gesetze des Landes auch gar nicht beeinflussen). Selbst diese Passivität könnte jedoch problematisch sein, wenn die Regierung des Landes z. B. von der Betriebsleitung verlangt gewerkschaftliche Aktivitäten gemeldet zu bekommen.

Nach unserer Auffassung kann in solchen Fällen nicht verlangt werden, das lokale Recht, so problematisch es aus deutscher Sicht erscheinen mag, zu ignorieren.

Jede andere Auffassung müsste zwingend dazu führen, geschäftliche Aktivitäten in dem betreffenden Land gänzlich einzustellen. Die klare Begrenzung der Verpflichtungen nach dem Wortlaut des Gesetzes zeigt, dass es ausreichen muss, ähnlich der Rechtslage in Deutschland, gewerkschaftliche und andere kollektive Bestrebungen der Arbeitnehmerschaft nicht zu behindern.

3.1.2.6 Gleichbehandlung (§ 2 Abs. 2 Nr. 7 LkSG)

Legal Text
das Verbot der Ungleichbehandlung in Beschäftigung, etwa aufgrund von nationaler und ethnischer Abstammung, sozialer Herkunft, Gesundheitsstatus, Behinderung, sexueller Orientierung, Alter, Geschlecht, politischer Meinung, Religion oder Weltanschauung, sofern diese nicht in den Erfordernissen der Beschäftigung begründet ist; eine Ungleichbehandlung umfasst insbesondere die Zahlung ungleichen Entgelts für gleichwertige Arbeit.

§ 2 Abs. 2 Nr. 7 LkSG soll die Gleichbehandlung der Arbeitnehmer des Zulieferers sicherstellen. Die in diesem Abschnitt unter Verbot gestellte Diskriminierung im Arbeitsleben führt zu einer vergleichbaren Problemstellung wie die zuvor behandelte Koalitionsfreiheit (§ 2 Abs. 2 Nr. 6 LkSG).

Es ist eine nicht zu verleugnende Tatsache, dass zahlreiche nationale Rechtsordnungen mindestens einzelne Diskriminierungstatbestände nicht anerkennen, sondern im Gegenteil sogar unter ein gesetzliches Verbot stellen. Zu denken ist nur an das Verbot homosexueller Handlungen in vielen islamischen Staaten (in denen teilweise sogar Strafbarkeit vorgesehen ist). In anderen Regionen kann von politischer Meinungsfreiheit keine Rede sein (z. B. Einparteienstaaten) oder es gibt kulturell bedingte gravierende Differenzierungen nach der sozialen Herkunft (z. B. im indischen Kastensystem) oder klare Bevorzugungen der eigenen Bevölkerung. In wieder anderen Regionen werden die Begrifflichkeiten anders als in den genannten internationalen Abkommen verstanden. Auch wenn die Gesetzesbegründung an dieser Stelle keine Einschränkung auf eigene geschäftliche Aktivitäten wie unter § 2 Abs. 2 Nr. 6 LkSG enthält, kann die Lösung nur darin bestehen, Arbeitgeber zu verpflichten, alles im Arbeitsverhältnis Mögliche zu tun, die genannten Diskriminierungen zu unterlassen, nicht jedoch nationale Gesetze zu verletzen. Jede andere Interpretation würde im Endeffekt zu einer Beschränkung des internationalen Handels auf wenige westliche Industriestaaten führen. Selbst innerhalb der EU gäbe es Probleme, wie die aktuelle Diskussion um vermeintlich diskriminierende Gesetze in Ungarn und Polen zeigt.

Im Ergebnis muss daher das in Deutschland ansässige Unternehmen neben dem Bekenntnis zu den genannten Menschenrechten „nur" alles in seiner Macht stehende tun, um z. B. Diskriminierungen im eigenen Umfeld (einschließlich Zulieferer) zu vermeiden. Da eine weitergehende Einflussmöglichkeit vielfach nicht besteht und kein gesetzwidriges Verhalten verlangt werden kann, werden hiermit die Grenzen des Möglichen erreicht. Unmögliches kann jedoch niemand, auch nicht der deutsche Gesetzgeber (der selbst politisch keine Handhabe hat), erwarten oder gar unter Strafe stellen.

3.1.2.7 Angemessener Lohn (§ 2 Abs. 2 Nr. 8 LkSG)

Legal Text
das Verbot des Vorenthaltens eines angemessenen Lohns; der angemessene Lohn ist mindestens der nach dem anwendbaren Recht festgelegte Mindestlohn und bemisst sich ansonsten nach den Regelungen des Beschäftigungsortes.

Grundsätzlich unproblematischer als § 2 Abs. 2 Nr. 6 und 7 LkSG gestaltet sich das Gebot der Verpflichtung zur Zahlung eines angemessenen Lohns. Mit der Bezugnahme auf die nationalen Mindestlohnvorschriften gibt es einen handhabbaren Anhaltspunkt. Auch die weitergehende Bezugnahme auf die „Regelungen" des Beschäftigungsortes schafft einen objektiven Rahmen. Es kommt also nicht darauf an, was wünschenswert wäre oder wie die vergleichbare Vergütung in anderen Ländern (geschweige denn in Deutschland) wäre, es muss sich um verbindliche „Regelungen", also z. B. auch tarifliche Bestimmungen handeln.

Damit ist allerdings nicht gesagt, dass die praktische Anwendung unproblematisch wäre. In vielen Ländern wird, insbesondere bei Kinder- oder Zwangsarbeit oder im Verhältnis zu Migranten keinesfalls der geschuldete Mindestlohn gezahlt. Zudem ist es in vielen Ländern nicht unüblich jegliche Zahlung von Mehrarbeit zu verweigern.

In den Bestimmungsbereich der Vorschrift fällt auch die ordnungsgemäße Zahlung von Urlaub und Entgeltfortzahlung im Krankheitsfall. Ebenfalls zu berücksichtigen sind die Abgrenzungen zwischen freier Mitarbeit und Arbeitsverhältnis auch im Hinblick auf Sozialversicherungsbeiträge und weitere Arbeitgeberleistungen.

In der praktischen Anwendung kann auf Nr. 5 verwiesen werden, auch bei der Beurteilung der Angemessenheit der Vergütung wird es lokale Unterstützung und Kontrolle benötigen, um eine Einhaltung der Vorgaben zu gewährleisten.

3.1.2.8 Gesundheitsschutz (§ 2 Abs. 2 Nr. 9 LkSG)

Legal Text
das Verbot der Herbeiführung einer schädlichen Bodenveränderung, Gewässerverunreinigung, Luftverunreinigung, schädlichen Lärmmission oder eines übermäßigen Wasserverbrauchs, die

a)　die natürlichen Grundlagen zum Erhalt und der Produktion von Nahrung erheblich beeinträchtigt,

b)　einer Person den Zugang zu einwandfreiem Trinkwasser verwehrt,

c)　einer Person den Zugang zu Sanitäranlagen erschwert oder zerstört oder

d)　die Gesundheit einer Person schädigt.

Diese Regelung stellt insoweit systematisch eine Besonderheit innerhalb des § 2 Abs. 2 LkSG dar, als hier kein Bezug zu einem Arbeitsverhältnis vorausgesetzt wird. Hier liegt eher eine Parallelität zu den umweltbezogenen Verboten vor. In der Sache geht es – wie die Gesetzesbegründung zeigt – um den Gesundheitsschutz. Es soll verhindert werden, dass Unternehmen durch die Kontamination von Boden, Luft oder Wasser Gesundheitsschäden verursachen oder die Grundversorgung der Bevölkerung gefährden. Die Herleitung dieser Verbote erfolgt aus dem Internationalen Pakt über wirtschaftliche, soziale und kulturelle Rechte (vom 19. Dezember 1966) (Anlage 1 Nr. 11 des Gesetzes).

Unklar bleibt die Auslegung wertender Begrifflichkeiten wie „übermäßig", „erheblich" und „einwandfrei". Dem Umstand, dass in vielen Ländern Leitungswasser generell nicht als Trinkwasser genutzt werden kann, trägt § 2 Abs. 2 Nr. 9 lit. b) LkSG nur unzureichend Rechnung. Daraus folgt, dass ein Lieferant dazu verpflichtet werden muss, seinen Mitarbeitern abgefülltes Trinkwasser zur Verfügung zu stellen. Um ungerechtfertigte Verantwortlichkeiten von Unternehmen auszuschließen und die Anforderungen nicht zu überspannen, muss allerdings auf die lokalen Verhältnisse abgestellt werden.

3.1.2.9 Zwangsräumung (§ 2 Abs. 2 Nr. 10 LkSG)

Legal Text

das Verbot der widerrechtlichen Zwangsräumung und das Verbot des widerrechtlichen Entzugs von Land, von Wäldern und Gewässern bei dem Erwerb, der Bebauung oder anderweitigen Nutzung von Land, Wäldern und Gewässern, deren Nutzung die Lebensgrundlage einer Person sichert.

Diese Regelung – wiederum ohne Bezug zu einem Arbeitsverhältnis – dient dem Schutz vor widerrechtlicher Zwangsräumung. Die Herleitung dieser Verbote erfolgt, wie schon bei § 2 Abs. 2 Nr. 9 LkSG, aus dem Internationalen Pakt über wirtschaftliche, soziale und kulturelle Rechte (vom 19. Dezember 1966) (Anlage 1 Nr. 11 des Gesetzes).

Problemlagen können sich nach der Gesetzesbegründung insbesondere dort ergeben, wo im nationalen Recht vorgesehene prozessrechtliche Garantien für eine
Zwangsräumung (z. B. rechtzeitige Konsultation bzw. Information Betroffener)
nicht eingehalten werden oder der Zugang zu Rechtsmitteln und angemessener
Kompensation *durch das Handeln des Unternehmens* erschwert wird.

Bei den hier angesprochenen Fällen wird es sich aus Sicht eines in Deutschland
ansässigen Unternehmens um Einzelfälle handeln, die regelmäßig keine weiterge-
henden Handlungspflichten auslösen dürften. Kommt es zu einer solchen Rechtsverletzung, insbesondere durch einen (mittelbaren oder unmittelbaren Zulieferer)
ist eine Einflussmöglichkeit im Regelfall nicht mehr gegeben und eine Wiederholungsgefahr eher selten (schließlich kommt es außerhalb der staatlichen Sphäre
eher selten zu Zwangsräumungen und zu widerrechtlichen Maßnahmen). Die Abhilfe, die allenfalls denkbar ist, dürfte sich auf (schriftliche) Zusicherungen beschränken, ein derartiges Verhalten künftig zu unterlassen. Ohnehin wird es in vielen Fällen schwierig und wahrscheinlich auch nur nach längeren Gerichtsverfahren
zu klären sein, ob überhaupt eine widerrechtliche Handlung vorlag.

3.1.2.10 Folterverbot (§ 2 Abs. 2 Nr. 11 LkSG)

Legal Text
das Verbot der Beauftragung oder Nutzung privater oder öffentlicher Sicherheitskräfte zum Schutz des unternehmerischen Projekts, wenn aufgrund mangelnder
Unterweisung oder Kontrolle seitens des Unternehmens bei dem Einsatz der Sicherheitskräfte

a)   das Verbot von Folter und grausamer, unmenschlicher oder erniedrigender
      Behandlung missachtet wird;
b)   Leib oder Leben verletzt werden oder
c)   die Vereinigungs- und Koalitionsfreiheit beeinträchtigt werden.

Diese Regelung dient dem Schutz Betroffener vor extensiver Gewalt, Folter und
der Verletzung der Vereinigungs- und Koalitionsfreiheit durch private oder staatliche Sicherheitskräfte im Dienst eines Unternehmens.

Aus der Gesetzesbegründung geht hervor, dass es in erster Linie um Gebiete
geht, die von einem bewaffneten Konflikt betroffen sind. Dort sei das Risiko von
Menschenrechts- oder Völkerrechtverletzungen beim Einsatz von Sicherheitskräf-
ten besonders hoch.

Der Wortlaut gibt diese eingrenzende Wertung indes nicht her, vielmehr ist es in
vielen Ländern gängige Praxis, dass insbesondere private Sicherheitsdienste zum

Schutz des Firmeneigentums eingesetzt werden. Auch in diesen Fällen wird darauf zu achten sein, dass das eingesetzte Personal gravierende Menschenrechtsverletzungen vermeidet.

Da derart gravierende Handlungen wie Folter und Verletzung von Leib oder Leben im Einzelfall nicht mehr rückgängig zu machen sind, wird besonderer Wert auf Prävention gelegt. Ein Schwerpunkt liegt daher auf der ausreichenden Unterweisung des eingesetzten Personals. Dies stellt zweifelsohne keine einfache Aufgabe dar, da das im Sicherheitsunternehmen genutzte Personal in aller Regel kaum über die notwendigen Rechtskenntnisse verfügt. Zudem arbeiten solche Unternehmen häufig mit wechselndem Personal. Der laufenden Unterweisung und Kontrolle kommt insoweit eine besondere Bedeutung zu.

Die Gesetzesbegründung führt weiter aus, dass Unternehmen insbesondere bei der Beauftragung staatlicher Dienste vor der Beauftragung prüfen sollen, ob gravierende Menschenrechtsverletzungen durch die beauftragte Einheit dokumentiert sind. Dem liegt die Erfahrung zugrunde, dass in vielen Regionen der Welt die Einschaltung staatlicher Dienste keinesfalls garantiert, dass Menschenrechte beachtet werden.

Im Gesamtkontext dieser Regelung wird entscheidend sein, welche Einflussmöglichkeiten realistischer Weise bestehen. Diese werden in erster Linie in der Auswahlentscheidung an sich liegen (mit Vorabkontrolle der Historie des beauftragten Sicherheitsdienstes) der Durchführung der geforderten Schulungen und regelmäßigen Kontrollen. Weitergehende Maßnahmen insbesondere bei staatlichen Stellen sind in vielen Fällen kaum umsetzbar.

3.1.2.11 Auffangklausel (§ 2 Abs. 2 Nr. 12 LkSG)

Legal Text

das Verbot eines über die Nummern 1 bis 11 hinausgehenden Tuns oder pflichtwidrigen Unterlassens, das unmittelbar geeignet ist, in besonders schwerwiegender Weise eine geschützte Rechtsposition zu beeinträchtigen und dessen Rechtswidrigkeit bei verständiger Würdigung aller in Betracht kommenden Umstände offensichtlich ist.

§ 2 Abs. 2 Nr. 12 LkSG normiert eine Auffangklausel. Diese arbeitet mit einer Reihe von unbestimmten Rechtsbegriffen, was die Handhabung problematisch macht. So ist unklar, welches Tun oder Unterlassen „unmittelbar" geeignet ist, „in besonders schwerwiegender Weise" eine Beeinträchtigung einer „geschützten Rechtsposition" darzustellen. Insbesondere fehlt jede Eingrenzung der geschützten Rechte. Nachdem es sich offenkundig gerade nicht um die in den Nrn. 1–11 näher bezeichneten Rechtspositionen handeln kann, bleibt offen, ob hier jede Verletzung von Rechten einer Person gemeint ist oder nur qualitativ den Menschenrechtsverletzungen gleich gelagerte Beeinträchtigungen. Der Kontext spricht für Letzteres. Gleiches gilt auch für die weitere Tatbestandsvoraussetzung, dass die Rechtswidrigkeit „bei verständiger Würdigung aller in Betracht kommenden Umstände" „offensichtlich" sein muss. Schon allein die Frage, auf wessen Perspektive es ankommt, ist ungeklärt. Dessen ungeachtet stellt die Formulierung sicher auch einen Schutz vor überzogenen Anforderungen dar, da vielfach mindestens streitig sein dürfte, ob sämtliche Tatbestandsvoraussetzungen erfüllt sind.

In der Praxis dürfte die Auffangklausel keine übermäßige Bedeutung erlangen.

Menschenrechtsbezogene Risiken

Zusammenfassend lässt sich zu dem Katalog wertend festhalten, dass die § 2 Abs. 2 Nrn. 1–4 LkSG in Regionen von besonderer Bedeutung sein werden, die einzelfallunabhängig bereits für Menschenrechtsgefährdungen bekannt sind. Arbeiten Zulieferer in relevanten Gebieten und noch dazu in besonders gefährdeten Branchen (Rohstoffgewinnung, Land- und Fischereiwirtschaft, Textilwirtschaft, Nahrungsmittel, Elektronik etc.), ist jedenfalls höchste Vorsicht geboten.

§ 2 Abs. 2 Nrn. 6 und 7 LkSG sind insoweit besonders kritisch, als sich hinter den genannten Tatbeständen oft eine staatliche Politik findet, die mit den internationalen Konventionen nicht übereinstimmt. Da Unternehmen keine Gesetze ändern können und sich im Gegenteil in ihrem Heimatland gesetzeskonform verhalten müssen, dürfen die Anforderungen insoweit nicht überspannt werden.

Anders ist die Lage bei § 2 Abs. 2 Nrn. 5 und 8 LkSG, die auf die lokalen Vorschriften rekurrieren und somit in der Praxis die größte Bedeutung, und zwar länderunabhängig, bekommen könnten.

Die § 2 Abs. 2 Nrn. 9, 10 und 11 LkSG werden allenfalls in Einzelfällen Bedeutung erlangen. Dies gilt insbesondere für die eher umweltbezogenen Verbote aus den Nrn. 9 und 10. Insoweit wird nur dann ein Handeln erforderlich sein, wenn ein konkreter Hinweis auf einen bestimmten Sachverhalt vorliegt. Überdies erfordert die notwendige rechtliche Beurteilung des Sachverhalts mit Sicherheit lokale Unterstützung. In vielen Fällen wird zunächst ein Rechtsgutachten dahingehend angefertigt werden müssen, ob überhaupt eine Verletzung lokalen Rechts gegeben ist.

Hinsichtlich der Verpflichtung aus § 2 Abs. 2 Nr. 11 LkSG gilt ähnliches, wobei in diesem Fall sowohl bei eigenen Auswahlentscheidungen als auch der laufenden Schulung und Kontrolle (auch bei Zulieferern) eine erhöhte Aufmerksamkeit erforderlich ist und nicht erst eine Schadensmeldung abgewartet werden kann.

Keine wesentliche Einschränkung der Pflichten ergibt sich indes aus dem zitierten Obersatz, da es ausreicht, dass die beschriebenen Gefahren „drohen" und hierfür „tatsächliche Anhaltspunkte" vorliegen. Diese Voraussetzungen werden sehr häufig erfüllt sein.

3.2 Umweltbezogene Risiken (§ 2 Abs. 3 LkSG)

▶ Ein umweltbezogenes Risiko im Sinne dieses Gesetzes ist ein Zustand, bei dem aufgrund tatsächlicher Umstände mit hinreichender Wahrscheinlichkeit ein Verstoß gegen eines der folgenden Verbote droht.

Die Beschränkung auf relativ wenige Umweltabkommen ist im Gesetzgebungsprozess kritisiert worden. Ihr liegt allerdings eine nachvollziehbare Logik zugrunde, nachdem Unternehmen regelmäßig nur in geringem Ausmaß Einfluss auf Umweltbedingungen haben. In erster Linie beschränkt sich damit die eigene Verantwortlichkeit (inklusive Lieferkette) auf eigene Handlungen, wie den sachgerechten Umgang mit bestimmten Stoffen und Abfall. Allerdings ist nicht zu verkennen, dass die Prüfpflichten dort, wo eine gesetzliche Regelung besteht, weitreichend sind. Ohne qualifizierte wissenschaftliche und juristische Beratung lässt sich kaum feststellen, welche Stoffe wo und wie verarbeitet wurden und vor allem, ob diese Verarbeitung in den Geltungsbereich eines der genannten Abkommen fällt oder eine Ausnahmeregelung greift. Denkbar erscheint insoweit eine technische Unterstützung durch IT-Systeme, die z. B. mittels der Blockchain-Technologie eine lückenlose Inhalts- und Herkunftsbestimmung zulassen und zugleich eine juristische Bewertung erlauben. Ungeachtet solcher Möglichkeiten bedarf es eines laufenden Monitorings, da eine rein technische Lösung den Anforderungen des Gesetzes nicht gerecht werden dürfte.

Die umweltbezogenen Risiken in Bezug auf Quecksilber, Chemikalien und Abfälle bzw. Abfallbeseitigung sind in § 2 Abs. 3 LkSG aufgeführt.

3.2.1 Quecksilber (§ 2 Abs. 3 Nrn. 1, 2 und 3 LkSG)

Legal Text

1. das Verbot der Herstellung von mit Quecksilber versetzten Produkten gemäß Artikel 4 Absatz 1 und Anlage A Teil I des Übereinkommens von Minamata vom 10. Oktober 2013 über Quecksilber (BGBl. 2017 II S. 610, 611) (Minamata-Übereinkommen);

2. das Verbot der Verwendung von Quecksilber und Quecksilberverbindungen bei Herstellungsprozessen im Sinne des Artikels 5 Absatz 2 und Anlage

B Teil I des Minamata-Übereinkommens ab dem für die jeweiligen Produkte und Prozesse im Übereinkommen festgelegten Ausstiegsdatum;

3. das Verbot der Behandlung von Quecksilberabfällen entgegen den Bestimmungen des Artikels 11 Absatz 3 des Minamata-Übereinkommens;

Die ersten drei Nummern definieren mithin die Verbote, die sich aus dem Minamata-Übereinkommen ergeben. Dabei gilt das Abkommen umfassend, d. h. die dort genannten Ausnahmeregelungen finden sämtlich Anwendung. Unternehmen müssen daher nicht nur prüfen, ob sie an der Herstellung von Quecksilber (mittelbar) beteiligt sind, sondern auch, ob keine Ausnahmeregelung greift.

3.2.2 Chemikalien (§ 2 Abs. 3 Nrn. 4 und 5 LkSG)

Legal Text

4. das Verbot der Produktion und Verwendung von Chemikalien nach Artikel 3 Absatz 1 Buchstabe a und Anlage A des Stockholmer Übereinkommens vom 23. Mai 2001 über persistente organische Schadstoffe (BGBl. 2002 II S. 803, 804) (POPs-Übereinkommen), soweit dieses nach dem anwendbaren nationalen Recht in Übereinstimmung mit dem POPs-Übereinkommen gilt; sowie

5. das Verbot der nicht umweltgerechten Handhabung, Sammlung, Lagerung und Entsorgung von Abfällen nach den Regelungen, die in der anwendbaren Rechtsordnung nach den Maßgaben des Artikels 6 Absatz 1 Buchstabe d Ziffer i und ii des POPs-Übereinkommens gelten.

Unternehmen müssen ihre Lieferkette daraufhin überprüfen, ob bei ihren Aktivitäten Chemikalien im Sinne der vorgenannten Abkommen produziert oder verwendet werden. Die Sorgfaltspflichten erfordern dabei vor allem eine Prüfung des nationalen Rechts im Hinblick auf die Anwendbarkeit des Stockholmer Abkommens. Ist das Abkommen danach in dem betreffenden Land nicht anwendbar (etwa weil es dort nicht ratifiziert wurde), ist die gesetzliche Regelung gegenstandslos.

3.2.3   Abfälle und Abfallbeseitigung (§ 2 Abs. 3 Nrn. 6, 7 und 8 LkSG)

Legal Text

6. das Verbot der Ausfuhr von Abfällen im Sinne des Artikel 1 Absatz 1 und Absatz 2 des Basler Übereinkommens über die Kontrolle der grenzüberschreitenden Verbringung gefährlicher Abfälle und ihrer Entsorgung vom 22. März 1989 (BGBl. 1994 II S. 2703, 2704) (Basler Übereinkommen), zuletzt geändert durch die Dritte Verordnung zur Änderung von Anlagen zum Basler Übereinkommen vom 22. März 1989 vom 6. Mai 2014 (BGBl. II S. 306, 307) und im Sinne der Verordnung (EG) Nr. 1013/2006 des Europäischen Parlaments und des Rates vom (14. Juni 2006) über die Verbringung von Abfällen (ABl. L 190 vom 12.07.2006 S. 1), die zuletzt durch die Delegierte Verordnung (EU) 2020/2174 der Kommission vom 19. Oktober 2020 (ABl. L 433 vom 22.12.2020 S. 11) geändert worden ist (Verordnung (EG) Nr. 1013/2006) i. in eine Vertragspartei, die die Einfuhr solcher gefährlicher und anderen Abfälle verboten hat (Artikel 4 Absatz 1 Buchstabe b des Basler Übereinkommens), ii. in einen Einfuhrstaat im Sinne des Artikel 2 Nummer 11 des Basler Übereinkommens, der nicht seine schriftliche Einwilligung zu der bestimmten Einfuhr gegeben hat, für den Fall, dass dieser Einfuhrstaat die Einfuhr dieser Abfälle nicht verboten hat (Artikel 4 Absatz 1 Buchstabe c des Basler Übereinkommens), iii. in eine Nichtvertragspartei des Basler Übereinkommens (Artikel 4 Absatz 5 des Basler Übereinkommens), iv. in einen Einfuhrstaat, wenn in diesem Staat oder anderswo solche gefährlichen Abfälle oder andere Abfälle nicht umweltgerecht behandelt werden (Artikel 4 Absatz 8 Satz 1 des Basler Übereinkommens);

7. das Verbot der Ausfuhr gefährlicher Abfälle von in Anhang VII des Basler Übereinkommens aufgeführten Staaten in Staaten, die nicht in Anlage VII aufgeführt sind (Artikel 4A des Basler Übereinkommens; Artikel 36 Verordnung (EG) Nr. 1013/2006) sowie;

8. das Verbot der Einfuhr gefährlicher und anderer Abfälle aus einer Nichtvertragspartei des Basler Übereinkommens (Artikel 4 Absatz 5 des Basler Übereinkommens).

Die kompliziert erscheinende Regelung erfordert eine detaillierte Prüfung der Völkerrechtslage, aber auch des jeweiligen lokalen Rechts und darüber hinausgehend der praktischen Umsetzung in den betroffenen Staaten. Zwar werden zu den Abkommen Erkenntnisse vorliegen, die verwendet werden können, dennoch dürfte die Erfüllung der Prüfpflichten erhebliche praktische Probleme bereiten, soweit nicht, wie in §20 LkSG vorgesehen, die Behörden – hier vor allem das Bundesumweltamt – die vorgesehene umfangreiche Hilfestellung leistet.

Eine erhebliche Einschränkung erfährt dieser Tatbestand allerdings durch die Voraussetzung, dass es sich immer um einen grenzüberschreitenden Transport von Abfall handeln muss. Es geht mithin nicht um ggfls. auch unsachgemäße Lagerung, innerstaatlichen Transport oder Entsorgung von Abfällen.

Fazit

Zusammenfassend lässt sich zu den umweltbezogenen Verboten festhalten, dass diese in der Handhabung kompliziert sind, da immer völkerrechtliche und nationale Rechtsprüfungen erforderlich sind. Dessen ungeachtet handelt es sich inhaltlich nur um wenige eher „exotische" Pflichten, die etliche Unternehmen gar nicht betreffen dürften. Ganz sicher sein kann sich allerdings niemand, da gerade bei den umweltbezogenen Verboten die Sachverhaltsaufklärung mit größter Wahrscheinlichkeit vor allem im entfernteren Ausland bei mittelbaren Zulieferern zu leisten sein wird.

In allen vorgenannten Bereichen ist nicht nur die Liste der Abkommen abschließend, sondern auch die Auflistung der Verbote. Diese Beschränkung hat politisch von Umweltverbänden heftige Kritik ausgelöst. Tatsächlich geht der Schutz der (arbeitsbezogenen) Menschenrechte weiter und wird in der Praxis wesentlich größere Schwierigkeiten bereiten.

Glieder der Lieferkette

4

Zusammenfassung

Dem LkSG liegt eine weite Fassung des Lieferkettenbegriffs zugrunde, um sämtliche Produkte und Dienstleistungen eines Unternehmens zu erfassen. Diese Schritte sind regelmäßig im In- und Ausland zur Herstellung der Produkte und zur Erbringung der Dienstleistungen erforderlich. Legaldefiniert handelt es sich um den gesamten Weg von der Rohstoffgewinnung bis zur Lieferung an den Endkunden (vgl. § 2 Abs. 5 S. 2 LkSG). Die Lieferkette enthält verschiedene Elemente, deren Unterteilung sich letztlich auf die Sorgfaltspflichten, insbesondere die Präventions- und Abhilfemaßnahmen auswirkt. Erfasst wird das Handeln des Unternehmens im eigenen Geschäftsbereich (§ 2 Abs. 5 Nr. 1, Abs. 6 LkSG), das Handeln eines unmittelbaren Zulieferers (§ 2 Abs. 5 Nr. 2, Abs. 7 LkSG) sowie das Handeln eines mittelbaren Zulieferers (§ 2 Abs. 5 Nr. 3, Abs. 8 LkSG). Die Überprüfungspflicht gilt damit für die gesamte Lieferkette.

Was Sie aus diesem Kapitel mitnehmen
- Definition der Lieferkette
- Voraussetzungen und Merkmale des eigenen Geschäftsbereichs
- Definition von unmittelbaren und mittelbaren Zulieferern

© Der/die Autor(en), exklusiv lizenziert durch Springer Fachmedien Wiesbaden GmbH, ein Teil von Springer Nature 2022
R. Falder et al., *Lieferkettensorgfaltspflichtengesetz*,
https://doi.org/10.1007/978-3-658-36837-1_4

4.1   Einführung

Unternehmen sind heutzutage in aller Regel auf Zulieferungen angewiesen. Nur wenige Unternehmen sind ausschließlich in Deutschland tätig. So ist es nicht ungewöhnlich, dass Lieferanten aus dem Ausland stammen. Dadurch hat beinahe jedes Unternehmen wirtschaftlichen Einfluss – auch auf Geschäftspartner im Ausland. Unternehmen, die ihre Lieferketten wirtschaftlich integrativ gestalten, unterstützen dabei durch die Schaffung von Arbeitsplätzen oder von höheren Einkommen die wirtschaftliche Entwicklung auch im Ausland. Mittelbar lassen sich so grenzüberschreitend Nachhaltigkeit sowie soziale und ökologische Entwicklung maßgeblich beeinflussen. Dies hat den deutschen Gesetzgeber veranlasst von in Deutschland ansässigen größeren Unternehmen zu verlangen, über die Umsetzung von Sorgfaltspflichten eine Verbesserung der Lage der Menschenrechte und Umweltbedingungen entlang der eigenen Lieferkette zu bewirken. Der Begriff der Lieferkette nimmt dabei eine zentrale Bedeutung ein.

4.2   Lieferkette

4.2.1   Legaldefinition (§ 2 Abs. 5 LkSG)

§ 2 Begriffsbestimmungen

(5)   Die Lieferkette im Sinne dieses Gesetzes bezieht sich auf alle Produkte und Dienstleistungen eines Unternehmens. Sie umfasst alle Schritte im In- und Ausland, die zur Herstellung der Produkte und zur Erbringung von Dienstleistungen erforderlich sind, angefangen von der Gewinnung der Rohstoffe bis zu der Lieferung an den Endkunden und erfasst

1.   das Handeln eines Unternehmens im eigenen Geschäftsbereich,

2.   das Handeln eines unmittelbaren Zulieferers und

3.   das Handeln eines mittelbaren Zulieferers.

In § 2 Abs. 5 LkSG findet sich eine Legaldefinition der **Lieferkette**. Der Begriff bezieht sich auf die von einem Unternehmen erzeugten Produkte und erbrachten Dienstleistungen und erfasst alle Schritte, die im Inland und im Ausland hierfür notwendig sind.

Was dabei unter der **Erforderlichkeit** zu verstehen ist, wird weder vom Gesetz noch von der Gesetzesbegründung ausgeführt. Letztlich ist hierunter kein Mindestmaß zu verstehen, sondern jede Komponente eines Herstellungsprozesses wird im Zweifel als erforderlich anzusehen sein.

Die Gewinnung von Rohstoffen stellt den Beginn der Lieferkette dar. Den Abschluss bildet in der Regel die Lieferung des Produktes an den Endkunden. Je nach Art des Produktes oder der Dienstleistung können die Bestandteile der Lieferkette variieren, insbesondere auf der Ebene der mittelbaren Zulieferer kann es grundsätzlich beliebig viele Verästelungen geben.

Erfasst ist dabei auch die Inanspruchnahme von Dienstleistungen, die für die Produkterstellung erforderlich sind (bspw. der Transport oder die Zwischenlagerung von Waren sowie Finanzdienstleistungen wie Kredite und Versicherungen).

Übersicht

Bei der Herstellung von **Gütern** gibt es typischerweise die Phase der Beschaffung (d. h. die Gewinnung und Lieferung von Rohstoffen für die Herstellung von Produkten), der Produktion (die Verarbeitung der Rohstoffe zu den Fertigprodukten) und des Vertriebs (Aktivitäten, die dafür sorgen, dass das Produkt seinen endgültigen Bestimmungsort erreicht, bspw. mit Hilfe von Distributoren, Lagern, physischen Geschäften oder Online-Plattformen).

Im Falle einer **Finanzdienstleistung** durch Kreditinstitute findet ein wesentlicher Teil der Produktion zeitgleich mit der Erbringung der Dienstleistung gegenüber dem Kunden statt. Hier werden durch Investitionen oder Kreditvergaben weitere Produktionsprozesse freigesetzt. Vor diesem Hintergrund werden für derartige Dienstleistungen die Beziehungen zum Endkunden und die nachgelagerten Stufen der Lieferkette erfasst.

Es ist jedoch hervorzuheben, dass – vorbehaltlich § 5 Abs. 1 S. 2 LkSG – den Finanzdienstleister keine Sorgfaltspflichten bezüglich des Endkunden (Kreditnehmer, Sicherungsnehmer oder das Anlageobjekt an sich) treffen. Mit Blick auf Sinn und Zweck des LkSG, müssen mit den Sorgfaltspflichten gewisse Informations- und Einflussnahmemöglichkeiten einhergehen, sofern es sich um Kredite, Sicherheiten oder andere Finanztransaktionen handelt, die so bedeutend sind, dass sie es rechtfertigen, den Endkunden als Teil einer Lieferkette des Finanzdienstleisters anzusehen.

Beispiel

Bei **Krediten** ist eine Einbeziehung des Endkunden gerechtfertigt, wenn die Schwelle für Großkredite (Wert des Kredits erreicht oder überschreitet

10 % der anrechenbaren Eigenmittel des Kreditinstituts) über Aufsichtsanforderungen an Kreditinstitute erreicht wird (vgl. Art. 392 der Verordnung (EU) Nr. 575/2013 des Europäischen Parlaments und des Rates vom 26. Juni 2013).

Allerdings erstrecken sich die Sorgfaltspflichten bei der Vermittlung von Finanzdienstleistungen wie bei anderen Dienstleistungen nicht auf den Endkunden. So ist bspw. bei Versicherungsunternehmen die Anlage von Vermögenswerten kein Bestandteil der Lieferkette, aufgrund derer das Unternehmen seine Dienstleistungen erbringt, wohl aber z. B. der Transportversicherer bei einer Warenlieferung.

Als Dienstleistungen erfasst sind auch die Wiederverwertung oder Entsorgung bei Unternehmen, deren Geschäftszweck diese Tätigkeiten darstellen.

4.2.2 Eigener Geschäftsbereich (§ 2 Abs. 6 LkSG)

§ 2 Begriffsbestimmungen

(6) Der eigene Geschäftsbereich im Sinne dieses Gesetzes erfasst jede Tätigkeit des Unternehmens zur Erreichung des Unternehmensziels. Erfasst ist damit jede Tätigkeit zur Herstellung und Verwertung von Produkten und zur Erbringung von Dienstleistungen, unabhängig davon, ob sie an einem Standort im In- oder Ausland vorgenommen wird. In verbundenen Unternehmen zählt zum eigenen Geschäftsbereich der Obergesellschaft eine konzernangehörige Gesellschaft, wenn die Obergesellschaft auf die konzernangehörige Gesellschaft einen bestimmenden Einfluss ausübt.

Die Sorgfaltspflichten gelten vornehmlich für das Handeln des Unternehmens im eigenen Geschäftsbereich. Dieser wird in § 2 Abs. 6 LkSG legaldefiniert und erfasst jede Tätigkeit des Unternehmens zur Erreichung des Unternehmensziels. In diesem direkt beeinflussbaren Bereich gelten die primären und unmittelbar zu erfüllenden Sorgfaltspflichten.

Dabei wird explizit in § 2 Abs. 6 LkSG normiert, dass jede Tätigkeit zur Erstellung und Verwertung von Produkten erfasst ist, sofern das betroffene Unternehmen mehrere Standorte unterhält, an denen das Unternehmen selbst Produkte oder Dienstleistungen erstellt oder verwertet. Diese Aussage gilt unabhängig von der Standortfrage. Insofern können Tätigkeiten im In- oder Ausland am Sitz, Niederlassung, Zweigstelle oder Produktionsstätte eines Unternehmens ausgeführt werden. Maßgeblich ist, dass der Standort ein Teil der Gesellschaft als rechtliche Unternehmenseinheit (ggfls. mit Konzernbezug) ist.

4.3 Unmittelbare Zulieferer

Da die Lieferkette sämtliche Schritte von der Gewinnung von Rohstoffen bis zur Lieferung an den Endkunden umfasst, sind alle unmittelbaren und mittelbaren Zulieferer miteingeschlossen. Die Verantwortung und tatsächliche Haftung der Unternehmen, die dem LkSG direkt unterfallen, bemisst sich nach dem Grad, der Nähe sowie der Kenntnisnahme- und Einflussmöglichkeit in Bezug auf den jeweiligen Zulieferer (unmittelbar/mittelbar) und folgt einem abgestuften System.

Naturgemäß hat das in den Anwendungsbereich des LkSG fallende Unternehmen einen größeren Einfluss auf einen unmittelbaren Lieferanten als auf dessen Unterlieferanten (sog. mittelbare Zulieferer). Diesen Umstand berücksichtigt der deutsche Gesetzgeber, indem er den Unternehmen im Hinblick auf die erste Gruppe (unmittelbare Zulieferer) weitergehende Pflichten auferlegt.

Die unternehmerischen Sorgfaltspflichten gelten in Bezug auf mittelbare Zulieferer nur, wenn das in Deutschland ansässige Unternehmen substanziierte Kenntnis von möglichen Verletzungen hat. Es ist allerdings zu berücksichtigen, dass an die Kenntnis keine hohen Anforderungen gestellt werden. So kommt nach der Gesetzesbegründung eine Kenntnis des Unternehmens bereits dann in Betracht, wenn der jeweilige Zulieferer in einer Region oder Branche mit generell bestehenden menschenrechtlichen oder umweltbezogenen Risiken tätig ist. Nicht erforderlich ist hingegen die Kenntnis von einem individualisierbaren Verstoß gegen Menschenrechte oder Umweltpflichten.

§ 2 Begriffsbestimmungen

(7)   Unmittelbarer Zulieferer im Sinne dieses Gesetzes ist ein Partner eines Vertrages über die Lieferung von Waren oder die Erbringung von Dienstleistungen, dessen Zulieferungen für die Herstellung des Produktes des Unternehmens oder zur Erbringung und Inanspruchnahme der betreffenden Dienstleistung notwendig sind.

Nach dem Gesetz ist der unmittelbare Zulieferer ein Vertragspartner, dessen Zulieferungen für die Erstellung des Produktes oder für die Erbringung der Dienstleistung notwendig sind. Im Einklang mit § 2 Abs. 5 LkSG, welcher die Lieferkette definiert, werden unter dem Begriff der Zulieferungen neben Sachgütern auch Dienstleistungen erfasst.

Was unter „notwendig" – dieser Begriff wird sowohl bei der Definition des unmittelbaren als auch des mittelbaren Zulieferers verwendet – zu verstehen ist, wird nicht näher bestimmt. Entsprechend dem herkömmlichen Sprachgebrauch ist etwas notwendig, dass nicht hinweggedacht werden kann. Da davon auszugehen ist, dass Unternehmen keine überflüssigen Verträge abschließen, ist grundsätzlich von einer „Notwendigkeit" in diesem Sinne auszugehen. Ansonsten hätte der Gesetzgeber z. B. Wertgrenzen festsetzen müssen, um dem Bestimmtheitsgebot zu genügen.

4.4   Mittelbare Zulieferer (§ 9 Abs. 2 und 3 LkSG)

§ 2 Begriffsbestimmungen

(8)   Mittelbarer Zulieferer im Sinne dieses Gesetzes ist jedes Unternehmen, das kein unmittelbarer Zulieferer ist und dessen Zulieferungen für die Herstellung des Produktes des Unternehmens oder zur Erbringung und Inanspruchnahme der betreffenden Dienstleistung notwendig sind.

Aus der Legaldefinition können folgende maßgebliche Punkte abgeleitet werden. Es darf

- mit einem Unternehmen
- kein direktes Vertragsverhältnis bestehen und
- dessen Zulieferung(en) müssen notwendig sein.

Insofern werden sämtliche Zulieferer erfasst, mit denen das Unternehmen infolge seiner Vertragsbeziehungen, seiner Geschäftstätigkeit, seiner Produkte oder Dienstleistungen trotz fehlender direkter Vertragsbeziehungen irgendwie verbunden ist. Auffällig ist, dass die Legaldefinition des mittelbaren Zulieferers (§ 2 Abs. 8 LkSG) – abweichend von der Legaldefinition des unmittelbaren Zulieferers – nur von Unternehmen und gerade nicht von einem Partner spricht. Dies dürfte indes daran liegen, dass mit mittelbaren Zulieferern eben keine vertraglichen Beziehungen bestehen. Diese sind somit aus Sicht des in Deutschland befindlichen Unternehmens keine eigenen Geschäftspartner.

Das Kriterium der „Notwendigkeit" ist im Rahmen der Bewertung von mittelbaren Zulieferern schwerer zu handhaben, da keine vertraglichen Beziehungen nach Deutschland bestehen (müssen), die bei der Beurteilung der Notwendigkeit herangezogen werden können. Ungeklärt ist insbesondere, ob auch geringfügige, im Gesamtkontext eher unbedeutende mittelbare Zulieferungen erfasst sind. Jedenfalls bei leichter Austauschbarkeit ließe sich dies einerseits bezweifeln, andererseits ist in einem solchen Fall auch relativ leicht eine Abhilfe möglich (und kann daher eher verlangt werden).

Die Unterscheidung zwischen unmittelbaren und mittelbaren Zulieferern ist im Hinblick auf die Rechtsfolgen relevant. Grundsätzlich kann zwischen Präventionsmaßnahmen und Abhilfemaßnahmen unterschieden werden. So sind im Rahmen von Präventionsmaßnahmen die im Rahmen der Dokumentation und der Risikoanalyse gewonnenen Erkenntnisse als Grundlage heranzuziehen. Im Kern gilt hier ein abgestufter Sorgfaltsmaßstab.

Sorgfaltspflichten

5

Zusammenfassung

Die Sorgfaltspflichten sind lediglich als „Bemühenspflichten" ausgestaltet und begründen für die Unternehmen weder eine Erfolgspflicht noch eine Garantiehaftung. Ferner setzt das LkSG die Sorgfaltspflichten unter einen Angemessenheitsvorbehalt, der Unternehmen einen Ermessens- und Handlungsspielraum einräumt. Aus den bestehenden Einflussmöglichkeiten des Unternehmens ergibt sich auch letztlich die „Angemessenheit" der Pflichten. Eine Erfüllung der Sorgfaltspflichten ist auch dann möglich, wenn eine Nachverfolgung der gesamten Lieferkette (tatsächlich oder rechtlich) nicht möglich ist oder Präventions- oder Abhilfemaßnahmen nicht vorgenommen werden können. Kernelement des LkSG ist die Einrichtung eines Risikomanagements zur Überwachung ihrer Lieferketten. Das Risikomanagement muss die gesamte Lieferkette erfassen und in allen maßgeblichen (unternehmensinternen) Geschäftsabläufen verankert sein (§ 4 Abs. 1 LkSG). Außerdem muss das Unternehmen einen Verantwortlichen für das Risikomanagement im Unternehmen bestimmen. Daneben wird die Pflicht zur Risikoanalyse zur Ermittlung menschenrechts- und umweltbezogener Risiken normiert. Im eigenen Geschäftsbereich und bei unmittelbaren Zulieferern hat das Unternehmen mindestens einmal im Jahr sowie anlassbezogen bei wesentlich veränderter oder erweiterter Risikolage zu überprüfen, ob eine Verletzung von Menschenrechts- oder Umweltbelangen vorliegt. Bei mittelbaren Zulieferern besteht die Pflicht zur Risikoanalyse nur, wenn das Unternehmen substanziierte Kenntnis von möglichen Verletzungen hat.

© Der/die Autor(en), exklusiv lizenziert durch Springer Fachmedien Wiesbaden GmbH, ein Teil von Springer Nature 2022
R. Falder et al., *Lieferkettensorgfaltspflichtengesetz*,
https://doi.org/10.1007/978-3-658-36837-1_5

Was Sie aus diesem Kapitel mitnehmen
- Sorgfaltspflichten sind „Bemühenspflichten" (kein konkreter Erfolg notwendig)
- Art und Umfang der Sorgfaltspflichten
- Risikoanalyse und -management
- Konkretisierung der Präventions- und Abhilfemaßnahmen

5.1 Allgemeine Grundsätze und Verantwortlichkeit

§ 3 Abs. 1 LkSG bestimmt die Grundregel, wonach Unternehmen dazu verpflichtet sind, in ihren Lieferketten die in dem Gesetz festgelegten menschenrechtlichen und umweltbezogenen Sorgfaltspflichten in angemessener Weise zu beachten. Ziel ist dabei, menschenrechtsbezogenen oder umweltbezogenen Risiken vorzubeugen, sie zu minimieren oder die Verletzung menschenrechtsbezogener oder umweltbezogener Pflichten zu beenden oder zu minimieren.

Den verwendeten Begriff der „Angemessenheit" umschreibt § 3 Abs. 2 LkSG wie folgt:

Legal Text
„Die angemessene Weise eines Handelns, das den Sorgfaltspflichten genügt, bestimmt sich nach

1. Art und Umfang der Geschäftstätigkeit des Unternehmens
2. dem Einflussvermögen des Unternehmens auf den unmittelbaren Verursacher eines menschenrechtlichen oder umweltbezogenen Risikos oder der Verletzung einer menschenrechtsbezogenen oder einer umweltbezogenen Pflicht,
3. der typischerweise zu erwartenden Schwere der Verletzung, der Umkehrbarkeit der Verletzung, und der Wahrscheinlichkeit des Verletzungseintritts der Verletzung einer menschenrechtsbezogenen oder einer umweltbezogenen Pflicht sowie
4. nach der Art des Verursachungsbeitrages des Unternehmens zu dem menschenrechtlichen oder umweltbezogenen Risiko oder zu der Verletzung einer menschenrechtsbezogenen oder umweltbezogenen Pflicht."

Wiederholt haben Bundesregierung und Bundestag im Gesetzgebungsprozess darauf hingewiesen, dass von den Unternehmen nichts Unmögliches verlangt wird. Die Gesetzesbegründung hebt hervor, dass es sich um eine Bemühenspflicht handelt, keinesfalls jedoch eine Erfolgsgarantie übernommen werden muss. Es genüge den Anforderungen, wenn das Unternehmen nachweisen kann, die gesetzlich vorgeschriebenen Sorgfaltspflichten umgesetzt zu haben, wobei auch hier als Korrektive „Machbarkeit" und „Angemessenheit" genannt werden.

Letztlich entscheidet sich die Frage, wie weit ein Unternehmen gehen muss auf der Ebene der einzelnen Sorgfaltspflichten. Es wird nicht genügen, vor dem Hintergrund einer behaupteten Machtlosigkeit oder großer praktischer Schwierigkeiten bei der Umsetzung (etwa weil sich das Geschehen weit entfernt in einer anderen Rechtsordnung abspielt) auf ein wie auch immer geartetes Bemühen zu verweisen. Das Gesetz bliebe ein Papiertiger, wenn es genügen würde, lediglich die Papierform einzuhalten und auf praktische Umsetzungsschritte unter Hinweis auf eigene beschränkte Mittel zu verzichten.

▶   Aus dem Kontext der gesetzlichen Regelungen folgt, dass die Beachtung von Sorgfaltspflichten keine einmalige Aufgabe ist, sondern ein sich ständig erneuernder Prozess. So müssen, wie die Formulierungen an vielen Stellen des Gesetzes zeigen, die gewählten Mittel und Wege ständig einer Wirksamkeitskontrolle unterzogen werden. Die Wirksamkeitsmechanismen sind mindestens jährlich einer Überprüfung zu unterziehen, hierüber ist auch (öffentlich) zu berichten. Vor allem aber muss anlassbezogen gehandelt werden, d. h. sobald, gleich auf welche Weise, auch nur der Verdacht einer Menschenrechtsverletzung im Raum steht, muss dem aktiv nachgegangen und ggfls. für Abhilfe gesorgt werden.

Weiter stellt das Gesetz klar, dass sich die Sorgfaltspflichten nicht nur auf den eigenen Geschäftsbereich beziehen, sondern die gesamte Lieferkette bis zu deren erstem Glied erfassen. Eine Abstufung der Pflichten ergibt sich allenfalls aus den in den §§ 4–10 LkSG genannten Einzelmaßnahmen. Hierbei gilt der Grundsatz, dass die Bemühungen umso größer sein müssen, je näher sich das Unternehmen an der Quelle der Verletzung befindet. Begründet wird dies damit, dass mit einer zunehmenden Einflussmöglichkeit des Unternehmens auch die Wahrscheinlichkeit für den Verursachungsbeitrag bzw. -verantwortlichkeit steige. Dementsprechend seien auch größere Bemühungen zur Schadensvermeidung und -beseitigung zumutbar.

Zu Begründung der im Einzelnen genannten Sorgfaltspflichten verweist der Gesetzgeber auf den Due Diligence Begriff der einschlägigen Leitprinzipien der Vereinten Nationen sowie der OECD (Organisation for Economic Cooperation and Development).

5.1.1 Art und Umfang der Geschäftstätigkeit (§ 3 Abs. 2 Nr. 1 LkSG)

Die in § 3 Abs. 2 Nr. 1 LkSG in Bezug genommene Geschäftstätigkeit (Art und Umfang) soll sich nach qualitativen und quantitativen Merkmalen bestimmen. Die Art der Geschäftstätigkeit bezieht sich bspw. auf die Produktbeschaffenheit oder den Typ der Dienstleistung, die Vielfalt der erbrachten Leistungen und der Geschäftsbeziehungen und die überregionale oder internationale Ausrichtung des Unternehmens. Je globaler und umfassender das Unternehmen tätig ist und je mehr Produkte oder Dienstleistungen angeboten werden, desto höher sind die Anforderungen.

Der Umfang der Geschäftstätigkeit soll sich aus der Größe des Unternehmens, Anzahl und Funktion der Beschäftigten, dem Umsatzvolumen, dem Anlage- und Betriebskapital und der Produktionskapazität ergeben. So selbstverständlich dies klingt, so wenig handhabbar sind diese Kriterien in der Praxis, da keine Beispiele oder Größenordnungen genannt sind. Es ist allenfalls klar, dass kleine Unternehmen nicht überfordert werden sollen. Es wird abzuwarten sein, ob die in § 20 LkSG vorgesehenen Handreichungen der zuständigen Behörden mehr Anhaltspunkte liefern werden.

Die Gesetzesbegründung sieht zu dem Kriterium „Art und Umfang der Geschäftstätigkeit" weiter vor, dass insbesondere länder-, branchen- und warengruppenspezifische Risiken zu erwägen sind. Hierzu dürfte es allerdings alsbald – sofern nicht schon vorhanden (wie z. B. in der Textilindustrie) – allgemein zugängliche Informationen geben. Fraglich ist allenfalls, welche Qualität die Informationen haben müssen, damit sie für Unternehmen verbindlich sind. Schließlich gibt es unzählige Branchenorganisationen und Nichtregierungsorganisationen in vielen Ländern, die auch interessengeleitete Politik betreiben und daher nicht zwingend objektive Anhaltspunkte liefern.

5.1.2 Einflussmöglichkeiten auf unmittelbaren Verursacher (§ 3 Abs. 2 Nr. 2 LkSG)

Welche Maßnahme „angemessen" ist, soll sich auch nach der konkreten Einflussmöglichkeit des Unternehmens auf den unmittelbaren Verursacher bemessen. Insoweit maßgebliche Kriterien sind die Größe des Unternehmens und Auftragsvolumen sowie die Nähe zum Risiko.

▶ An dieser Stelle zeigt sich deutlich die Problematik der verwendeten unbestimmten Rechtsbegriffe. Auch die Gesetzesbegründung lässt unklar, welche Aktionen erwartet werden. Warum etwa soll es bei schweren Menschenrechtsverletzungen auf das Auftragsvolumen und die Größe des Zulieferers ankommen? Bedeutet die Gesetzesformulierung, dass kleinere Zulieferer leichter unter Druck gesetzt werden können und müssen oder wiegt die Gesetzesverletzung bei einem großen Zulieferer mit vielen potenziell Betroffenen so schwer, dass dort auf jeden Fall eingegriffen werden muss?

Zweifelsfrei sind die Einflussmöglichkeiten bei einem direkten Zulieferer größer als bei einem mittelbaren Zulieferer, da hier alle Möglichkeiten des Vertragsrechts zur Verfügung stehen. Andererseits sind die vom Gesetz vorgesehenen Abhilfemaßnahmen zu berücksichtigen, die von einer Ansprache über die Vereinbarung eines Plans für Verbesserungen bis hin zu einem Abbruch der Geschäftsbeziehungen reichen. Aus welchen Gründen es z. B. auf das Auftragsvolumen ankommen soll, bleibt offen, da es ja in jedem Fall möglich sein wird, etwa die Geschäftsbeziehung einzufrieren oder zu beenden. Eine solche Maßnahme mag allerdings aus Sicht des in Deutschland ansässigen Unternehmens überzogen erscheinen, wenn es etwa um wichtige Aufträge geht. Eine solche Argumentation stellt allerdings im Hinblick auf die gesetzgeberische Zielsetzung ein zweischneidiges Schwert dar, stellt sie doch den Menschenrechts- und Umweltschutz unter einen wirtschaftlichen Vorbehalt.

5.1.3 Ausmaß der möglichen Verletzungen (§ 3 Abs. 2 Nr. 3 LkSG)

Weiterhin ist das Gefahrenpotenzial zu berücksichtigen, mithin die Schwere und Wahrscheinlichkeit negativer Auswirkungen.

Die Schwere der Verletzung einer geschützten Rechtsposition soll sich aus dem Grad der tatsächlichen oder potenziellen Beeinträchtigung ergeben, der Zahl der tatsächlich oder potenziell betroffenen Menschen und der Möglichkeit negative Auswirkungen zu beheben.

Übersicht

Da die Zahl der Betroffenen ein eigenes Kriterium darstellt (je mehr (potenziell) Betroffene, desto eher muss eingeschritten werden), beschreibt der Begriff „Grad" der Beeinträchtigung wohl die Gefährdung im Einzelfall. So wird eine Gefahr für Leib und Leben höher einzuordnen sein als eine Vermögensgefährdung. In die gleiche Richtung geht die Frage, ob ein Schaden wieder behebbar ist. Dies ist bei rein finanziellen Schäden sicher eher der Fall als bei Gesundheitsbeeinträchtigungen.

Der Begriff „Wahrscheinlichkeit" beschreibt, ob und wann ein Risiko in eine Rechtsverletzung mündet. Hier wird es im Regelfall hohe Prognoseunsicherheiten geben. Der Gesetzgeber abstrahiert und verweist auf die Zugehörigkeit zu einem „Hochrisikosektor" (ohne solche zu definieren), tatsächliche und ordnungspolitische Rahmenbedingungen des Produktionsortes (wiederum ohne Anhaltspunkt für die anzulegenden Kriterien), den Umgang mit giftigen Stoffen in der Produktion oder die „mangelhafte Nachhaltigkeitsperformance" (potenzieller) Lieferanten.

5.1.4 Art des Verursachungsbeitrages (§ 3 Abs. 2 Nr. 4 LkSG)

Schließlich stellt das Gesetz hinsichtlich der Art des Verursachungsbeitrags darauf ab, ob das Unternehmen ein Risiko allein oder gemeinsam mit (einem) anderen verursacht hat oder ob „nur" eine mittelbare Beteiligung vorliegt. Ersteres ist z. B. die Missachtung von Arbeitsschutzstandards am eigenen Standort. Eine unmittelbare Mitverursachung liegt in einer parallelen Verletzungshandlung mehrerer Unternehmen, wie sie vor allem bei Umweltverletzungen vorkommen kann.

Wesentlich praxisrelevanter dürfte hingegen die mittelbare Verursachung sein, da sich viele Risiken im Bereich der (mittelbaren) Zulieferer realisieren werden. Als Beispiel nennt die Gesetzesbegründung eine kurzfristige Änderung der Produktanforderungen ohne Anpassung von Lieferzeit und -preis, wodurch sich Verletzungen von Arbeitsschutzstandards ergeben können.

Tatsächlich wird ein direkter Verursachungsbeitrag oftmals gar nicht vorliegen und auch die Einflussmöglichkeiten einer Verhinderung eines Schadensfalls werden begrenzt sein. Dies wird sich erst nach festgestellten Verletzungen ändern, da dann die Praktiken der Handelspartner bekannt sind und eventuelle Einflussoptionen genutzt werden können, um künftige Verletzungshandlungen vorbeugend zu unterbinden.

Es wird im Zweifel die relevanteste Frage sein, wie diese unbestimmten Rechtsbegriffe des LkSG in der Verwaltungs- und Gerichtspraxis ausgelegt werden. Vor dem Hintergrund der gesetzgeberischen Zielsetzung und den internationalen Initiativen zur Stärkung der Menschen- und Umweltrechte in internationalen Wirtschaftsbeziehungen sollten Unternehmen allerdings nicht darauf vertrauen, sich unter Hinweis auf bestehende Schwierigkeiten der Umsetzung und begrenzter Möglichkeiten exkulpieren zu können. Ohnehin ist zweifelhaft, ob solche Argumentationsversuche in zivilrechtlichen Verfahren und bei der Öffentlichkeitsarbeit hilfreich sind.

5.2 Risikomanagement (§ 4 LkSG)

5.2.1 Definition

In der Betriebswirtschaftslehre bezeichnet der Begriff „Risiko" die Wahrscheinlichkeit des Eintretens eines negativen Ereignisses multipliziert mit dem finanziellen Schadensausmaß. Risikomanagement bedeutet danach den planvollen Umgang mit solchen Risiken in einem Unternehmen. Es umfasst alle Aktivitäten, die darauf ausgerichtet sind, die Eintrittswahrscheinlichkeit des Risikos oder das Schadensausmaß zu verringern.

Diese Definition ist auch bei der Analyse des LkSG hilfreich. Insbesondere erinnert sie daran, dass es nicht nur – wie vom Gesetzgeber intendiert – um die Vermeidung von Risiken für Dritte durch Umweltbelastungen und Menschenrechtsverletzungen geht, sondern auch um die Vermeidung von wirtschaftlichen und rechtlichen Risiken für das Unternehmen.

In vielen größeren Unternehmen ist das Risikomanagement fest implementiert, es gibt hierfür sogar eigene Berufsbezeichnungen (Risk Manager) und ISO-Normen. Wo dies der Fall ist, wird es darum gehen, die vorhandenen Mittel und Organisationsstrukturen auf das Gebiet des Menschenrechts- und Umweltschutzes zu erweitern.

In anderen Unternehmen müssen die Strukturen erst geschaffen werden, können dann aber auch auf andere Bereiche angewandt werden. Letztlich erweist sich so die gesetzliche Verpflichtung zum Risikomanagement nicht als grundsätzlich neu, sondern konkretisiert lediglich ein bewährtes und essenzielles Management-Tool für den Bereich des Menschenrechts- und Umweltschutzes in Lieferketten.

5.2.2 Bedeutung im LkSG (§ 4 Abs. 1 S. 1 LkSG)

Dem Risikomanagement kommt dabei in dem Gesamtkonzept des Menschenrechts- und Umweltschutzes des Gesetzes eine zentrale Rolle zu. Es soll nämlich dem Ziel dienen, ‚menschen- und umweltrechtliche Risiken und Rechtsgutsverletzungen innerhalb der gesamten Lieferkette zu verhindern, zu beenden oder mindestens zu minimieren, soweit eine Beendigung nicht mit angemessenem Aufwand oder gänzlich unmöglich ist. Es geht hier nicht um die Bewirkung von Maßnahmen bei Dritten, sondern um eigene Sorgfaltspflichten an eigenen Standorten. Allerdings darf dies nicht zu dem Schluss führen, dass es nur um eigene Risiken geht, vielmehr können Risiken (gerade auch) bei einem unmittelbaren oder mittelbaren Zulieferer liegen.

Das Risikomanagement ist in allen maßgeblichen Geschäftsabläufen durch angemessene Maßnahmen zu verankern. Dies bedeutet, dass es nicht ausreicht, eine zentrale Abteilung einzurichten und auszustatten, die sich um die Einhaltung der Vorgaben des Gesetzes kümmert. Vielmehr sind in allen potenziell betroffenen Geschäftsbereichen Mechanismen zu schaffen, die Rechtsverletzungen von vornherein verhindern. Dies kann in institutionalisierter Form geschehen, erfordert aber auch das unternehmensweite Bewusstsein für die Inhalte und die Bedeutung der Aufgabe. So sind auch nicht nur Führungskräfte in die Planungen einzubeziehen, sondern jeder direkt oder indirekt mit der Lieferkette befasste Arbeitnehmer, z. B. auch Einkäufer, Vertriebsmitarbeiter, Mitarbeiter der Personalabteilung und Controller.

5.2.3 Definition von Zuständigkeiten (§ 4 Abs. 1 S. 2 LkSG)

Risikomanagement bedeutet dabei, dass in allen unternehmensinternen Abläufen, die auch nur denktheoretisch zu einer Risikominimierung beitragen können, Zuständigkeiten für die Erfüllung aller Sorgfaltspflichten vorzusehen sind.

Arbeitsrechtlich bedeutet dies zweierlei. Zum einen ist gegenüber den betroffenen Mitarbeitern klarzustellen, wer welche Pflichten zu beachten hat. Dies wird sich im Regelfall als Teil der ohnehin bestehenden Arbeitspflichten verstehen lassen und somit von der Ausübung des Direktionsrechts abgedeckt sein. Da es sich um Arbeitsverhalten im engeren Sinne handelt, besteht insoweit im Regelfall auch kein Mitbestimmungsrecht.

Anders kann sich dies bei der Vergabe neuer Aufgaben verhalten, etwa der Ausübung von Kontrollen und Berichtspflichten. Hier bedarf es jeweils einer genauen Prüfung, ob und inwieweit derartige (Zusatz-)Aufgaben einfach angeordnet werden können oder ob es insoweit einer einvernehmlichen Vertragsanpassung bedarf.

Für die Frage der betrieblichen Mitbestimmung ist dann maßgeblich, auf welcher Hierarchieebene die Aufgaben wahrgenommen werden sollen und ob es sich bei den Betroffenen um leitende Angestellte im Sinne des Betriebsverfassungsgesetzes handelt. Sofern dies nicht der Fall ist, kann eine Versetzung im Sinne des

Betriebsverfassungsrechts vorliegen, die der Zustimmung des zuständigen Betriebsrats bedarf.

5.2.4 Menschenrechtsbeauftragte(r) (§ 4 Abs. 3 S. 1 LkSG)

Das Gesetz empfiehlt die Einrichtung der Stelle eines Menschenrechtsbeauftragten, der unmittelbar der Geschäftsleitung unterstellt ist. Vorgeschrieben ist dies allerdings nicht. Das Gesetz lässt (bewusst) offen, ob es sich um einen Unternehmensangehörigen handeln soll (dies dürfte der Regelfall sein) oder ob auch eine externe Beauftragung möglich ist. Auch bleibt offen, ob es genügt, einem Mitarbeiter diese Aufgabe zusätzlich zu seinen bisherigen Aufgaben zu übertragen (was wohl nur mittels Vertragsanpassung möglich ist) oder ob eine neue Stelle geschaffen werden sollte (in beiden Fällen kann die betriebliche Mitbestimmung eine Rolle spielen).

Die arbeitsrechtliche Stellung des Menschenrechtsbeauftragten ist im Gesetz nicht definiert. Es ist daher davon auszugehen, dass so bezeichnete Arbeitnehmer keinen Sonderstatus genießen, wie etwa bestimmte in anderen Gesetzen vorgesehene Betriebsbeauftragte (z. B. der Datenschutzbeauftragte). Es steht Unternehmen somit frei, die Stellenanforderungen und -befugnisse selbst zu definieren.

Das Fehlen eines Menschenrechtsbeauftragten darf allerdings nicht dazu führen, dass im Unternehmen keine Kenntnisse bzw. Zuständigkeiten zu Menschenrechten und Sorgfaltspflichten bestehen. In diesem Sinne ist auch die Forderung des Gesetzgebers zu verstehen, dass das Unternehmen die notwendigen Hilfsmittel zur Verfügung zu stellen habe. Dabei wird es im Regelfall nicht um eine ohnehin bereits vorhandene technische Ausstattung oder Literatur zum Thema gehen, sondern vor allem um den Besuch regelmäßiger Schulungen und im Bedarfsfall auch die rechtzeitige Inanspruchnahme externer Expertise.

Vor allem aber ist darauf hinzuweisen, dass unabhängig von der Stellenbezeichnung Verantwortliche im Unternehmen festgelegt und bekannt gemacht werden müssen.

5.2.5 Geschäftsleitung (§ 4 Abs. 3 S. 2 LkSG)

Der Geschäftsführung kommt im Zusammenhang mit dem Risikomanagement eine besondere Verantwortung zu. Dabei geht es nicht nur um die Implementierung geeigneter Systeme, sondern vor allem um deren laufende Kontrolle und Optimierung. Eine rein passive Haltung reicht dabei nicht aus. § 4 Abs. 3 S. 2 LkSG sieht vor, dass sich die Geschäftsleitung mindestens einmal jährlich über die Arbeit der zuständigen Person(en) informieren. Die jährliche Berichterstattung wird allerdings in aller Regel in der Praxis nicht genügen, da auch anlassbezogen Informationen einzuholen sind. Dies soll z. B. immer dann geschehen, wenn neue Geschäftsbereiche oder Produkte bzw. Dienstleistungen hinzukommen.

5.2.6 Interessenberücksichtigung (§ 4 Abs. 4 LkSG)

§ 4 Abs. 4 LkSG erweitert den personellen Schutzbereich des Gesetzes substanziell.

In erster Reihe stehen dabei die Beschäftigten des Unternehmens selbst, aber auch diejenigen der Zulieferer. Der Begriff des „Beschäftigten" ist dabei bewusst weit gehalten und erfasst auch Selbstständige, ja sogar Schwarzarbeiter, illegal Beschäftigte und Scheinselbstständige. Geschützt werden sollen aber auch alle Menschen, die in sonstiger Weise von der wirtschaftlichen Tätigkeit des Unternehmens oder seiner Lieferkette unmittelbar betroffen sein können. Genannt werden insoweit Anwohner oder Nutzer von Nachbargrundstücken einer Produktionsstätte, die von Umweltbeeinträchtigungen betroffen sein können.

Eine Betroffenheit kann sich auch anlassbezogen ergeben, bspw. im Rahmen der Aufklärung von Vorfällen und Gesetzesverstößen. Zu denken wäre an Zeugen, zu Unrecht Beschuldigte, Gewerkschaftsvertreter, Rechtsanwälte, Journalisten und andere Personengruppen, die nicht unter den weiten Begriff des Beschäftigten (oder Anliegers) fallen und dennoch in ihrer Rechtsposition beeinträchtigt werden können.

Hieran zeigt sich, dass es nicht nur um Individuen gehen muss, sondern auch juristische Personen und Personenvereinigungen sowie Gremien betroffen sein können.

Dies wird besondere Relevanz im Zusammenhang mit dem einzurichtenden Beschwerdeverfahren erlangen, zumal Erkenntnisse aus diesem Verfahren zwingend zu einer Überprüfung des Risikomanagements führen müssen.

Auch der Begriff der „wirtschaftlichen Tätigkeit" ist umfassend zu verstehen. Gemeint ist jegliche im Zusammenhang mit der Produktion oder Dienstleistung stehende Aktivität, z. B. auch der Erwerb von Grundstücken, gewerblichen Schutzrechten und die Rechtsverfolgung.

Das Gesetz fordert von den Unternehmen eine Berücksichtigung der Interessen der vorgenannten Personengruppen. Zur Vermeidung von Risiken bietet sich oftmals eine direkte Konsultation an. Gerade dort, wo eine formelle Beteiligung nicht vorgesehen ist (anders als z. B. bei der betrieblichen Mitbestimmung), können nach der Vorstellung des Gesetzgebers die Interessen potenziell Benachteiligter am besten durch deren direkte Information, Anhörung und gemeinsame Diskussion berücksichtigt werden.

Der Gesetzgeber weist zurecht darauf hin, dass Unternehmen sich der sprachlichen und anderweitigen Hürden bewusst sein müssen, die oft besonders gefährdete Gruppen wie Migranten oder behinderte Menschen betreffen. Da oftmals ein Auslandsbezug vorliegen wird, sind auch kulturelle Aspekte, wirtschaftliche und rechtliche Hürden zu beachten. Gerade in Branchen und Regionen, die besonders anfällig für Menschenrechtsverletzungen sind, funktioniert eine Beteiligung Betroffener nicht wie in demokratischen Systemen. Es ist mithin die Aufgabe des Risikomanagements alle potenziellen Problemstellungen vorab zu bedenken und adäquat in einer tauglichen und praktisch umsetzbaren Form der Beteiligung zu organisieren.

Fazit

Letztlich ist das Risikomanagement eine Daueraufgabe. Zwar wird der Fokus in vielen Unternehmen zu Beginn darauf liegen, zunächst überhaupt geeignete Strukturen zu etablieren bzw. bestehende Systeme vor dem Hintergrund der neuen Anforderungen zu evaluieren. Da gerade in komplexeren Unternehmensstrukturen ständig Veränderungen stattfinden, ist jeweils auch die potenzielle Auswirkung auf die Menschenrechtslage in den Blick zu nehmen. Es ist kaum vorstellbar, dass diese Aufgabe quasi im Vorbeigehen neben anderen Tätigkeiten ausgeübt werden kann. Vielfach wird so an einem Menschenrechtsbeauftragten oder sogar einer Stabsstelle „Menschenrechte" kein Weg vorbeiführen.

Die dargestellten Herausforderungen des Risikomanagements zeigen, dass es sich vielfach um eine Hauptaufgabe handeln wird, die selbst eine Vollzeitstelle nicht ohne Hilfe bewältigen kann. Die entsprechenden personellen und finanziellen Ressourcen müssen jedenfalls eingerichtet und vorgehalten werden.

5.3   Risikoanalyse (§ 5 LkSG)

5.3.1   Definition

Risikoanalyse wird in der Betriebswirtschaftslehre definiert als die Identifikation und Quantifizierung von Risiken durch Abschätzung der Eintrittswahrscheinlichkeit und der möglichen, meist unsicheren Auswirkungen (potenziellen Schäden). Sie lässt sich regelmäßig in vier Teilschritte untergliedern:

- **Risikoidentifikation**: Mit welchen Risiken ist mein Unternehmen konfrontiert?
- **Risikoanalyse und -evaluation**: Wie wahrscheinlich ist ihr Eintritt und welche Risikohöhe weisen sie auf?
- **Risikobearbeitung und -dämpfung**: Mit welchen Maßnahmen kann ich vorbeugen bzw. den Schaden im Falle des Risikoeintritts begrenzen?
- **Risiko-Monitoring und -Review**: Wie verändert sich die Risikosituation und mit welchen Mitteln kann ich ihre Entwicklung beobachten?

Im Hinblick auf die Kriterien Eintrittswahrscheinlichkeit und Schadenshöhe wird in der Beratungspraxis meist mit einer Matrix gearbeitet und insbesondere hinsichtlich der zu treffenden Maßnahmen eine Priorisierung vorgenommen. Dem liegt die regelmäßig zutreffende Annahme zugrunde, dass es praktisch unmöglich ist, alle Risiken gleichzeitig und mit gleicher Intensität anzugehen.

5.3.2   Risikoidentifikation (§ 5 Abs. 1 LkSG)

Am Beginn des Prozesses zur Einrichtung eines funktionsfähigen Risikomanagements steht naturgemäß eine gründliche Risikoidentifikation und -analyse. Nur wer die potenziellen Risiken der Lieferkette überhaupt kennt, ist in der Lage, angemessene Maßnahmen zur Vermeidung und Bekämpfung von Risiken zu treffen.

Ausgangspunkt im Hinblick auf die Untersuchung der Lieferketten ist dabei die Identifizierung sämtlicher menschenrechtlicher und umweltbezogener Risiken für den eigenen Geschäftsbereich und den Geschäftsbereich aller unmittelbaren Zulieferer sowie deren Bewertung und Priorisierung. Erst auf dieser Basis werden dann wirksame Präventions- und Abhilfestrategien festgelegt werden können.

5.3.2.1 Analyse der Beschaffungsprozesse

In einem ersten Verfahrensschritt müssen Unternehmen sich einen Überblick über die eigenen Beschaffungsprozesse, Strukturen und Akteure bei unmittelbaren Zulieferern und die wichtigsten Personengruppen, die von der eigenen Geschäftstätigkeit betroffen sein können, verschaffen. Die Gesetzesbegründung empfiehlt, ein Risikomapping nach Geschäftsfeldern, Standorten, Produkten und/oder Herkunftsländern. Dabei sind kontextabhängige Faktoren wie politische Rahmenbedingungen oder vulnerable Personengruppen in die Analyse einzubeziehen.

Viele Unternehmen wird bereits dieser Prozessschritt vor große Herausforderungen stellen. Selbst in Unternehmen, wo ein substanziierter Überblick über Identität und Zahl der unmittelbaren Zulieferer besteht, wird allein die schiere Menge der zu analysierenden Daten die internen Kapazitäten oft an ihre Grenzen bringen.

In vielerlei Hinsicht werden die nach dem Gesetz relevanten Kriterien zur Beurteilung der Compliance der unmittelbaren Zulieferer mit den maßgeblichen Umwelt- und Menschenrechtsstandards erstmals ermittelt werden müssen, da diese bislang in der Geschäftsbeziehung gar keine Rolle spielten. Dies gilt erst recht für mittelbare Zulieferer, deren Identität vielfach gar nicht bekannt ist.

5.3.2.2 Einsatz von künstlicher Intelligenz

Hilfreich bei der abstrakten Risikoanalyse kann der Einsatz künstlicher Intelligenz sein. Viele Großunternehmen experimentieren bereits hiermit und entwickeln eigene Programme. Auch externe Dienstleister setzen vielfach auf Data-Mining, wenn z. B. soziale Netzwerke und sonstige im Netz zugängliche Informationen zur Menschenrechts- und Umweltlage in bestimmten Regionen und bei bestimmten Unternehmen systematisch ausgewertet werden.

Dies hilft aber natürlich nur dort, wo das Risiko überhaupt bestimmbar ist. Weiß ein Unternehmen etwa nicht, dass es einen mittelbaren Zulieferer in einer Region hat, hilft auch eine elektronische Auswertung nichts. Diese kann im Übrigen auch nur abstrakte Risiken ermitteln (in einem ersten Schritt), da regelmäßig Gesetzesverstöße bei einem bestimmten Zulieferer nicht aktenkundig sind und nur vor Ort bestätigt oder ausgeschlossen werden können.

5.3.2.3 Rückgriff auf externes Wissen

Wichtig erscheint in diesem Zusammenhang der Hinweis des Gesetzgebers, es sei im Rahmen der Möglichkeiten in Betracht zu ziehen, auch „externes Wissen" zu konsultieren. Was genau mit externem Wissen gemeint ist, wird nicht näher erläutert. Sicher erscheint es als möglich und angemessen insbesondere allgemein zugängliche Quellen wie Presse- und Forschungsberichte, Analysen staatlicher Stellen und von Nichtregierungsorganisationen heranzuziehen. Ja nach Art und Umfang der Geschäftsbeziehungen dürfte diese Arbeit bereits eine Herausforderung für den Menschenrechtsbeauftragten bzw. die damit betraute Projektgruppe darstellen, da kaum ein Unternehmensangehöriger einen stets aktuellen Überblick über die Verhältnisse in allen Regionen und bei allen Zulieferern haben wird. Daher dürfte es vielfach auch nötig sein, externes Wissen durch zuverlässige ortsansässige Quellen zu beschaffen. Zu der Risikoanalyse wird mithin auch zählen müssen, erst einmal herauszufinden wer und was als zuverlässige Quelle überhaupt in Betracht kommt. Über kurz oder lang werden sich insbesondere international aktive Unternehmen ein Netzwerk schaffen müssen bzw. sich eines vorhandenen Netzwerks bedienen müssen.

5.3.2.4 Missbräuchliche Gestaltung von Lieferketten (§ 5 Abs. 1 S. 2 LkSG)

Ein Risikofaktor kann darin bestehen, dass Elemente der Lieferkette durch Zwischenschaltung von Unternehmen in unkritischen Regionen verschleiert werden. § 5 Abs. 1 S. 2 LkSG spricht diesen Aspekt einer missbräuchlichen Ausgestaltung der Lieferkette oder von Umgehungsgeschäften zum Zweck der Vermeidung der auf unmittelbare Zulieferer bezogenen Sorgfaltspflichten ausdrücklich an. So erscheint es denkbar (ggfls. auch naheliegend) dort, wo insbesondere auf unmittelbare Zulieferer abgestellt wird, Zwischenhändler einzuschalten oder (insbesondere auch durch Zulieferer) eigens gegründete Gesellschaften in unproblematischen Regionen zu gründen, um die Risikoanalyse zu vereinfachen. Das Gesetz sieht insbesondere dann, wenn der Geschäftspartner (unmittelbare Zulieferer) keiner nennenswerten eigenen Geschäftstätigkeit nachgeht oder keine auf Dauer ausgelegte Präsenz z. B. in Form von Räumlichkeiten, Personal oder Ausrüstungsgegenständen unterhält, Anzeichen für missbräuchliche Gestaltungen. In solchen Fällen soll der dahinterstehende Zulieferer als unmittelbarer Zulieferer gelten, auf den sich die Sorgfaltspflichten beziehen. Es bedarf keiner weiteren Vertiefung, dass solche Nachforschungen regelmäßig vor Ort erfolgen müssen und qualifizierter (im Zweifel juristischer) Beratung im Sitzstaat bedürfen.

Ergänzend ist darauf hinzuweisen, dass auch noch weit diffizilere Umgehungsstrategien denkbar erscheinen. So muss es sich keinesfalls um zwischengeschaltete Scheinfirmen handeln. Im Zweifelsfall genügt es, ein legitimes Unternehmen, z. B. aus einer anderen Branche, zu nutzen, um die wahren Lieferbeziehungen zu verwischen. Daher dürfte es sich bei den im Gesetz genannten Umgehungsstrategien auch nur um Beispiele handeln. Das Unternehmen muss in der Risikoanalyse eine echte „Due Diligence" durchführen, um problematische Konstruktionen identifizieren zu können.

5.3.2.5 Faktische Grenzen der Informationsgewinnung

Ein weiteres Problem der ersten Phase der Risikoanalyse wird darin bestehen, jenseits eigener Vertragsbeziehungen Informationen über möglicherweise Betroffene zu generieren. So kann es im Einzelfall schon problematisch sein, bei dem eigenen Zulieferer die nötigen Informationen zu erlangen, die meisten aktuellen Liefervereinbarungen dürften eine darüber hinausgehende Auskunftspflicht nicht vorsehen. Erst recht gilt dies für die mittelbaren Zulieferer und potenziell anderweitig Betroffene, wie z. B. Anwohner.

5.3.3 Risikoanalyse und -evaluation (§ 5 Abs. 2 LkSG)

§ 5 Abs. 2 LkSG sieht in Übereinstimmung mit dem oben genannten Stufenplan eine Bewertung und – wenn nötig – Priorisierung von Risiken vor. Dem liegt die Annahme zugrunde, dass es vielfach nicht möglich sein wird, alle Themen zur gleichen Zeit zu adressieren. Kriterien für die Rangfolge der Risiken sind insbesondere Angemessenheit der Maßnahmen, Einflussmöglichkeiten des Unternehmens sowie Schwere und Wahrscheinlichkeit einer Rechtsverletzung.

Eine Vertiefung der Risikoprüfung ist insbesondere dann erforderlich, wenn noch weitere Informationen beschafft werden müssen. Dies gilt im Hinblick auf die Wahrscheinlichkeit der möglichen Menschenrechtsverletzung, zu den betroffenen Personen(gruppen), dem Zulieferer (bei dem das Risiko besteht) und zu der politischen, rechtlichen und kulturellen Situation am Produktionsort. Dieser Bereich dürfte ein geeignetes Einsatzfeld der oben angesprochenen IT-gestützten Informationssysteme darstellen.

Die Wahl des geeigneten Mittels zur Informationsbeschaffung liegt grundsätzlich bei dem Unternehmen. Die Gesetzesbegründung hebt jedoch insbesondere Inspektionen vor Ort und persönliche Gespräche mit Arbeitnehmern und deren Vertretung sowie ggfls. Anwohnern und deren Interessenvertretungen hervor. Dies illustriert, dass Kenntnisse aus dritter Hand (etwa Publikationen) in aller Regel nicht ausreichen werden, um Risiken adäquat bewerten zu können. Dies ist evident bei firmenbezogenen Informationen, zu denen es im Zweifel gar keine (schriftlichen) allgemein zugänglichen aktuellen Informationen gibt. Soweit das Unternehmen keine eigene Präsenz vor Ort unterhält und soweit und solange Geschäftsreisen problematisch sind, wird es mithin auch insoweit ohne qualifizierte externe Unterstützung nicht möglich sein, die Risikoanalyse ordnungsgemäß durchzuführen.

5.3.4 Risikobearbeitung und -dämpfung (§ 5 Abs. 2 LkSG)

Die Bearbeitung erkannter Risiken wird regelmäßig in zwei Schritten erfolgen.

Zunächst einmal ist der konkret erkannte Missstand zu adressieren. In einem zweiten Schritt ist zu prüfen, ob es sich um ein generelles oder ein einzelfallbezogenes Risiko handelt. In ersterem Fall sind die organisatorischen Maßnahmen zu treffen, die eine künftige Wiederholung der Verletzungshandlung nach Möglichkeit ausschließen.

5.3.5   Risikomonitoring und -review (§ 5 Abs. 2 LkSG)

Das hier genannte Monitoring geht weiter als eine bloße Aufnahme erkannter Risikofälle. Erforderlich ist vielmehr eine ständige Beobachtung der Situation, um nach Art eines Frühwarnsystems nach Möglichkeit Risiken schon vor deren Entstehung im Ansatz vermeiden zu können.

Review bedeutet in diesem Zusammenhang eine rückschauende generalisierende Betrachtung ebenfalls mit dem Ziel, künftige potenzielle Risikolagen im Ansatz zu erkennen und zu vermeiden.

5.3.6   Meldung an die Geschäftsleitung (§ 5 Abs. 3 LkSG)

Das Ergebnis der Risikoanalyse ist der Unternehmensleitung mitzuteilen. Diese wiederum ist verpflichtet, die Erkenntnisse zu berücksichtigen. Die Formulierung lässt einen hinreichenden Entscheidungsspielraum zu und zwingt nicht zu ganz bestimmten Maßnahmen.

Fazit

Die angesprochenen politischen, rechtlichen und kulturellen Verhältnisse, aber auch die Lage in den einzelnen (Zulieferer-) Unternehmen kann sich jederzeit ändern. Hieraus resultiert die Verpflichtung, mindestens einmal jährlich, im Zweifel aber (anlassbezogen) wesentlich häufiger zu prüfen, ob die vorherigen Erkenntnisse noch gültig sind. Dies gilt vor allem bei der Aufnahme einer neuen Tätigkeit oder einer Änderung von Strategie und Angebotspalette durch das Unternehmen selbst sowie bei der Begründung neuer Geschäftsbeziehungen. Soweit damit wesentliche Auswirkungen auf die Risikolage nicht ausgeschlossen werden können, besteht Anpassungsbedarf auch unterjährig.

Letztlich bedeutet dies, dass ein ständiges Monitoring vorgenommen werden muss und bei neuen Geschäftspartnern eine gründliche Due Diligence durchzuführen ist. Es ist wiederum kaum vorstellbar, dass diese Aufgabe durch heimische Mitarbeiter allein geleistet werden kann. Ebenfalls nicht ausreichend, wenngleich durchaus hilfreich, dürften die angesprochenen Angebote der Nutzung elektronischer Systeme mit künstlicher Intelligenz sein. So gibt es bereits Anbieter, die öffentlich zugängliche Informationen, etwa in sozialen Medien sammeln und auswerten, um frühzeitig Krisenherde identifizieren zu können. Da es jedoch weder die Garantie einer Vollständigkeit noch eine Richtigkeitsgewähr gibt, handelt es sich um eine Unterstützung, die die eigene Risikoanalyse nicht entbehrlich macht.

Von besonderer Bedeutung bei der laufenden Risikoanalyse dürfte das einzurichtende Beschwerdesystem werden, da hier eingehenden Informationen stets nachzugehen ist.

Die Risikoanalyse ist zwar einerseits der erste Verfahrensschritt zur Bestimmung von Risiken und deren Vermeidung. Andererseits ist die Risikoanalyse aber auch eine Daueraufgabe. Je nach Umfang und Internationalität der Geschäftstätigkeit wird es in vielen Fällen einer ganzen dezidierten Abteilung bedürfen, um diese Aufgabe zu erfüllen. Eine (teilweise) Verlagerung auf externe Dienstleister ist möglich und im internationalen Kontext vielfach auch unumgänglich, jedoch bedarf es auch hier einer genau geplanten Strategie sowohl im Hinblick auf die Auswahl qualifizierter Berater als auch von deren inhaltlicher Arbeit.

Es wird abzuwarten sein, ob und ab wann die angekündigten behördlichen Hilfestellungen gerade für kleine und mittlere Unternehmen nutzbar sind. Größere Unternehmen sowie ausländische Zulieferer werden jedoch gut beraten sein, sich nicht allein hierauf zu verlassen.

5.4 Präventionsmaßnahmen (§ 6 LkSG)

§ 6 Präventionsmaßnahmen

(1)   Stellt ein Unternehmen im Rahmen einer Risikoanalyse nach § 5 ein Risiko fest, hat es unverzüglich angemessene Präventionsmaßnahmen nach den Absätzen 2 bis 4 zu ergreifen.

Wie bereits ausgeführt, haben Unternehmen nach § 5 LkSG im Rahmen des Risikomanagements regelmäßig angemessene Risikoanalysen durchzuführen. Stellt ein Unternehmen im Rahmen einer Risikoanalyse ein menschenrechtliches oder umweltbezogenes Risiko fest, hat es unverzüglich angemessene Präventionsmaßnahmen nach § 6 Abs. 2 bis 4 LkSG zu ergreifen. Bei Unternehmen, die dem Anwendungsbereich des LkSG unterfallen, dürften derartige Risiken regelmäßig in Betracht kommen, sodass entsprechende Präventionsmaßnahmen erforderlich sind. Denn nach Ansicht des Gesetzgebers reicht jedes Risiko aus, unabhängig von der Art des Risikos und der Wahrscheinlichkeit des Risikoeintritts. Die nicht bzw. nicht rechtzeitige Ergreifung einer Präventionsmaßnahme stellt nach § 24 Abs. 1 Nr. 3 LkSG eine Ordnungswidrigkeit dar.

Die Präventionsmaßnahmen müssen sowohl im eigenen Geschäftsbereich (§ 6 Abs. 1 und 3 LkSG) als auch gegenüber unmittelbaren Zulieferern erfolgen (§ 6 Abs. 4 LkSG). Neben der Abgabe einer Grundsatzerklärung nach § 6 Abs. 2 LkSG enthält das Gesetz eine nicht abschließende, beispielhafte Aufzählung von Präventionsmaßnahmen in § 6 Abs. 3 bzw. Abs. 4 LkSG. Abhängig von der individuellen Risikoanalyse kann das dazu führen, dass Unternehmen weitere Präventionsmaßnahmen ergreifen müssen.

5.4.1 Grundsatzerklärung (§ 6 Abs. 2 LkSG)

§ 6 Präventionsmaßnahmen

(2) Das Unternehmen muss eine Grundsatzerklärung über seine Menschenrechtsstrategie abgeben. Die Unternehmensleitung hat die Grundsatzerklärung abzugeben. Die Grundsatzerklärung muss mindestens die folgenden Elemente einer Menschenrechtsstrategie des Unternehmens enthalten:

1. die Beschreibung des Verfahrens, mit dem das Unternehmen seinen Pflichten nach § 4 Absatz 1, § 5 Absatz 1, § 6 Absatz 3 bis 5, sowie den §§ 7 bis 10 nachkommt,

2. die für das Unternehmen auf Grundlage der Risikoanalyse festgestellten prioritären menschenrechtlichen und umweltbezogenen Risiken und

3. die auf Grundlage der Risikoanalyse erfolgte Festlegung der menschenrechtsbezogenen und umweltbezogenen Erwartungen, die das Unternehmen an seine Beschäftigten und Zulieferer in der Lieferkette richtet.

Ausgangspunkt ist die Verabschiedung einer Grundsatzerklärung über die zu entwickelnde Menschenrechtsstrategie des eigenen Unternehmens. Sie ist von der Leitungsebene des Unternehmens zu verabschieden. Damit soll gewährleistet werden, dass sich die Unternehmensleitung durch die Erklärung klar zu der Unterstützung der Menschenrechtsstrategie positioniert. Die Strategie bringt die Selbstverpflichtung und das Engagement des Unternehmens zur Achtung der Menschenrechte und der umweltbezogenen Pflichten zum Ausdruck.

Es erscheint sinnvoll, die Grundsatzerklärung sorgfältig und mit größtmöglichem Bezug zum eigenen Unternehmen zu erstellen. Denn die Grundsatzerklärung ist – neben dem Bericht über die Erfüllung der Sorgfaltspflichten (§ 10 LkSG) – die zentrale Anlaufstelle für die eigenen Mitarbeiter, Stakeholder, Zulieferer, Geschäftspartner und nicht zuletzt die zuständigen Behörden. Sie steht daher im besonderen Fokus. Zudem muss das Unternehmen die in der Grundsatzerklärung enthaltene Menschenrechtstrategie in den relevanten Geschäftsabläufen umsetzen (§ 6 Abs. 3 Nr. 1 LkSG).

Die Grundsatzerklärung ist gegenüber Beschäftigten, ggfls. dem Betriebsrat, den unmittelbaren Zulieferern und der Öffentlichkeit zu kommunizieren. Praktischerweise erfolgt dies durch Veröffentlichung auf der Internetseite des Unternehmens. Dies könnte z. B. in einer gemeinsamen Rubrik mit den Berichten über die Erfüllung der Sorgfaltspflichten erfolgen, die nach § 10 Abs. 4 LkSG ohnehin auf der Internetseite des Unternehmens veröffentlicht werden müssen.

▶   Angesichts des internationalen Kontextes sollte die Grundsatzerklärung sowohl in deutscher als auch zumindest in englischer Sprache verfügbar sein.

Die Verabschiedung der Grundsatzerklärung ist kein einmaliger Prozess, vielmehr ist die Grundsatzerklärung, wie auch die übrigen Sorgfaltspflichten, ständig zu überprüfen und ggfls. zu aktualisieren. Dies entspricht nicht nur dem Sinn und Zweck des Gesetzes, sondern ergibt sich bereits daraus, dass sich Risiken sowie entsprechende Abhilfemaßnahmen und Erwartungen an Mitarbeiter und Zulieferer bei bestehenden und erst recht bei neuen Geschäftsbeziehungen dynamisch ändern. Ein Beispiel für die Notwendigkeit einer Aktualisierung findet sich in § 9 Abs. 3 S. 1 Nr. 4 LkSG: Erlangt das Unternehmen substanziierte Kenntnis über eine mögliche Verletzung einer geschützten Rechtsposition oder einer umweltbezogenen Pflicht bei mittelbaren Zulieferern, so hat es anlassbezogen unverzüglich seine Grundsatzerklärung gemäß § 6 Abs. 2 LkSG zu aktualisieren, soweit dies erforderlich ist. Zudem ist die Grundsatzerklärung einmal im Jahr sowie anlassbezogen zu überprüfen und ggfls. zu aktualisieren, wenn das Unternehmen mit einer wesentlich veränderten oder wesentlich erweiterten Risikolage im eigenen Geschäftsbereich oder beim unmittelbaren Zulieferer rechnen muss, etwa durch die Einführung neuer Produkte, Projekte oder eines neuen Geschäftsfeldes (vgl. § 6 Abs. 5 LkSG). Soweit Aktualisierungen der Grundsatzerklärung erforderlich sind, sollten diese – zusätzlich zur Veröffentlichung – auch direkt gegenüber den Beschäftigten, ggfls. dem Betriebsrat, sowie den unmittelbaren Zulieferern kommuniziert werden. Zum einen ist dies aus Dokumentationsgründen sinnvoll, zum anderen kann von dem Adressatenkreis nicht erwartet werden, dass sich dieser ständig nach Aktualisierungen erkundigt.

Die inhaltlichen **Mindestanforderungen** an die Grundsatzerklärung ergeben sich aus § 6 Abs. 2 Nr. 1 bis 3 LkSG und werden nachfolgend dargestellt.

5.4.1.1 Beschreibung des Verfahrens zur Einhaltung der Sorgfaltspflichten

Im Rahmen der Beschreibung des Verfahrens, mit dem das Unternehmen seinen Sorgfaltspflichten nachkommt, muss das Unternehmen das Konzept seines Risikomanagements nach § 4 LkSG erläutern. Hierbei sind zumindest die wesentlichen Maßnahmen im Rahmen der Risikoanalyse nach § 5 LkSG, der Prävention nach § 6 LkSG, der Abhilfe nach § 7 LkSG, des Beschwerdeverfahrens nach § 8 LkSG, der Sorgfaltspflichten bezogen auf den mittelbaren Zulieferer nach § 9 LkSG und der Dokumentations- und Berichtspflicht nach § 10 LkSG zu benennen.

5.4.1.2 Festgestellte Risiken

Die in der Grundsatzerklärung enthaltene Menschenrechtsstrategie muss die für das Unternehmen besonders relevanten menschenrechtlichen und umweltbezogenen Risiken unter Bezugnahme auf die in der Anlage genannten Übereinkommen adressieren.

Das Gesetz macht keine Angabe darüber, wie konkret und detailliert diese Risiken dargestellt werden müssen. Zwar erscheint eine Konkretisierung der Risiken sinnvoll, um die Angemessenheit von Präventionsmaßnahmen nachvollziehbar zu dokumentieren. Allerdings dürfen in diesem Zusammenhang sowohl rechtliche Aspekte (Schutz von Geschäftsgeheimnissen, Schutz von personenbezogenen Daten, etc.) als auch praktische Aspekte (Wettbewerbsnachteile, Reputationsschäden, etc.) nicht übersehen werden. Den Schutz von Geschäftsgeheimnissen hat der Gesetzgeber jedenfalls bei den Berichten über die Erfüllung der Sorgfaltspflichten (§ 10 Abs. 4 LkSG) explizit adressiert. Das dürfte bei der Grundsatzerklärung, auch ohne explizite Regelung, nicht anders sein.

5.4.1.3 Erwartungen des Unternehmens an seine Beschäftigten und Zulieferer

Das Unternehmen legt auf Grundlage der Erkenntnisse aus der Risikoanalyse die menschenrechts- und umweltbezogenen Erwartungen fest, die es an seine Beschäftigten, Vertragspartner und mittelbaren Zulieferer richtet. Bei neu hinzugewonnenen Erkenntnissen sind diese Erwartungen ggfls. zu aktualisieren.

Dabei stehen die Minderung und Abwehr der Risiken im Vordergrund, die im Rahmen der Risikoanalyse priorisiert worden sind. Die Erwartungen sollten in Grundzügen die Standards oder Maßstäbe festlegen, die ein Unternehmen an sich und an seine Zulieferer anlegt, um die Menschenrechte und umweltbezogenen Pflichten zu achten. Sie sollten so formuliert sein, dass sie als Grundlage für die Entwicklung interner sowie externer Verhaltenskodizes oder Verhaltensrichtlinien dienen können (vgl. § 6 Abs. 3 LkSG). Sie sollten sich an den in der Anlage zum LkSG in den Nr. 1–14 genannten Übereinkommen orientieren und dabei insbesondere klare Vorgaben zur Prävention, Minimierung oder Abhilfe von Risiken im Sinne des § 2 Abs. 2 und 3 LkSG enthalten.

5.4.1.4 Empfehlungen für die Grundsatzerklärung

▶ **Wichtig** Es erscheint sinnvoll, die Grundsatzerklärung konkret und in einfacher Sprache (Transparenz) darzustellen. Eine transparente Darstellung des Verfahrens, mit dem das Unternehmen seinen Sorgfaltspflichten nachkommt, und der damit verbunden Erwartungshaltung sensibilisiert die Adressaten für die angesprochenen Themen und stellt damit eine geeignete Präventionsmaßnahme dar. Dadurch wird die Wahrscheinlichkeit reduziert, dass sich Risiken überhaupt realisieren. Jeder Adressat muss in der Lage sein, zu verstehen, welche konkreten Pflichten ihn treffen. Zudem hat eine konkrete Darstellung einen hohen Informationscharakter, was ebenfalls ein positiver Effekt ist. Denn es wäre unrealistisch davon auszugehen, dass den meisten Adressaten der Umfang und die Reichweite der hier relevanten Materie bekannt sind. Das Gegenteil dürfte der Regelfall sein. Die Verwendung einfacher Sprache stellt wiederum sicher, dass die Adressaten, unabhängig von ihren sprachlichen, fachlichen, kulturellen und intellektuellen Fähigkeiten, die Erwartungen des Unternehmens verstehen und in der Praxis auch beachten. Abzustellen ist auf die Erkenntnismöglichkeiten eines durchschnittlichen Vertragspartners (bzw. Beschäftigten oder Zulieferers). Insoweit wirkt die Darstellung als klare Handlungsanweisung des Unternehmens, die von der Unternehmensleitung Top-Down delegiert wird.

Aus den vorgenannten Gründen ist von einer abstrakten, schwer verständlichen und allgemein gehaltenen Darstellung abzusehen. Diese droht zur reinen Makulatur zu verfallen und führt eher zu einer Abstumpfung der Adressaten, was die Risiken erhöht.

Zusammenfassend lässt sich festhalten, dass die Transparenz der Grundsatzerklärung im eigenen Interesse des Unternehmens liegt und der damit verbundene Aufwand geeignet erscheint, um Risiken zu reduzieren.
Folgende Aspekte wirken sich auf die Transparenz der Grundsatzerklärung positiv aus:

- einfache Sprache ohne Fachjargon („Juristendeutsch"). Eine Ausnahme sind rechtliche Begriffe, die allgemein bekannt sind. Diese Ausnahme sollte aufgrund des internationalen Kontextes allerdings nur restriktiv Anwendung finden.
- klare und nachvollziehbare Struktur
- Verwendung von Definitionen
- Einteilung der Risiken und Erwartungen nach Prioritäten (Grad und Wahrscheinlichkeit des Risikoeintritts)
- Verwendung von kurzen, prägnanten Sätzen
- Sicherstellung einer Zugänglichkeit der Grundsatzerklärung (bspw. online)
- Visualisierung der wichtigsten Aussagen
- Verwendung von Praxisbeispielen

In diesem Zusammenhang könnte auch der innovative Ansatz von Legal Design zukünftig eine entscheidende Rolle spielen.

Hintergrundinformationen
Bisher existiert keine einheitliche Definition von „Legal Design" oder dem zugrunde liegenden Ansatz, der als „Design Thinking" bezeichnet wird. Für das Grundverständnis lässt sich aber Folgendes festhalten:
Design Thinking ist ein ganzheitlicher, interdisziplinärer Ansatz, der die Schaffung von kreativen Ideen und innovativen Geschäftsmodellen (bzw. von rechtlichen Prozessen und Dokumenten im Fall von Legal Design) zum Ziel hat und die Bedürfnisse von Menschen bzw. Adressaten in den Mittelpunkt steht. Dazu wird die Expertise von Juristen mit der Expertise anderer Disziplinen (z. B. Designern) verbunden, indem Denkmuster und Vorgehensmodelle von anderen Disziplinen auf rechtliche Fragestellungen übertragen werden.

▶   Weiterhin sollte die Grundsatzerklärung genderneutral formuliert
      werden. Dies gilt insbesondere vor dem Hintergrund, dass die
      Grundsatzerklärung internationale Reichweite hat und Adressaten
      gerade auch aus solchen Ländern ansprechen soll, in denen z. B. die
      in Deutschland in Art. 3 des Grundgesetzes verankerten speziellen

Gleichheitsrechte bzw. der allgemeine Gleichheitssatz sowie das Verbot der Diskriminierung in Beschäftigung und Beruf (noch) nicht die erforderliche Bedeutung erlangt haben. Schließlich sollte Grundsatzerklärung barrierefrei gestaltet werden (Sprache, Design etc.).

5.4.2 Präventionsmaßnahmen im eigenen Geschäftsbereich (§ 6 Abs. 3 LkSG)

§ 6 Präventionsmaßnahmen

(3) Das Unternehmen muss angemessene Präventionsmaßnahmen im eigenen Geschäftsbereich verankern, insbesondere:

1. die Umsetzung der in der Grundsatzerklärung dargelegten Menschenrechtsstrategie in den relevanten Geschäftsabläufen,

2. die Entwicklung und Implementierung geeigneter Beschaffungsstrategien und Einkaufspraktiken, durch die festgestellte Risiken verhindert oder minimiert werden,

3. die Durchführung von Schulungen in den relevanten Geschäftsbereichen,

4. die Durchführung risikobasierter Kontrollmaßnahmen, mit denen die Einhaltung der in der Grundsatzerklärung enthaltenen Menschenrechtsstrategie im eigenen Geschäftsbereich überprüft wird.

Der Gesetzgeber macht durch die Verwendung des Begriffs „insbesondere" klar, dass es sich bei den in § 6 Abs. 3 LkSG genannten Präventionsmaßnahmen lediglich um Regelbeispiele handelt und die Aufzählung nicht abschließend ist. Aus der Formulierung in § 6 Abs: 3 LkSG resultiert aber auch, dass jedenfalls die in den Nr. 1–4 genannten Präventionsmaßnahmen angemessen sind. Diese Aufzählung ist daher als Mindestkanon zu verstehen.

5.4.2.1 Umsetzung der Strategie (§ 6 Abs. 3 Nr. 1 LkSG)

Zunächst verlangt § 6 Abs. 3 Nr. 1 LkSG die Umsetzung der in der Grundsatzerklärung dargelegten Menschenrechtsstrategie in den relevanten Geschäftsabläufen. Was sich einfach liest, dürfte in der Praxis mit einem nicht unerheblichen Aufwand für das Unternehmen verbunden sein. Viele Unternehmen haben zwar schon entsprechende Unternehmensprozesse etabliert, müssen diese aber ggfs. wiederum anpassen. Bei einigen Unternehmen sind die Unternehmensprozesse überhaupt erst zu schaffen.

Ein wichtiger Schritt bei der Umsetzung ist die Entwicklung von internen und externen Verhaltensvorschriften und/oder Richtlinien für die einzelnen Geschäftsfelder und Geschäftsabläufe auf Grundlage der in der Grundsatzerklärung enthaltenen Menschenrechtsstrategie. Ein Fokus sollte dabei auf solchen Geschäftsfeldern liegen, die für das Risikomanagement als relevant identifiziert worden sind. Dabei kann etwa die Erstellung eines Verhaltenskodexes sinnvoll sein, der die geltenden Standards für Mitarbeiter konkretisiert und verständlich beschreibt.

Auch die Festlegung einer Strategie zur Lieferantenauswahl und -entwicklung sowie die Festlegung von Maßnahmen im Falle eines Verstoßes gegen den Lieferantenkodex können zweckdienlich sein.

5.4.2.2 Geeignete Beschaffungsstrategien und Einkaufspraktiken (§ 6 Abs. 3 Nr. 2 LkSG)

Der Gesetzgeber misst dem Einkauf zu Recht eine entscheidende Rolle bei der Umsetzung der Vorgaben des LkSG zu. Der Einkauf soll als Schnittstelle zwischen dem eigenen Geschäftsbereich und dem des Zulieferers bei der Vermeidung oder Minimierung menschenrechtlicher und umweltbezogener Risiken fungieren. Das kann nur funktionieren, wenn die Unternehmensprozesse eine schnelle und effektive Kommunikation sowohl im Unternehmen selbst als auch mit dem unmittelbaren Zulieferer ermöglichen. Besonderer Fokus ist auf die Festlegung von Lieferzeiten, von Einkaufspreisen, Kostenvorgaben, Vorgabe von Fristen und die Dauer von Vertragsbeziehungen zu legen, denn diese Aspekte können einen maßgeblichen Einfluss darauf haben, ob ein menschenrechtliches Risiko bei einem Zulieferer vermieden oder möglicherweise verstärkt wird. Daneben bietet es sich an, dem Zulieferer Anreize, wie Bonus-Regelungen oder eine Ausweitung der Geschäftsbeziehung bzw. eine Vertragsverlängerungsoption bei Erreichung gewisser Nachhaltigkeitsziele anzubieten oder die Beteiligung an Nachhaltigkeitsinvestitionen. Die Entwicklung und Implementierung von Beschaffungsstrategien und Einkaufspraktiken im Einklang mit der Grundsatzerklärung und der darin enthaltenen Menschenrechtsstrategie ist von besonderer Bedeutung und sollte nicht nur mit der Unternehmensleitung, sondern optimalerweise auch mit den weiteren Fachabteilungen (Legal, Compliance, CSR), abgestimmt werden. Bei der Gestaltung eines nachhaltigen Einkaufs liefert die ISO 20400 „Sustainable Procurement" erste Anhaltspunkte. Dort finden sich Ausführungen zur entsprechenden Strategie, Organisation und Prozessen.

Das Unternehmen sollte darüber hinaus in einer unternehmensinternen Verhaltensrichtlinie für die einzelnen Beschaffungsschritte (u. a. Produktentwicklungen, Auftragsplatzierungen, Einkauf, Produktionsvorlaufzeiten) festlegen, welche Vorkehrungen zu treffen sind, um die identifizierten Risiken zu minimieren bzw. diesen vorzubeugen.

Zu einer Verhaltensrichtlinie im Einklang mit der Menschenrechtsstrategie gehört auch die Bemühung um Transparenz und Kenntnis der Lieferkette. Die Entwicklung einer geeigneten Beschaffungsstrategie ist nur der erste Schritt, diese muss auch rechtssicher und pragmatisch vertraglich umgesetzt werden.

5.4.2.3 Durchführung von Schulungen (§ 6 Abs. 3 Nr. 3 LkSG)

Das Gesetz sieht die Durchführung von Schulungen in den **relevanten** Geschäftsbereichen vor. Dazu zählen insbesondere Einkauf, Compliance und CSR, HR, Legal sowie Contract Management.

Durch die Schulungen soll sichergestellt werden, dass die Mitarbeiter die Menschenrechtsstrategie sowie entsprechende Verhaltenskodizes und Richtlinien kennen, verstehen und richtig anwenden. Zum Beispiel sollten Einkäufer so geschult werden, dass sie die verankerten Standards im Tagesgeschäft und in den einzelnen Arbeitsvorgängen anwenden können und in der Lage sind, mögliche Zielkonflikte zwischen Einkauf und Minimierung eines menschenrechtlichen Risikos – zum Beispiel in Form von Lieferzeiten – zu identifizieren und zu adressieren.

▶ Die Form, Dauer und Häufigkeit der Schulungen sind nicht vorgegeben und hängen vom Einzelfall ab. Bei der Form der Schulungen kommen zunächst traditionelle Präsenzschulungen, Webinare sowie Einzelschulungen in Betracht. Empfehlenswert sind vor allem interaktive Workshops, insbesondere unter Verwendung einer computerbasierten Plattform. Neben der (dokumentierten) Schulung der Mitarbeiter lässt sich dadurch auch der Erfolg der Schulung messen, um den maximalen Nutzen zu ziehen.

Die Herausforderung besteht in der Praxis darin, die Schulungen nicht zur reinen „Pflichtveranstaltung" der Mitarbeiter verfallen zu lassen, die nur wertvolle Ressourcen kostet. Die Schulung der Mitarbeiter ist nicht nur eine bloße Formalie, sondern bietet auch Chancen. Ein spannendes, modernes und interaktives Schulungskonzept in Verbindung mit unternehmensbezogenen Beispielen sowie einem guten Vortrag sind geeignet, das Problembewusstsein der Mitarbeiter zu erhöhen und die Risiken für das Unternehmen zu reduzieren. Und auch hier gilt: Die Schu-

lung sollte – trotz der Komplexität des Themas – in einfacher Sprache ohne juristischen Fachjargon erfolgen, um alle Teilnehmer zu erreichen.
Ausgehend von der Regelung in § 6 Abs. 5 LkSG wonach die Wirksamkeit der Präventionsmaßnahmen einmal im Jahr sowie anlassbezogen zu überprüfen ist, sollten Schulungsmaßnahmen mindestens einmal im Jahr erfolgen. Bei neuen Mitarbeitern erscheint es sinnvoll, On-Demand Schulungen im Rahmen des Onboardings durchzuführen. Zudem sollten Schulungen auch anlassbezogen stattfinden, wenn die relevanten Unternehmensprozesse nicht wie gewünscht funktionieren. Dies gilt erst recht, wenn sich Risiken realisieren.

5.4.2.4 Risikobasierte Kontrollmaßnahmen (§ 6 Abs. 3 Nr. 4 LkSG)

Mithilfe angemessener risikobasierter Kontrollmaßnahmen soll ein Unternehmen überprüfen, ob die Menschenrechtstrategie in die alltäglichen Unternehmensabläufe integriert ist und die dort festgelegten menschrechts- und umweltbezogenen Erwartungen tatsächlich umgesetzt werden. Dazu gehört auch die regelmäßige Aktualisierung der entwickelten Verfahrensleitfäden und -vorschriften. Insbesondere erscheint es sinnvoll, dass sich die Unternehmensleitung regelmäßig von der relevanten Fachabteilungsführungskraft (Einkauf, etc.) auch zu den in diesem Gesetz adressierten Themen berichten lässt.

5.4.2.5 Weitere Präventionsmaßnahmen

Abhängig von der Risikoanalyse können weitere angemessene Präventionsmaßnahmen erforderlich werden. Die Frage der Angemessenheit ist bereits dargestellt worden (siehe auch § 3 Abs. 2 LkSG). Dabei ist darauf zu achten, dass die Sorgfaltspflichten eine Bemühens- und keine Erfolgspflicht begründen. Unternehmen müssen nicht garantieren, dass in ihren Lieferketten keine Menschenrechte oder umweltbezogene Pflichten verletzt werden. Die Angemessenheit einer Präventionsmaßnahme entfällt – jedenfalls retrospektiv betrachtet – nicht bereits, weil der gewünschte Erfolg nicht eingetreten ist. Insbesondere sind keine „bestmöglichen" oder „optimalen" Präventionsmaßnahmen gefordert. Welche weiteren angemessenen Präventionsmaßnahmen in Betracht kommen, hängt stark vom Einzelfall ab. Je stärker die Einflussmöglichkeit eines Unternehmens ist, je wahrscheinlicher und schwerer die zu erwartende Verletzung der geschützten Rechtsposition und je größer der Verursachungsbeitrag eines Unternehmens ist, desto größere Anstrengungen können einem Unternehmen zur Vermeidung oder Beendigung einer Verletzung zugemutet werden. Je anfälliger eine Geschäftstätigkeit nach Produkt und Produktionsstätte für menschenrechtliche Risiken ist, desto wichtiger ist die Überwachung der Lieferkette. Folgende Maßnahmen kommen auf den ersten Blick in Betracht:

- die Schaffung und Förderung einer Unternehmenskultur, die sich die Ziele des Gesetzes zu eigen macht
- eine Identifikation der Unternehmensleitung mit der vorgenannten Unternehmenskultur
- eine regelmäßige Überprüfung, ob die relevanten Unternehmensprozesse (z. B. interne Informationspflichten gemäß § 5 Abs. 3 LkSG) reibungslos und effektiv funktionieren
- eine klare interne Kommunikationsstrategie für den eigenen Geschäftsbereich des Unternehmens, die über die Veröffentlichung der Grundsatzstrategie und der jährlichen Berichte hinausgeht (z. B. Leitfäden, Workshops, etc.)
- die Schaffung eines Systems, wodurch Mitarbeiter in die Lage versetzt werden, auf Risiken hinzuweisen und kreative Lösungen zur Vermeidung von Risiken zu erarbeiten
- arbeitsrechtliche disziplinarische Schritte gegenüber Beschäftigten bei Verletzung der menschenrechtsbezogenen und umweltbezogenen Erwartungen, die das Unternehmen an diese richtet

5.4.3 Präventionsmaßnahmen gegenüber unmittelbaren Zulieferern (§ 6 Abs. 4 LkSG)

§ 6 Präventionsmaßnahmen

(4)   Das Unternehmen muss angemessene Präventionsmaßnahmen gegenüber einem unmittelbaren Zulieferer verankern, insbesondere:

1.   die Berücksichtigung der menschenrechtsbezogenen und umweltbezogenen Erwartungen bei der Auswahl eines unmittelbaren Zulieferers,

2.   die vertragliche Zusicherung eines unmittelbaren Zulieferers, dass dieser die von der Geschäftsleitung des Unternehmens verlangten menschenrechtsbezogenen und umweltbezogenen Erwartungen einhält und entlang der Lieferkette angemessen adressiert,

3. die Durchführung von Schulungen und Weiterbildungen zur Durchsetzung der vertraglichen Zusicherungen des unmittelbaren Zulieferers nach Nummer 2,

4. die Vereinbarung angemessener vertraglicher Kontrollmechanismen sowie deren risikobasierte Durchführung, um die Einhaltung der Menschenrechtsstrategie bei dem unmittelbaren Zulieferer zu überprüfen.

§ 6 Abs. 4 LkSG gibt Regelbeispiele für Präventionsmaßnahmen gegenüber einem unmittelbaren Zulieferer, mit dem sich eine Vertragsbeziehung anbahnt oder bereits eine Vertragsbeziehung besteht.

5.4.3.1 Auswahl eines unmittelbaren Zulieferers (§ 6 Abs. 4 Nr. 1 LkSG)

Bei der Auswahl eines potenziellen Zulieferers sollen die menschenrechtsbezogenen Erwartungen des Unternehmens berücksichtigt werden. Zertifizierungen wie SMETA (SEDEX), SA8000, BSCI oder branchenspezifische Siegel sind nur ein erster Anhaltspunkt, da ihr Aussagegehalt variiert. Das Unternehmen soll sie als festen Bestandteil einer Lieferantenbewertung etablieren, um die Aufnahme einer Vertragsbeziehung vorab zu evaluieren. Um dieses Ziel zu erreichen, sollte eine klare Richtlinie (einschließlich Checklisten, etc.) formuliert werden, um die Auswahl von unmittelbaren Zulieferern zu standardisieren und etwaige Risiken zu identifizieren. Möglicherweise kann das Unternehmen einen Teil der Arbeit delegieren und dem potenziellen Zulieferer ein standardisiertes Formular für eine Selbstauskunft vorlegen, idealerweise sollte dieser Prozess aus Effizienz- und Dokumentationsgründen digitalisiert abgebildet werden.

5.4.3.2 Vertragliche Zusicherung des Zulieferers (§ 6 Abs. 4 Nr. 2 LkSG)

Der Gesetzgeber sieht vor, dass das Unternehmen seinen unmittelbaren Zulieferer bei Vertragsschluss verpflichtet, die von der Geschäftsleitung des Unternehmens verlangten menschenrechtsbezogenen und umweltbezogenen Vorgaben im eigenen Geschäftsbereich einzuhalten und gegenüber seinen Zulieferern angemessen zu adressieren.

Dabei sollte das Unternehmen auf Grundlage seines Lieferantenkodexes vertraglich festlegen, welche Vorgaben der Vertragspartner bei der Auftragsübernahme beachten muss, um bestimmten – in der Risikoanalyse identifizierten – menschenrechtlichen und umweltbezogenen Risiken vorzubeugen oder diese zu minimieren. Die Verpflichtung sollte so ausgestaltet sein, dass die Anforderungen auch nach

Vertragsabschluss abhängig von den Ergebnissen der Risikoanalyse angepasst werden können.

Das Unternehmen sollte durch vertragliche Ausgestaltung sicherstellen, dass die menschenrechtsbezogenen Erwartungen auch in der weiteren Lieferkette – d. h. durch Vorlieferanten – erfüllt werden, etwa durch die Vereinbarung von Weitergabeklauseln. Durch diese wird der Vertragspartner verpflichtet, den Lieferantenkodex auch gegenüber seinen eigenen Vertragspartnern durch geeignete vertragliche Regelungen durchzusetzen. Das Unternehmen kann ggfls. zusätzlich vertraglich festschreiben, dass der Vertragspartner bestimmte Produkte nur von ausgewählten (zuvor geprüften) Lieferanten beziehen darf oder nachweisen muss, dass bestimmte Produkte aus zertifizierten Regionen oder Rohstoffe aus zertifizierten Schmelzen kommen (z. B. Chain of Custody Zertifizierung).

5.4.3.3 Durchführung von Schulungen und Weiterbildungen (§ 6 Abs. 4 Nr. 3 LkSG)

Der Gesetzgeber verlangt die Durchführung von Schulungen und Weiterbildungen zur Durchsetzung der vertraglichen Zusicherungen des unmittelbaren Zulieferers. Häufigkeit, Umfang, Tiefe und Form der Schulungen und Weiterbildungen sind nicht vorgegeben. Unklar bleibt auch, wer (Unternehmen oder unmittelbarer Zulieferer) die Schulung bzw. Weiterbildung organisieren muss. Sinnvollerweise übernimmt der unmittelbare Zulieferer die Organisation, da nur er ein Weisungsrecht gegenüber seinen Beschäftigten hat. Gleichwohl sollte das Unternehmen das Thema nicht insgesamt aus der Hand geben und dem unmittelbaren Zulieferer überlassen. Denn die Schulungen und die Weiterbildung dienen gerade der Reduzierung der Risiken und liegen damit auch im Interesse des Unternehmens. Zielführend ist daher eine Vertragsklausel, die den unmittelbaren Zulieferer verpflichtet, mit seinen Beschäftigten die Teilnahme an Schulungen und Weiterbildung vertraglich (arbeits-, dienstrechtlich, etc.) zu vereinbaren. Eine solche Klausel kann zudem **Mindestvorgaben** des Unternehmens für Schulungen und Weiterbildung statuieren, an die sich der unmittelbare Zulieferer halten muss. Solche Mindestvorgaben können sein:

- Form der Mitteilung über Schulungsmaßnahmen
- Vorgabe definierter Zeiträume für die Schulungen (z. B. einmal jährlich) sowie Vorgabe, wann Schulungen anlassbezogen durchgeführt werden müssen (Einstellung neuer Mitarbeiter, Wechsel des Arbeitsplatzes, Änderungen der Risikolage, etc.)
- Anzahl der Teilnehmer und Personenkreis (abstrakt definiert)

- Dozent/Trainer (entweder abstrakt mit Angaben zu den erforderlichen Fachkenntnissen oder konkret, z. B. eine anerkannte Institution, die in dem jeweiligen Land tätig ist)
- Dauer
- Schulungsinhalte und -material (beide können sehr detailliert vorgegeben werden)
- Form (barrierefrei, keine Zugangsbeschränkungen, etc.)
- Nachweise der Teilnahme (unter Beachtung des Schutzes von personenbezogenen Daten) verbunden mit Berichtspflichten des unmittelbaren Zulieferers über die Durchführung und den Erfolg der Maßnahmen

▶   Je nach Risikolage und Geschäftsbeziehung kann das Unternehmen
     in der entsprechenden Klausel weitere Mindestvorgaben statuieren.
     Es sollte auch ausdrücklich geregelt werden, welche Vertragsparteien die Kosten der Schulungs- bzw. Weiterbildungsmaßnahmen
     trägt. Schließlich sollte (klarstellend) geregelt werden, dass der unmittelbare Zulieferer (potenzielle) Teilnehmer der Schulungen nicht
     aufgrund der Teilnahme benachteiligen darf.

5.4.3.4 Vertragliche Kontrollmechanismen (§ 6 Abs. 4 Nr. 4 LkSG)

Nach Sinn und Zweck des Gesetzes, wonach mit den Sorgfaltspflichten gewisse Informations- und Einflussnahmemöglichkeiten einhergehen müssen, kommen hier zunächst vertragliche Auskunfts- und Einsichtsrechte des Unternehmens sowie Mitteilungspflichten des Zulieferers in Betracht. Diese Regelungen dienen insbesondere der rechtzeitigen Informationsbeschaffung.

Darüber hinaus kann die Überprüfung der Einhaltung der eigenen menschenrechtsbezogenen Standards bei unmittelbaren Zulieferern durch eigene Kontrolle vor Ort, durch beauftragte Dritte sowie durch die Inanspruchnahme anerkannter Zertifizierungs-Systeme oder Audit-Systeme erfolgen, soweit sie die Durchführung unabhängiger und angemessener Kontrollen gewährleisten. Die Beauftragung externer Dritter entbindet allerdings das Unternehmen nicht von seiner Verantwortung nach diesem Gesetz. Bezogen auf die Überprüfung mittelbarer Zulieferer ist insbesondere eine Fokussierung auf strategisch relevante Zwischenhändler und Zulieferer zu erwägen.

5.4.4 Wirksamkeit der Präventionsmaßnahmen (§ 6 Abs. 5 LkSG)

§ 6 Präventionsmaßnahmen

(5) Die Wirksamkeit der Präventionsmaßnahmen ist einmal im Jahr sowie anlassbezogen zu überprüfen, wenn das Unternehmen mit einer wesentlich veränderten oder wesentlich erweiterten Risikolage im eigenen Geschäftsbereich oder beim unmittelbaren Zulieferer rechnen muss, etwa durch die Einführung neuer Produkte, Projekte oder eines neuen Geschäftsfeldes. Erkenntnisse aus der Bearbeitung von Hinweisen nach § 8 Absatz 1 sind zu berücksichtigen. Die Maßnahmen sind bei Bedarf unverzüglich zu aktualisieren.

Die Wirksamkeit der Präventionsmaßnahmen ist einmal jährlich und anlassbezogen zu überprüfen, etwa vor Aufnahme einer neuen Tätigkeit oder einer neuen Geschäftsbeziehung, vor strategischen Entscheidungen oder Veränderungen in der Geschäftstätigkeit etwa durch einen bevorstehenden Markteintritt, Produkteinführung, Veränderung der Geschäftsgrundsätze oder umfassenderen geschäftlichen Veränderungen. Eine Analyse kann auch als Reaktion oder in Vorausschau auf Veränderungen im Geschäftsumfeld notwendig sein. Die Pflicht zur anlassbezogenen Überprüfung gilt jedoch nur für wesentliche Änderungen, wenn das Unternehmen mit einer veränderten oder erweiterten Risikolage in der Lieferkette rechnen muss. Erkenntnisse aus der Bearbeitung von Hinweisen nach § 8 Abs. 1 LkSG und der Durchführung von Streitbeilegungsverfahren nach § 8 Abs. 1 S. 4 LkSG sind bei der regelmäßigen Überprüfung der Präventionsmaßnahmen zu berücksichtigen. Bei Bedarf sind die Maßnahmen unverzüglich anzupassen.

5.5 Abhilfemaßnahmen (§ 7 LkSG)

5.5.1 Unverzügliche Ergreifung von Abhilfemaßnahmen (§ 7 Abs. 1 LkSG)

§ 7 Abhilfemaßnahmen

(1) Stellt das Unternehmen fest, dass die Verletzung einer menschenrechtsbezogenen oder einer umweltbezogenen Pflicht in seinem eigenen Geschäftsbereich oder bei einem unmittelbaren Zulieferer bereits eingetreten ist oder unmittelbar bevorsteht, hat es unverzüglich

angemessene Abhilfemaßnahmen zu ergreifen, um diese Verletzung zu verhindern, zu beenden oder das Ausmaß der Verletzung zu minimieren. § 5 Absatz 1 Satz 2 gilt entsprechend. Im eigenen Geschäftsbereich im Inland muss die Abhilfemaßnahme zu einer Beendigung der Verletzung führen. Im eigenen Geschäftsbereich im Ausland und im eigenen Geschäftsbereich gemäß § 2 Absatz 6 Satz 3 muss die Abhilfemaßnahme in der Regel zur Beendigung der Verletzung führen.

Mithilfe einer Abhilfemaßnahme soll ein Unternehmen – basierend auf den Erkenntnissen der Risikoanalyse – eine bereits realisierte oder unmittelbar bevorstehende Verletzung einer geschützten Rechtsposition oder einer umweltbezogenen Pflicht beenden oder zumindest minimieren.

Die Abhilfemaßnahme haben unverzüglich (ohne schuldhaftes Zögern) zu erfolgen und müssen im eigenen Geschäftsbereich zu einer Beendigung der Verletzung führen. Dies steht im Einklang mit den Kriterien der Angemessenheit (§ 3 Abs. 2 LkSG), nach denen gilt: Je näher das Unternehmen der drohenden oder bereits eingetretenen Verletzung steht und je mehr es dazu beiträgt, desto größer müssen seine Anstrengungen sein, die Verletzung zu beenden. Im eigenen Geschäftsbereich steht das Unternehmen in einem so engen Zusammenhang mit dem Risiko, dass von ihm erwartet werden kann, die unmittelbar bevorstehende oder bereits eingetretene Verletzung unverzüglich zu beenden. Die Auswahl und Durchführung der Abhilfemaßnahme(n) sowie die Beendigung der Verletzung sollten von dem Unternehmen dokumentiert werden.

Im eigenen Geschäftsbereich reicht somit das ansonsten ausreichende Bemühen um eine Verhinderung oder Beendigung der Verletzung der geschützten Rechtsposition nicht aus; vielmehr wird ein Erfolg geschuldet. Uneingeschränkt gilt dies allerdings nur im Inland und in dem direkt von dem Gesetz betroffenen Unternehmen mit mindestens 3000 (bzw. ab 2024 1000) Arbeitnehmern. In verbundenen Unternehmen sowie im Ausland gilt die Einschränkung, dass „regelmäßig" ein Erfolg der Abhilfemaßnahme geschuldet ist. Es bleibt somit offen, wann ein Ausnahmefall vorliegen kann, in dem kein Erfolg, sondern nur ein Bemühen geschuldet ist. Denkbar sind Situationen, in denen lokales Recht oder die konkreten Verhältnisse vor Ort einen direkten Einfluss beschränken oder zumindest erheblich verzögern.

Das dem Gesetz immanente System der abgestuften Sorgfaltspflichten findet auch in § 7 LkSG seinen Ausdruck. Es wird zwar bei Verletzungshandlungen durch unmittelbare Zulieferer ein sofortiges Handeln gefordert, allerdings bleibt es im Ergebnis weiterhin bei einer (gesteigerter) Bemühenspflicht. Dies ergibt sich aus

dem Umkehrschluss zu dem vorletzten Satz von § 7 Abs. 1 LkSG, der eine Erfolgs-
verpflichtung nur für den eigenen Geschäftsbereich im Inland vorsieht.

5.5.2 Konzept zur Beendigung bzw. Minimierung von Pflichtverletzungen (§ 7 Abs. 2 LkSG)

§ 7 Abhilfemaßnahmen

(2) Ist die Verletzung einer menschenrechtsbezogenen oder einer umweltbezogenen Pflicht bei einem unmittelbaren Zulieferer so beschaffen, dass das Unternehmen sie nicht in absehbarer Zeit beenden kann, muss es unverzüglich ein Konzept zur Beendigung oder Minimierung erstellen und umsetzen. Das Konzept muss einen konkreten Zeitplan enthalten. Bei der Erstellung und Umsetzung des Konzepts sind insbesondere folgende Maßnahmen in Betracht zu ziehen:

1. die gemeinsame Erarbeitung und Umsetzung eines Plans zur Beendigung oder Minimierung der Verletzung mit dem Unternehmen, durch das die Verletzung verursacht wird,

2. der Zusammenschluss mit anderen Unternehmen im Rahmen von Brancheninitiativen und Branchenstandards, um die Einflussmöglichkeit auf den Verursacher zu erhöhen,

3. ein temporäres Aussetzen der Geschäftsbeziehung während der Bemühungen zur Risikominimierung.

Zu den Abhilfemaßnahmen bei Verletzung einer geschützten Rechtsposition oder einer umweltbezogenen Pflicht bei einem unmittelbaren Zulieferer gehört die unverzügliche Erstellung und Umsetzung eines Konzeptes, wenn ein solches Zulieferunternehmen die Verletzung nicht in absehbarer Zeit beenden kann.

Fragen

Was unter „absehbare Zeit" zu verstehen ist, ist im Gesetz nicht festgelegt. Diese Wertung muss von dem Unternehmen – je nach Einzelfall – nach billigem Ermessen getroffen werden, sofern es hierzu nicht in Zukunft eine Indikation in Form einer Handreichung des Bundesamtes für Wirtschaft und Ausfuhrkontrolle (BAFA) nach § 20 LkSG geben wird. Ohne eine solche Auslegungshilfe wird es bei der Abwägung auf die Intensität und drohenden Nähe (oder auch Wiederholungsgefahr) der Verletzung ankommen müssen. Je höher das gefährdete Rechtsgut und je intensiver die Gefahr einer bleibenden Verletzung (bspw. von Leib und Leben), desto kürzer wird der Planzeitraum zu bemessen sein.

Das Konzept muss jedenfalls einen konkreten Zeitplan enthalten. Bei der Erstellung und Umsetzung des Konzeptes sollte folgende Maßnahmen in Betracht gezogen werden.

Gegenüber dem unmittelbaren Zulieferer, der die Verletzung aufgrund eines Verstoßes gegen den vertraglich vereinbarten Lieferantenkodex verursacht hat, sollte der Unternehmer auf Grundlage eines individuellen Korrekturmaßnahmeplans verlangen, die Vorgaben aus dem Lieferantenkodex innerhalb einer bestimmten Frist zu erfüllen (z. B. bestimmte Arbeitsschutzstandards einzurichten). Dabei liegt es nahe, diese Art der Vertragsverletzung zu antizipieren und hierfür vertragliche Vorkehrungen, bspw. durch vereinbarte Fristen und Abstimmungs- sowie Kontrollmaßnahmen unabhängig von einem konkreten Verletzungsfall vorzusehen.

Der im Gesetz genannte Zusammenschluss mit anderen Unternehmen, etwa im Rahmen von Brancheninitiativen und Branchenstandards kann hilfreich sein, um die Einflussmöglichkeit auf den Verursacher zu erhöhen und diesen zu bewegen, die Missstände zu adressieren, die für die Verletzung ursächlich sind. Voraussetzung dürfte allerdings sein, dass solche Brancheninitiativen und -standards bereits bestehen oder zumindest bereits in Vorbereitungsstadium sind. Andernfalls wäre ein Verweis auf eine künftige Initiative kaum ausreichend und in der Lage, das Kriterium der „absehbaren Zeit" zu erfüllen. Selbstverständlich sind potenziell kartellrechtswidrige Absprachen mit anderen Unternehmen zu unterlassen.

Ist absehbar, dass der unmittelbare Zulieferer den im Konzept erarbeiteten Anforderungen nicht zeitnah nachkommen kann oder will, sollte das Unternehmen eine Vertragsstrafe durchsetzen, die Geschäftsbeziehungen nach Maßgabe vertraglicher Vereinbarungen zeitweise aussetzen oder das Unternehmen von möglichen Liefer- oder Vergabelisten streichen, bis der Vertragspartner die Verletzung beendet hat. Sinn macht eine temporäre Aussetzung allerdings nur, wenn eine Umsetzung der vereinbarten Abhilfemaßnahmen überhaupt zu erwarten ist. Handelt es sich bspw. nur um einen erhofften Zeitgewinn auf Seiten des Zulieferers, ist eher an den dauerhaften Abbruch der Geschäftsbeziehung nach § 7 Abs. 3 LkSG zu denken.

> ▶   Diese Rechte des Unternehmens, auch die temporäre Einstellung
>   der Geschäftsbeziehung, müssen bereits im Vorfeld wirksam mit
>   dem Zulieferer vertraglich vereinbart werden. Denn das Unterneh-
>   men kann einen bestehenden Vertrag mit dem Zulieferer im Nach-

hinein nicht einseitig ändern. Dies gilt insbesondere für bereits eingeleitete Geschäfte, anders mag es im Rahmen von Rahmenvereinbarungen sein, die keine exklusive Vertragsbeziehung beinhalten.

5.5.3 Abbruch einer Geschäftsbeziehung (§ 7 Abs. 3 LkSG)

§ 7 Abhilfemaßnahmen

(3) Der Abbruch einer Geschäftsbeziehung ist nur geboten, wenn

1. die Verletzung einer geschützten Rechtsposition oder einer umweltbezogenen Pflicht als sehr schwerwiegend bewertet wird,

2. die Umsetzung der im Konzept erarbeiteten Maßnahmen nach Ablauf der im Konzept festgelegten Zeit keine Abhilfe bewirkt,

3. dem Unternehmen keine anderen milderen Mittel zur Verfügung stehen und eine Erhöhung des Einflussvermögens nicht aussichtsreich erscheint.

Die bloße Tatsache, dass ein Staat eines der in der Anlage zu diesem Gesetz aufgelisteten Übereinkommen nicht ratifiziert oder nicht in sein nationales Recht umgesetzt hat, führt nicht zu einer Pflicht zum Abbruch der Geschäftsbeziehung. Von Satz 2 unberührt bleiben Einschränkungen des Außenwirtschaftsverkehrs durch oder aufgrund von Bundesrecht, Recht der Europäischen Union oder Völkerrecht.

§ 7 Abs. 3 Nr. 1–3 LkSG stellt eine abgestufte Reihenfolge der Möglichkeiten eines Unternehmens dar, bei Verletzung einer geschützten Rechtsposition oder einer umweltbezogenen Pflicht vorzugehen.

Nur in Fällen, in denen die Verletzung oder der Verstoß gegen das Gesetz als schwerwiegend bewertet werden, liegt die Grundvoraussetzung für eine Verpflichtung (Gebot) zum Abbruch der Geschäftsbeziehung vor.

Eine weitere Grundvoraussetzung beschreibt § 7 Abs. 3 Nr. 3 LkSG, wo die Aussichtslosigkeit anderer (milderer) Mittel (denkbar ist hier in erster Linie eine temporäre Aussetzung der Geschäftsbeziehung), genannt ist. Eine denkbare Konstellation dürfte die bestehende und von den Beteiligten nicht zu ändernde Gesetzgebung sein, die gegen grundlegende Prinzipien des Gesetzes und der internationalen Abkommen verstößt. Auch eine strikte Weigerung des Geschäftspartners zu einer Anpassung seiner Geschäftspraxis kann in diese Kategorie fallen. Die Tatsache, dass das Gesetz die nicht erfolgte Ratifizierung der in seiner Anlage benannten Abkommen allein für sich genommen nicht für ausreichend hält, ist konsequent. Zum einen bedeutet eine bislang nicht erfolgte Ratifizierung eines Abkommen nicht, dass dessen Grundprinzipien nicht anerkannt werden. Zum anderen ist es auch denkbar, dass sich ein Unternehmen im Ausland ungeachtet der Bindung des Landes an ein Abkommen in der Unternehmenspraxis nach dessen Inhalten richtet.

Die Erfüllung des unter § 7 Abs. 3 Nr. 2 LkSG genannten Kriteriums („wenn nach Ablauf des im Konzept nach § 7 Abs. 2 LkSG definierten Zeitplans alle Versuche der Risikominderung gescheitert sind") wird nicht immer eine Rolle spielen. Ist bereits ohne Weiteres ersichtlich, dass ein unmittelbarer Zulieferer keinen Maßnahmenplan vereinbaren will oder erscheint es ausgeschlossen, dass ein solcher Plan in absehbarer Zeit zum Erfolg führt, besteht keine Verpflichtung einer formelhaften Prüfung eines Abhilfeplans.

5.5.4 Wirksamkeit der Abhilfemaßnahmen (§ 7 Abs. 4 LkSG)

§ 7 Abhilfemaßnahmen

(4)   Die Wirksamkeit der Abhilfemaßnahmen ist einmal im Jahr sowie anlassbezogen zu überprüfen, wenn das Unternehmen mit einer wesentlich veränderten oder wesentlich erweiterten Risikolage im eigenen Geschäftsbereich oder beim unmittelbaren Zulieferer rechnen muss, etwa durch die Einführung neuer Produkte, Projekte oder eines neuen Geschäftsfeldes. Erkenntnisse aus der Bearbeitung von Hinweisen nach § 8 Absatz 1 sind zu berücksichtigen. Die Maßnahmen sind bei Bedarf unverzüglich zu aktualisieren.

Die Wirksamkeit der Abhilfemaßnahmen ist einmal jährlich sowie anlassbezogen zu überprüfen. Die Maßnahmen sind bei Bedarf zu aktualisieren. Dies wird in erster Linie den eigenen Geschäftsbereich betreffen, kann jedoch auch in einer Aktualisierung eines vereinbarten Maßnahmenplans bestehen.

▶   Die Überprüfung sowie die Ergebnisse sollten laufend dokumentiert werden, da sie Teil der Dokumentationspflicht nach § 10 Abs. 1 LkSG sind. Ist das Unternehmen für die Dokumentation auf die Mit-

wirkung des unmittelbaren Zulieferers angewiesen, was der Regelfall sein dürfte, ist eine Pflicht des unmittelbaren Zulieferers in einer
entsprechenden Mitwirkungsklausel zu statuieren. Gleiches gilt für
die Weitergabeklauseln in der gesamten Lieferkette.

Ergänzend ist darauf hinzuweisen, dass nach § 9 Abs. 3 Nr. 2 und 3 LkSG ana-
loge Verpflichtungen gegenüber einem mittelbaren Zulieferer bestehen, wenn konkrete Anhaltspunkte für eine mögliche Verletzung einer geschützten Rechtsposition bestehen. Dies ist insoweit bemerkenswert, als keine direkten vertraglichen
Beziehungen zu einem mittelbaren Zulieferer bestehen und das Gesetz im Übrigen
auf der Technik beruht, dass Zulieferer auf allen Ebenen (nur) durch Weitergabeklauseln verpflichtet werden. In Durchbrechung dieses Prinzips sieht das Gesetz in
§ 9 LkSG vor, dass Präventionsmaßnahmen und Abhilfekonzepte mit dem Verursacher vereinbart werden. Wie sich dies vertragssicher abbilden lässt, bleibt zunächst
ungeklärt. Das Gesetz verweist in § 9 Abs. 4 LkSG auf eine noch zu veröffentli-
chende Rechtsverordnung

Beschwerdeverfahren (Hinweisgeber-system)

6

Zusammenfassung

Das LkSG schreibt die Einführung eines Beschwerdeverfahrens vor, mit welchem drohende Menschenrechts- und Umweltverletzungen beanstandet werden können. Jedoch wird die Schaffung eines die gesamte (internationale) Lieferkette umfassenden Beschwerdesystems Unternehmen vor große Herausforderungen stellen. So ist ein Schutz von besonders vulnerablen Personengruppen, wie bspw. Kinder, Analphabeten, diskriminierte Teile der Bevölkerung, nicht allein über IT-Systeme möglich, wie es beim sog. Whistleblowing der Fall ist. Insgesamt wird sich das Beschwerdeverfahren etlichen rechtlichen und technischen Herausforderungen stellen müssen. Im Hinblick auf die Sprache und einer der effektiven Aufarbeitung des Sachverhalts wird neben dem technischen Beschwerdeverfahren eine qualifizierte Unterstützung vor Ort zu fordern sein.

Was Sie aus diesem Kapitel mitnehmen
- Voraussetzungen und Ablauf des Beschwerdeverfahrens
- Probleme im Rahmen der technischen Umsetzung und Lösungsmöglichkeiten
- Vorschlag eines mit dem LkSG kohärenten Beschwerdesystems

6.1   Einführung

Eines der Kernelemente des Gesetzes stellt das in § 8 und § 9 LkSG vorgeschriebene Beschwerdeverfahren dar. Ohne die Möglichkeit, (drohende) Menschenrechtsverletzungen und Umweltdelikte zu melden, könnte sich das Gesetz auf eine weitgehend formelhafte Erfüllung vorgeschriebener Sorgfaltspflichten beschränken. Somit wäre die gewollte Verbesserung der Menschenrechtslage entlang der gesamten Lieferkette im In- und vor allem auch im Ausland kaum zu erreichen.

Die Bezeichnung „Beschwerdeverfahren" ist dabei wenig aussagekräftig. Das deutsche Recht kennt diverse in Spezialgesetzen wie dem Arbeitsschutzgesetz, dem Betriebsverfassungsgesetz, der Datenschutzgrundverordnung und dem Allgemeinen Gleichbehandlungsgesetz geregelte Beschwerderechte. Eine Pflicht zur Einführung von systematischen Hinweisgeberregelungen in Unternehmen gibt es hingegen bisher nicht.

Dies hat auch historische Gründe, da die Kehrseite der Beschwerde regelmäßig die kritische Würdigung des Handelns bestimmter handelnder Personen, meist Mitarbeiter des Unternehmens, ist. Dies bedeutet, dass beide Personengruppen, sowohl die auf Missstände Hinweisenden als auch die (möglicherweise fälschlicherweise) Beschuldigten, im Blick zu behalten und vor Fehleinschätzungen zu schützen sind.

Vor dem historischen Hintergrund der nationalsozialistischen Herrschaft und der DDR- Staatssicherheit, die beide in nicht unerheblichem Maß auf das Ausspionieren von Oppositionellen durch Mitbürger setzten, hat sich gerade die Bundesrepublik Deutschland lange gegen eine Regelung zu Hinweisgebern und deren Schutz gewehrt. Erst jüngst zeichnet sich insoweit durch das Geschäftsgeheimnisgesetz und die EU-Richtlinie zum Hinweisgeberschutz (die noch in deutsches Recht zu überführen ist) ein Sinneswandel ab.

Die gesetzgeberische und rechtswissenschaftliche Diskussion mit diesem Thema dreht sich im Wesentlichen um die Gesichtspunkte der Vertraulichkeit der Informationen und der Wahrung der Anonymität des Hinweisgebers.

Diese Entwicklung wird durch das LkSG fortgeführt. Hierin wird erstmals – weg vom bloßen Schutzgedanken – von einem positiven moralischen Effekt rechtzeitiger Hinweise auf Missstände nicht nur in finanzieller Hinsicht (Schutz des Unternehmens vor finanzieller Schädigung durch eigene Mitarbeiter oder Dritte) ausgegangen. Es wird eine Pflicht zur Einführung eines Systems geschaffen, das Unternehmen zwingt, sich aktiv mit solchen Hinweisen zu befassen. Dies gilt vor allem auch, wenn es nicht um die Vermeidung finanzieller Einbußen geht, sondern

im Gegenteil unter nicht unerheblichem eigenen Aufwand ein humanitärer Missstand in einem fernen Land bekämpft werden soll.

6.2   Rahmenregelung

§ 8 LkSG stellt lediglich eine Rahmenregelung dar, ohne detailliert das System
selbst sowie daraus abzuleitende Maßnahmen der Abhilfe und des Schutzes zu
definieren.

So beschränkt sich § 8 Abs. 1 LkSG darauf, Unternehmen zu verpflichten, ein
angemessenes unternehmensinternes Beschwerdeverfahren einzurichten und zu
unterhalten.

Damit soll Personen ermöglicht werden, auf menschenrechtliche oder umweltbezogene Risiken sowie auf Verletzungen menschenrechtsbezogener oder umweltbezogener Pflichten hinzuweisen, die zunächst durch das Handeln eines Unternehmens im eigenen Geschäftsbereich oder eines unmittelbaren Zulieferers
entstanden sind.

Der Begriff „angemessen" wird nicht weiter definiert und wird im Zweifelsfall
durch Verordnungen oder auch Gerichtsentscheidungen konkretisiert werden müssen. Letztlich ergeben sich allerdings aus den nachfolgend festgelegten Grundsätzen und dem Sinn und Zweck des Gesetzes viele Anhaltspunkte für notwendige
Bestandteile des Systems.

6.3   Potenzielle Beschwerdeführer (§ 8 Abs. 1 LkSG)

Schwierigkeiten ergeben sich bereits im Hinblick auf den potenziellen Kreis der
möglichen Beschwerdeführer. Dieser umfasst nach § 8 Abs. 1 LkSG alle Personen,
die einen Hinweis auf Menschenrechtsverletzungen und Umweltverstöße im Sinne
des Gesetzes geben können. Dabei muss es sich keinesfalls, wie dies im Rahmen
anderer Gesetze zum Hinweisgeberschutz oft der Fall ist, um Unternehmensangehörige oder das nähere Umfeld oder auch um persönlich Betroffene handeln, vielmehr nennt schon die Gesetzesbegründung einen viel weiteren Kreis potenzieller
Hinweisgeber.

Bei Umweltdelikten ist dies evident. Denn insoweit können auch Anwohner
ohne jede Vertragsbeziehung zu Unternehmen oder Zulieferer und selbst Interessengruppen wie Umweltschutzverbände und Bürgerinitiativen Hinweisgeber sein.

Letztlich gilt dies aber auch für die im Gesetz genannten Menschenrechte. Auch hier kann jeder, der eine Menschenrechtsverletzung festzustellen glaubt, von dem Beschwerdeverfahren Gebrauch machen.

Dies zeigt letztlich auch der Blick auf § 9 Abs. 1 LkSG, der folgenden Wortlaut hat:

> Das Unternehmen muss das Beschwerdeverfahren nach § 8 LkSG so einrichten, dass es Personen auch ermöglicht, auf menschenrechtliche oder umweltbezogene Risiken sowie auf Verletzungen menschenrechtsbezogener oder umweltbezogener Pflichten hinzuweisen, die durch Handeln eines unmittelbaren Zulieferers entstanden sind.

Handlungen des unmittelbaren Zulieferers wirken sich naturgemäß nicht nur bei diesem selbst (und dessen Mitarbeitern) aus, sondern auch und gerade bei mittelbaren Zulieferern, die somit mit in das Beschwerdesystem einzubeziehen sind.

Dies wiederum ist im Zusammenspiel mit § 9 Abs. 3 LkSG zu sehen, wonach tatsächliche Anhaltspunkte für Gesetzesverletzungen (die in der Praxis oft, wenn nicht überwiegend auf Hinweisen beruhen) das Unternehmen dazu veranlassen müssen, tätig zu werden. Dies betrifft zunächst einmal die Aufklärung des Sachverhalts in Übereinstimmung mit der Verfahrensordnung für das Beschwerdeverfahren, letztlich aber auch die notwendigen Maßnahmen.

6.4   Ausgestaltung des Beschwerdeverfahrens

6.4.1   Verfahrensordnung (§ 8 Abs. 2 LkSG)

§ 8 Abs. 2 LkSG schreibt vor, dass die Verfahrensordnung in *Textform* abzufassen und der Öffentlichkeit (also nicht nur betriebsintern) zugänglich zu machen ist. In der Praxis wird dies regelmäßig auf eine Veröffentlichung im Internet hinauslaufen, da die Zielgruppen, zu denen ja auch Mitarbeiter am Anfang der Lieferkette in u. U. weit entfernten Regionen zählen, anders kaum erreichbar sind.

In Unternehmen mit **Betriebsrat** ist die zwingende Mitbestimmung des Betriebsrats bei der Einführung (oder auch Änderung) des Beschwerdeverfahren zu beachten. Dies gilt jedenfalls, soweit sich Hinweise auf unternehmensangehörige Mitarbeiter beziehen oder solche Mitarbeiter selbst die Beschwerdeführer sind. Da eine Trennung der Verfahrensordnung in interne und externe Betroffene kaum praktikabel ist, wird eine solche Unterscheidung hinsichtlich der Mitbestimmung kaum praktikabel sein. In diesen Fällen erfordert also schon das Betriebsverfassungsgesetz den Abschluss einer schriftlichen Betriebsvereinbarung.

Ein Mitbestimmungsrecht ist dabei im Einzelfall vorab zu prüfen, meist wird es sich um Regelungen handeln, die (auch) das Ordnungsverhalten betreffen (§ 87 Abs. 1 Nr. 1 BetrVG) und um die Nutzung technischer Mittel, die jedenfalls eine Überwachung von Arbeitnehmern möglich erscheinen lassen (§ 87 Abs. 1 Nr. 6 BetrVG).

Zuständig ist in Unternehmen der in den Geltungsbereich fallenden Größenordnung regelmäßig der Konzernbetriebsrat bzw. (soweit ein solcher nicht vorhanden ist) der Gesamtbetriebsrat, nur wenn alle Mitarbeiter in nur einem Betrieb beschäftigt sind, kommt auch eine lokale Zuständigkeit eines Betriebsrats in Betracht.

6.4.1.1 Persönliche Kommunikation

In formeller Hinsicht enthält § 8 Abs. 1 S. 3 LkSG weiterhin die Verpflichtung des Unternehmens, den Eingang von Hinweisen zu bestätigen und den Sachverhalt mit dem Hinweisgeber zu erörtern. Letzteres bedeutet auch, dass ein auf rein elektronischer Basis funktionierendes System auch bei Nutzung künstlicher Intelligenz (wie z. B. auch Spracherkennung und automatisierter Übersetzungsfunktion) nicht ausreichend ist. Es muss immer ein Mensch bereit sein, mit dem Hinweisgeber persönlich (ggfls. auch fernmündlich oder per Videokonferenzsystem) zu sprechen und Fragen zu stellen und zu beantworten.

6.4.1.2 Transparenzgebot

Nach der Gesetzesbegründung gehört zu dem vorgegebenen Mindestinhalt der Verfahrensordnung ein klarer Zeitrahmen für jeden einzelnen Schritt sowie eine transparente Aussage zu den Arten von Abläufen. So muss z. B. deutlich kommuniziert werden, wer wann nach welchen Kriterien entscheidet und wann es zu einem Abschluss des Verfahrens durch Einstellung oder Ergreifung (welcher) geeigneten Gegenmaßnahmen kommt.

6.4.2 Personelle Ausgestaltung (§ 8 Abs. 3 LkSG)

Zentrale Norm für die personelle Ausgestaltung eines unternehmensinternen Verfahrens ist § 8 Abs. 3 LkSG. Nach dieser Vorschrift muss es sich bei den mit der Beschwerdebearbeitung Beauftragten um unparteiische Personen handeln, die „unabhängig und an Weisungen nicht gebunden sind". Es ist arbeitsrechtlich schwer vorstellbar, wie diese Regelung gesetzeskonform mit eigenem Personal umgesetzt werden kann. Eigene Arbeitnehmer des Unternehmens sind definitionsgemäß weisungsgebunden. Dieses Kriterium ist nicht nur im deutschen Recht gerade eines der Wesensmerkmale eines Arbeitsverhältnisses.

In verschiedenen spezialgesetzlichen Regelungen, z. B. zum betrieblichen Datenschutzbeauftragten, wird eine weitgehende Unabhängigkeit durch einen umfassenden Kündigungs- und Abberufungsschutz gewährleistet. Eine solche Regelung beinhaltet das LkSG jedoch nicht. Möglich erscheint zwar, einem oder mehreren für das Beschwerdeverfahren zuständigen Mitarbeiter(n) vertraglich einen analogen Schutz zu gewähren. Es bleibt allerdings abzuwarten, ob Unternehmen hierzu bereit sein werden. Dabei wird es sich dann um Vollzeitstellen handeln müssen, da eine nur partielle Weisungsfreiheit (bei gleichzeitiger Ausübung einer Teilzeittätigkeit anderen Inhalts) praktisch nicht umsetzbar ist.

Eher wahrscheinlich erscheint in der Praxis die Einrichtung einer von externen Dienstleistern auf weitgehend elektronischer Basis betriebenen, auf das Unternehmen bezogenen Plattform. Entscheidend ist aber nicht der elektronische Meldeweg (der allein die gesetzlichen Vorgaben nicht erfüllt). Viel wichtiger ist die Frage, welche Person die Beschwerde bearbeitet bzw. mit dem Beschwerdeführer kommuniziert sowie wer ggfls. weitere Ermittlungen durchführt. Dabei kann auch über eine Lokalisierung etwa dergestalt nachgedacht werden, dass in Ländern oder Regionen jeweils eigene (getrennte) Beschwerdesysteme unterhalten werden. In einigen Fällen kann dies aus rechtlichen Gründen sogar erforderlich sein, da z. B. das lokale Datenschutzrecht einer Meldung persönlicher Daten an ein anderes Unternehmen in einem anderen Staat untersagt. Das deutsche Gesetz schreibt keinesfalls zwingend vor, dass es nur eine Beschwerdestelle geben darf und dass sich diese im Inland befinden muss.

Jedenfalls kann durch beauftragte Dienstleister die Kontrolle über Hinweise und Verfahren einerseits im Unternehmen behalten werden und andererseits Weisungsfreiheit und Unabhängigkeit der Bearbeiter der eingehenden Beschwerden sichergestellt werden. Auch die Vorgabe der Vertraulichkeit wird so eher zu wahren sein als bei einem unternehmensinternen Verfahren.

Das Gesetz sieht zudem die Möglichkeit vor, sich an externen Beschwerdeverfahren zu beteiligen (§ 8 Abs. 1 S. 5 LkSG). In der Gesetzesbegründung wird insoweit auf branchenweite Einrichtungen verwiesen. Als Beispiel kann z. B. auf die „Complaints Procedure" der Fair Wear Foundation in der Textilindustrie verwiesen werden. Das Gesetz enthält keine ausdrückliche Aussage dazu, ob das externe Beschwerdeverfahren den Anforderungen des Gesetzes entsprechen muss. Davon ist allerdings im Hinblick auf dessen Zielsetzung auszugehen, sodass im Einzelfall immer noch zu prüfen ist, inwieweit die Standards des Gesetzes eingehalten sind. Soweit dies (wie zumeist bislang) nicht der Fall ist, muss mindestens eine ergänzende eigene Regelung oder eine Ergänzung der Branchenlösung erfolgen. In den meisten Fällen wird das betroffene Unternehmen aber ohnehin daran interessiert sein, Hinweise und Ermittlungen intern zu behandeln, um nicht in der Öffentlichkeit vorschnell mit Menschenrechtsverletzungen konfrontiert zu sein. Allein aus Reputationsgründen streben Unternehmen an, die Öffentlichkeit soweit wie möglich aus den internen Ermittlungen herauszuhalten.

Dieser Intention dient auch der Verweis in § 8 Abs. 1 LkSG auf die Möglichkeit eines Verfahrens der einvernehmlichen Beilegung, das allerdings ohnehin nur bei individuellen Beschwerden in Betracht kommen wird. Immer dann, wenn eine Beschwerde auf grundlegendere Probleme hinweist, verlangt das Gesetz eine umfassendere Prüfung und ggfls. Abhilfemaßnahmen, sodass z. B. eine rein finanzielle Einigung mit einem Betroffenen nur im Ausnahmefall möglich sein dürfte.

Das Bundesjustizministerium geht allerdings davon aus, dass außergerichtliche Beschwerdemechanismen künftig eine wesentliche Rolle spielen können und hat hierzu ein Forschungsprojekt initiiert. Der daraus resultierende Bericht wurde am 20. September 2021 publiziert und stellt fest, dass insbesondere unternehmensübergreifende Institutionen erfolgversprechend sind. Hierfür wurde ein Kriterienkatalog entwickelt. Es wird abzuwarten sein, ob die Annahmen der Forscher zutreffen und sich entsprechende unabhängige Mechanismen am Markt etablieren können. In der Sache handelt es sich um eine Art Schlichtungsverfahren ohne zwingenden Charakter. Der Bericht deutet die Möglichkeit eines Schiedsverfahrens mit Entscheidungsbefugnis lediglich an (zumal ein solches Verfahren schwierige Rechtsfragen aufwirft).

Zusammenfassend lässt sich allerdings vorhersagen, dass die Vorgaben des Gesetzes und die Berücksichtigung der Interessenlage der Unternehmen regelmäßig nur durch die Beauftragung von Dienstleistern angemessen umgesetzt werden können.

Abgesehen von der eher formellen Thematik der Neutralität kommt der fachlichen Qualifikation des Bearbeiters der Beschwerde (Betreibers des Systems) eine zentrale Bedeutung zu. Dies gilt gerade im Hinblick auf die auch nach deutschem Recht völlig neuen Anforderungen. Stand bisher im Mittelpunkt der Hinweisgebersysteme die Bekämpfung von Wirtschaftskriminalität und Vermögensdelikten, geht es nunmehr um juristisch für viele Compliance-Abteilungen bislang eher weniger relevante Rechtsbereiche wie (arbeitsbezogene) Menschenrechte (vor allem im Hinblick auf internationale Konventionen) und Arbeitsschutzbestimmungen in den Staaten, in denen vor allem mittelbare Zulieferer tätig sind. Dies stellt auch erfahrene Juristen in Rechts- und Compliance-Abteilungen von Großunternehmen vor völlig neue Herausforderungen. Dies gilt erst recht, da das Gesetz zusätzlich die Benennung eines (oder mehrerer) Menschenrechtsbeauftragten (die es bislang meist auch nicht geben wird) vorschlägt. Der Aufbau einer entsprechenden Kompetenz im Unternehmen wird daher selbst dann nötig sein, wenn Aufgaben wie der Betrieb des Beschwerdesystems ausgelagert werden. Schließlich benötigen auch externe Berater zur sachgerechten Bearbeitung von Beschwerden kompetente Ansprechpartner im Unternehmen.

6.4.3   Veröffentlichung und Schutz des Beschwerdeführers (§ 8 Abs. 4 LkSG)

Die wesentlichen verfahrenstechnischen Grundzüge enthält darüber hinaus § 8 Abs. 4 LkSG. Dieser lautet wie folgt:

> Das Unternehmen muss in geeigneter Weise klare und verständliche Informationen zur Erreichbarkeit und Zuständigkeit und zur Durchführung des Beschwerdeverfahrens öffentlich zugänglich machen. Das Beschwerdeverfahren muss für potenzielle Beteiligte zugänglich sein, die Vertraulichkeit der Identität wahren und wirksamen Schutz vor Benachteiligung oder Bestrafung aufgrund einer Beschwerde gewährleisten.

Die sich hieraus ergebenden Herausforderungen sind mannigfaltig und es ist noch kaum abschätzbar, wie eine erfolgreiche Umsetzung dieser Vorgaben in die Praxis erfolgen kann.

Die Veröffentlichung der Details auf der Internetseite ist jedenfalls unabdingbar. Ob und welche zusätzlichen Maßnahmen zur Bekanntmachung zu treffen sind lässt sich nicht abstrakt festlegen. Es wird einerseits auf den Kreis der potenziellen Beschwerdeführer ankommen. Andererseits wird auch hier der Grundsatz der Verhältnismäßigkeit zu beachten sein, danach dürfen die Anforderungen nicht überspannt werden. Es ist also keinesfalls zu verlangen, jede erdenkliche Konstellation einzukalkulieren und jedem potenziellen Beschwerdeführer einen Kommunikationskanal zur Verfügung zu stellen.

Hinsichtlich des Schutzes vor Benachteiligungen kommt in erster Linie eine vertragliche Verpflichtung der Zulieferer in Betracht. Einen direkten Einfluss zur Vermeidung von Benachteiligungen hat der in Deutschland ansässige Unternehmer nicht, er kann lediglich (auch im Nachhinein) darauf drängen, Benachteiligungen zu vermeiden, rückgängig zu machen oder für Kompensation zu sorgen.

6.5   Rechtliche und technische Probleme der Umsetzung

Aus den Vorgaben für das einzuhaltende Verfahren ergeben sich eine Reihe rechtlicher und technischer Herausforderungen.

Rechtlich stellt sich vor allem die Frage, wie eine möglichst umfassende Inanspruchnahme des Beschwerdeverfahrens gewährleistet werden kann. Direkter Adressat des Gesetzes ist nur das in Deutschland ansässige Unternehmen mit hinreichender Beschäftigtenzahl.

Denkbar und sinnvoll erscheint eine vertragliche Erstreckung auf unmittelbare Zulieferer. Dabei dürfte weniger eine Auferlegung der Verpflichtung zur Errichtung eines eigenen dem deutschen Gesetz entsprechenden Beschwerdeverfahrens in Betracht kommen als vielmehr eine Verpflichtung sich aktiv an dem deutschen Beschwerdemechanismus zu beteiligen, indem im eigenen Einflussbereich auf das System hingewiesen wird und dessen Verfahrensgarantien (Vertraulichkeit, Schutz vor Benachteiligungen usw.) übernommen werden.

Noch schwieriger gestaltet sich die Umsetzung einer Erstreckung des Beschwerdesystems auf mittelbare Zulieferer, mit denen seitens des in Deutschland ansässigen Unternehmens keine vertraglichen Beziehungen bestehen. Hierzu verweist nicht zuletzt auch die Gesetzesbegründung auf die Möglichkeit der Vereinbarung von „Weitergabeklauseln" mit dem unmittelbaren Zulieferer, der dann seinerseits seine Vertragspartner auf die Teilnahme an dem Beschwerdesystem und eine (weitere) Weitergabe an andere Glieder der Lieferkette verpflichten muss.

Dabei werden sich schwierige Rechtsfragen stellen, da u.U. schon der erste Vertrag (zwischen in Deutschland ansässigem Unternehmen und dem unmittelbaren Zulieferer) nicht deutschem Recht unterliegt. Noch viel weniger wird dies bei Verträgen zwischen ausländischen unmittelbarem Zulieferer und mittelbarem Zulieferer und weiteren Verträgen in der Lieferkette der Fall sein. Hier wird nach dem anwendbaren Recht zu prüfen sein, ob und wie weitgehend eine Umsetzung der gesetzgeberischen Ziele mit vertretbaren Mitteln möglich ist.

Unabhängig davon ist der Einbezug gerade auch von potenziellen ausländischen Beschwerdeführern im Hinblick auf die im Gesetz vorgeschriebenen Verfahrensgarantien angemessen auszugestalten.

So muss im Hinblick auf Menschenrechtsverletzungen wie Kinderarbeit, Sklaverei und Missachtung grundlegender Arbeitsschutzstandards im Blick behalten werden, wer die potenziell Geschädigten sind und wie diese realistischer Weise kommunizieren können. Gerade in Entwicklungsländern, in denen derartige Missstände verbreitet sind (und die deshalb erklärtermaßen im Fokus des Gesetzes stehen), dürfte z. B. ein vornehmlich auf elektronischer Basis (mittels Apps) betriebenes Beschwerdesystem mit vielleicht noch einer nur englischsprachigen Hotline kaum in der Lage sein, die wirklich Betroffenen und ihnen nahestehende Personen zu erreichen. Die Gesetzesbegründung fordert insoweit auch ausdrücklich eine Berücksichtigung von Sprach-, Lese- und Schreibvermögen unter Berücksichtigung von Ort und möglichen Zugangshindernissen (einschließlich Kosten). Dabei ist das

Transparenzgebot ebenso wie Datenschutz, Vertraulichkeit und Schutz vor Benachteiligungen und Repressalien sicherzustellen.

Diese Vorgaben stellen hohe Anforderungen an die Ausgestaltung des Beschwerdeverfahrens gerade im Auslandskontext. Abhängig von der Struktur der Lieferkettenorganisation wird zu analysieren sein, welche Sprachversionen und technischen Hilfsmittel angeboten werden müssen (und können). Nicht zuletzt aufgrund des Erörterungsgebots und des Erfordernisses der Sachverhaltsaufklärung werden viele Unternehmen kaum umhinkommen, lokale (Unter)Systeme vorzusehen. Ein Ansprechpartner in Deutschland, der z. B. nur Englisch spricht, ist voraussichtlich nicht in der Lage, mit Mitarbeitern eines (mittelbaren) Lieferanten in Kambodscha, Myanmar oder Bangladesch hinreichend zu kommunizieren und mögliche Verstöße aufzuklären. Ein Verweis in dem Beschwerdesystem selbst auf die Option, betriebliche Vertretungen oder Nichtregierungsorganisationen anzurufen, wird den Anforderungen des Gesetzes jedenfalls nicht genügen.

Allerdings ist das Beschwerdeverfahren nur als ein Element der Risikobekämpfung zu sehen. Das Gesetz sieht bei den Abhilfemaßnahmen ohnehin weitergehende Aufklärungsmaßnahmen, z. B. in Form von Audits und Befragungen vor Ort vor, die mehr als nur einen sprachlich begrenzt einsatzfähigen Ansprechpartner erfordern.

Dabei ist – wie immer im Rahmen des Gesetzes – eine Abwägung vorzunehmen zwischen dem erforderlichen Aufwand und den tatsächlichen Einflussmöglichkeiten einerseits und den rechtlichen Anforderungen andererseits.

Zum einen wird es angesichts des Geltungsbereichs des Gesetzes (in erster Linie Großunternehmen in Deutschland) keine Überforderung darstellen, ein Beschwerdesystem einzurichten, das den gesetzlichen Anforderungen auch im Hinblick auf die internationale Geschäftstätigkeit des Unternehmens entspricht und alle technischen und rechtlichen Möglichkeiten ausschöpft. Zum anderen muss auch nicht jede Eventualität und Möglichkeit im ersten Anlauf übererfüllt werden. Schließlich sieht das Gesetz vor, dass insbesondere Erfahrungen aus dem Beschwerdeverfahren für künftige Optimierungen des Systems genutzt werden.

Allerdings wäre das gesamte Gesetz ein reiner „Papiertiger", würde sich das Beschwerdeverfahren nur auf ein in Deutschland (und anderen Industrieländern) funktionierendes System beschränken und alle Weiterungen für zu kostspielig und zu kompliziert befinden. Mit dieser Argumentation ließe sich keines der Ziele des Gesetzes erreichen, Menschenrechts- und Umweltverstöße in den lieferkettenrelevanten Regionen der Welt zu bekämpfen.

Im Ergebnis spricht somit viel dafür, hohe Ansprüche an das Beschwerdeverfahren zu stellen. Dieses muss grundsätzlich allen Personen, die in den Schutzbereich des Gesetzes fallen, einen barrierefreien Zugang ermöglichen und dabei sowohl die Anforderungen des Gesetzes als auch des lokalen Rechts erfüllen.

6.6 Interne Ermittlungen

Keine Aussage trifft das Gesetz zu dem sich zwingend an eine Beschwerde anschließenden Verfahrensschritt, namentlich das heute oft mit „internal investigation" umschriebene unternehmensinterne Ermittlungsverfahren. Nachdem die Rechtslage insoweit selbst in Deutschland vielfach unübersichtlich ist (u. a. daran scheiterte erst kürzlich das geplante Verbandssanktionengesetz), besteht insoweit ein weiter Ermessensspielraum, der sich freilich auch an dem anwendbaren nationalen Recht orientieren muss. Einmal mehr zeigt sich im Hinblick auf das Beschwerdeverfahren, dass grenzüberschreitende Rechtsexpertise unerlässlich sein wird, um die Anforderungen des Gesetzes zu erfüllen.

Dies gilt vor allem im Hinblick auf die Gestaltung der Verträge mit Zulieferern, die neben dem Zugang zu dem bestehenden Beschwerdeverfahren auch Kooperations- und sonstige Handlungspflichten vorsehen müssen. Eine durch eine Beschwerde bei einem Zulieferer ausgelöste Aufklärung des Sachverhalts wird ohne Mitwirkung der dortigen Verantwortlichen kaum möglich sein. So muss u. a. verhindert werden, dass Verantwortliche ihren Mitarbeitern verbieten, mit Beauftragten des in Deutschland ansässigen Unternehmens zu sprechen oder diesen den Zugang zum Betrieb verweigern (sofern es um die Arbeitsbedingungen/Sicherheitsstandards geht).

So müssen regelmäßig auch eigene Ermittler die Möglichkeit erhalten, vor Ort Gespräche zu führen und Nachforschungen anzustellen. In gravierenden Fällen kann zwar auch die Einschaltung staatlicher Stellen in Betracht kommen. Im Rahmen vertraglicher Beziehungen und vor dem Hintergrund der gesetzlichen Zielsetzung eines Vorrangs der Abhilfe wird dies allerdings in aller Regel nicht sinnvoll sein. Zudem sind die politischen und faktischen Verhältnisse vor Ort zu berücksichtigen. Denn nicht selten ist gerade in Schwellenländern ein Zusammenspiel von staatlichen Stellen und wohlhabenden Unternehmern zu beobachten, sodass offizielle Beschwerden im Sande verlaufen können. Ganz im Gegenteil besteht in vielen Staaten die gesteigerte Gefahr, dass gerade Beschwerdeführer Repressalien erleiden. Vor diesem Hintergrund kommt Vertraulichkeit, Anonymität und Datenschutz eine überragende Bedeutung zu, die eine externe Beauftragung von Spezialisten oder Nichtregierungsorganisationen rechtfertigt.

Nicht vergessen werden darf schließlich die betriebliche Mitbestimmung, zumindest im Hinblick auf eine etwaige Beteiligung in Deutschland Beschäftigter (gleich ob als Hinweisgeber, potenziell Beschuldigter oder Zeuge). Denn insoweit bestehen Mitbestimmungsrechte des zuständigen Betriebsrats.

6.7 Schulungen für Sachbearbeiter und Nutzer

Ein Beschwerdesystem ist in der Regel nicht selbsterklärend. Trotz der Pflicht zur Veröffentlichung der Verfahrensordnung in Schriftform (§ 8 Abs. 2 LkSG) bleiben viele Fragen offen. Dies gilt erst recht, aber nicht nur in Unternehmen und Ländern ohne Erfahrungen mit Hinweisgebersystemen. Daher sieht das Gesetz aus guten Gründen Schulungen aller Betroffenen vor (§ 6 Abs. 3 Nr. 1 und 3 LkSG). Diese richten sich zunächst an die Mitarbeiter im Unternehmen (einschließlich der Geschäftsleitung), die sich mit Beschwerden, Ermittlungen und Abhilfemaßnahmen beschäftigen müssen. Sinnvollerweise werden die Schulungen in erster Linie von den Betreibern des Systems durchgeführt, mithin den beauftragten Dienstleistern. In Betracht kommt aber auch die eigene Rechts-, Personal- oder Compliance-Abteilung.

Schulungen müssen dabei grundsätzlich den gleichen Anforderungen entsprechen, die für das System selbst gesetzlich vorgesehen sind. Neben Transparenz ist an Verständlichkeit, Zugang und sprachliche Ausgestaltung zu denken.

Eine besondere Herausforderung stellt das Erfordernis dar, Schulungen stets auf dem neuesten Stand zu halten, d. h. regelmäßig durchzuführen, z. B. immer dann, wenn neue Mitarbeiter hinzukommen oder das System überprüft wurde und Anpassungen erfolgt sind.

Formell gibt es keine besonderen Anforderungen an Schulungen, diese können somit z. B. auch unter Nutzung technischer Mittel erfolgen.

In Unternehmen mit Betriebsrat ist bei Schulungen wieder an die betriebliche Mitbestimmung zu denken.

Bei Schulungen dürfen Mitarbeiter von (insbesondere unmittelbaren) Zulieferern nicht vergessen werden. Da Beschwerdeführer auch externe bis hin zu Anwohnern im Ausland und lokale Mitarbeitervertretungen sein können, sollte überlegt werden, inwieweit Schulungen online zugänglich und abrufbar gemacht werden können oder ob sogar Schulungen vor Ort erforderlich sind.

6.8   (Regelmäßige) Überprüfung des Beschwerdesystems

Das Gesetz verpflichtet Unternehmen in § 8 Abs. 5 LkSG dazu, regelmäßige Überprüfungen der Funktionsfähigkeit des Beschwerdeverfahrens vorzunehmen. Diese Prüfung soll mindestens einmal jährlich erfolgen bzw. anlassbezogen. Bei dem Anlass kann es sich sowohl um neue vertragliche Beziehungen, neue Produktionslinien usw., vor allem aber auch um eingegangene Beschwerden handeln. Letztere müssen somit immer dazu führen, dass die vorhandenen Strukturen auf den Prüfstand gestellt werden.

Die Einführung eines dem Gesetz entsprechenden Beschwerdeverfahrens ist grundsätzlich Bußgeld bewährt. Dabei können bei fehlendem oder unzureichendem Beschwerdeverfahren Bußgelder bis zu 100.000 Euro verhängt werden (§ 24 Abs. 1 Nr. 8 und Abs. 2 Nr. 1 lit. a) LkSG). Vorrangig wird zunächst allerdings eine behördliche Aufforderung zur Abhilfe erfolgen.

Unternehmen, die in den Geltungsbereich des Gesetzes fallen, werden nunmehr zunächst ihre vielfach bereits bestehenden Hinweisgebersysteme daraufhin zu überprüfen haben, ob diese den neuen Anforderungen entsprechen. Soweit dies nicht der Fall ist, ist eine Ergänzung vorzunehmen. Dabei dürfte ein gewisser Zeitdruck bestehen, da oftmals nicht nur die betriebliche Mitbestimmung zu beachten ist, sondern neben unternehmensinternen Schritten die Gestaltung der Lieferverträge (bspw. „Weitergabeklausel"), die Beauftragung geeigneter Personen sowie die oft auch internationale Rechtsberatung zu beachten sind.

In diesem Zusammenhang muss daran gedacht werden, u.U. parallele Beschwerde- bzw. Meldesysteme, die unterschiedlichen gesetzlichen Anforderungen unterliegen, zu betreiben. Sogar eine Trennung von deutschem/europäischem Beschwerdesystem und außereuropäischen Systemen für Zulieferer nach diesem Gesetz ist denkbar. Letztlich wird dies davon abhängen, wie die Lieferkette des Unternehmens ausgestaltet ist und welche Länder potenziell betroffen sind.

6.9   (Denkbare) Elemente eines Beschwerdesystems

Nach den vorstehenden Ausführungen könnte ein mit dem Gesetz vereinbares Beschwerdeverfahren bspw. folgende Regelungsbereiche enthalten:

Beispiel

Einleitung/Präambel (u. a. mit Verweis auf Grundsatzerklärung/Code of Conduct)

§ 1 Geltungsbereich und Definitionen

    a) Unternehmen und Zulieferer
    b) Beschwerdeführer
    c) Geschützte Menschenrechte
    d) Umweltschutz
    e) Menschenrechtsbeauftragter

§ 2 Meldung von Beschwerden

    a) Eingangsstelle (Bearbeiter; einschließlich Angaben zu Neutralität/Qualifikation)
    b) Meldewege (z. B. Website, Hotline, Mail, Anruf, Fax, Brief, App)
    c) Form, Sprache, erforderliche Mindestangaben (Ort des Verstoßes, betroffene Personen (einschließlich Zeugen und Verursacher, Angaben zu Kontaktaufnahme/Rückmeldung, ggfls. Beifügung von Beweismitteln wie Fotos, Videos, Dokumente))
    d) Hinweis auf notwendige Gutgläubigkeit
    e) Option zu Anonymität, Angaben zu Vertrauensschutz
    f) Hinweis zum Schutz von Geschäftsgeheimnissen
    g) Ggfls. Angebot zu juristischer Hilfestellung

§ 3 Verfahren

    a) Zeitliche Abfolge ab Eingang, z. B. schriftliche Eingangsbestätigung, Gelegenheit zu Rücksprache, Mitteilung über Verfahrensstand, Mitteilung über (Zwischen)Ergebnis der Ermittlungen
    b) Untersuchungsschritte
    c) Ergebnisarten einschl. maßgeblicher Kriterien (Abhilfe, Einstellung, Sanktionen)

§ 4 Schutz des Beschwerdeführers

    a) Anonymität/Pseudonyme Beschwerdebehandlung
    b) Vertraulichkeit (einschließlich Verschlüsselung der Kommunikation)
    c) Datenschutz (einschließlich Speicherung und Löschung von Daten, internationaler Datentransfer)
    d) Weitergabe von Informationen an
        aa) Arbeitgeber
        bb) Behörden im Heimatland und in Deutschland
        cc) Medien

dd) Arbeitnehmervertretungen
ee) Nichtregierungsorganisationen
ff) Ggfls. Branchenverbände

§ 5 Verhältnis zu anderen Beschwerdeverfahren (z. B. nach Hinweisgeber-
schutzgesetz)

§ 6 Hinweis auf Klagemöglichkeit (Voraussetzungen - schwerer Verstoß, eigene Betroffenheit)

§ 7 Gültigkeit (Laufzeit)/Hinweis auf regelmäßige Überprüfung und Veröffentlichung von Updates)

Ggfls. auch: Schulungsangebote für Arbeitnehmer und deren Vertreter ◄

Im Falle des Vorhandenseins betrieblicher oder sonstiger Arbeitnehmervertretungen ist jeweils (auch länderbezogen) zu prüfen, inwieweit Mitbestimmungsrechte bestehen. Bei der Ausgestaltung des Beschwerdesystems als (Konzern-)
Betriebsvereinbarung (wie dies in Deutschland bei den betroffenen Unternehmen
mit einer Vielzahl von Arbeitnehmern der Regelfall sein wird) kann sich je nach
Verlauf der Verhandlungen ergeben, dass Anpassungen, Ergänzungen und zusätzli-
che formelle Aspekte vorzunehmen sind.

Fazit

Zusammenfassend lässt sich festhalten, dass die Schaffung eines die gesamte (internationale) Lieferkette einschließenden Beschwerdesystems Unternehmen vor
große Herausforderungen stellen wird. Der Schutz der besonders vulnerablen Personengruppen (z. B. Kinder, Analphabeten, diskriminierte Teile der Bevölkerung)
wird durch z. B. aus dem Whistleblowerrecht bekannte IT-gestützte Systeme alleine nicht gewährleistet werden können. Schon aus sprachlichen Gründen und zur
Aufklärung des Sachverhalts vor Ort wird eine qualifizierte Unterstützung vor Ort
erforderlich sein.

Dokumentations- und Berichtspflichten

7

Zusammenfassung

Das Lieferkettensorgfaltspflichtengesetz soll vorrangig über das Verwaltungs- und Ordnungswidrigkeitenrecht durchgesetzt werden. Die Kontrolle durch das Bundesamt für Wirtschaft und Ausfuhrkontrolle (BAFA) als zuständige Behörde erfolgt im Wesentlichen anhand einer Prüfung des jährlich vorzulegenden Unternehmensberichts über die Erfüllung der Sorgfaltspflichten.

Damit stellen die insbesondere in § 10 LkSG geregelten Dokumentations- und Berichterstattungspflichten einen zentralen Bestandteil des Gesetzes dar.

Auch administrativ bedeutet die Erfüllung dieser Verpflichtungen absehbar den größten Aufwand auf Seiten der Unternehmen. Insbesondere im Rahmen der Anfertigung des ersten Jahresberichtes sind erhebliche Vorarbeiten zu leisten.

Was Sie aus diesem Kapitel mitnehmen
- Welche Dokumentations- und Berichterstattungspflichten sind von einem Unternehmen zu erfüllen?
- Wann ist der erste Bericht fällig, wann sind Folgeberichte vorzulegen?
- Welche Bestandteile muss der veröffentlichte Jahresbericht zwingend enthalten?

Die Kernvorschrift der Dokumentations- und Berichtspflichten stellt § 10 LkSG dar. Die Vorschrift hat folgenden Wortlaut:

---

§ 10 Dokumentations- und Berichtspflicht

(1) Die Erfüllung der Sorgfaltspflichten nach § 3 ist unternehmensintern fortlaufend zu dokumentieren. Die Dokumentation ist ab ihrer Erstellung mindestens sieben Jahre lang aufzubewahren.

(2) Das Unternehmen hat jährlich einen Bericht über die Erfüllung seiner Sorgfaltspflichten im vergangenen Geschäftsjahr zu erstellen und spätestens vier Monate nach dem Schluss des Geschäftsjahrs auf der Internetseite des Unternehmens für einen Zeitraum von sieben Jahren kostenfrei öffentlich zugänglich zu machen. In dem Bericht ist nachvollziehbar mindestens darzulegen,

1. ob und falls ja, welche menschenrechtlichen und umweltbezogenen Risiken oder Verletzungen einer menschenrechtsbezogenen oder umweltbezogenen Pflicht das Unternehmen identifiziert hat,

2. was das Unternehmen, unter Bezugnahme auf die in den §§ 4 bis 9 beschriebenen Maßnahmen, zur Erfüllung seiner Sorgfaltspflichten unternommen hat; dazu zählen auch die Elemente der Grundsatzerklärung gemäß § 6 Absatz 2, sowie die Maßnahmen, die das Unternehmen aufgrund von Beschwerden nach § 8 oder nach § 9 Absatz 1 getroffen hat,

3. wie das Unternehmen die Auswirkungen und die Wirksamkeit der Maßnahmen bewertet und

4. welche Schlussfolgerungen es aus der Bewertung für zukünftige Maßnahmen zieht.

(3) Hat das Unternehmen kein menschenrechtliches oder umweltbezogenes Risiko und keine Verletzung einer menschenrechtsbezogenen oder einer umweltbezogenen Pflicht festgestellt und dies in seinem Bericht plausibel dargelegt, sind keine weiteren Ausführungen nach Absatz 2 Satz 2 Nummer 2 bis 4 erforderlich.

(4) Der Wahrung von Betriebs- und Geschäftsgeheimnissen ist dabei gebührend Rechnung zu tragen.

Das Gesetz unterscheidet somit in § 10 Abs. 1 und 2 zwischen unternehmens**internen** Dokumentationspflichten und **externen** Berichtspflichten.

Beide Pflichten sind anlasslos zu erfüllen, mithin kommt es nicht auf die Feststellung eines Risikos an. Allerdings enthält die Berichtspflicht in § 10 Abs. 3 LkSG eine Einschränkung zum Umfang der Darstellung. Soweit keine Risiken oder Verletzungshandlungen festgestellt wurden, kann der Bericht auf eine plausible Darlegung dieser risikoverneinenden Tatsachen beschränkt werden.

7.1 Interne Dokumentation

Hinsichtlich der internen Dokumentation hält § 10 Abs. 1 LkSG lediglich fest, dass eine fortlaufende Dokumentation der Erfüllung der Sorgfaltspflichten stattfinden muss und mindestens sieben Jahre aufzubewahren ist.

Die Dokumentationspflicht ist vor dem Hintergrund der behördlichen Kontrolle der Einhaltung der Verpflichtung aus dem LkSG zu sehen.

§ 17 LkSG enthält eine umfassende Verpflichtung des Unternehmens auf Verlangen der zuständigen Behörde dieser die Auskünfte zu erteilen und die Unterlagen herauszugeben, die die Behörde zur Erfüllung ihrer Aufgaben benötigt. Diese Verpflichtung erstreckt sich auf Auskünfte über verbundene Unternehmen, unmittelbare und mittelbare Zulieferer und die Herausgabe von Unterlagen dieser Unternehmen, soweit diese Informationen zur Verfügung stehen oder das Unternehmen aufgrund vertraglicher Beziehung zur Beschaffung der verlangten Informationen in der Lage ist.

Zu den Unterlagen zählen nach § 17 Abs. 2 LkSG insbesondere die Angaben und Nachweise, die zur Feststellung, ob das Unternehmen in den Anwendungsbereich des Gesetzes fällt (dies wird insbesondere die Anzahl der Beschäftigten Arbeitnehmer betreffen). Weiter genannt sind Angaben und Nachweise über die Erfüllung der Pflichten nach den §§ 3 bis 10 Abs. 1 LkSG und die Namen der zur Überwachung der internen Prozesse des Unternehmens zuständigen Personen.

Die Formulierung in § 10 Abs. 1 LkSG, dass die Erfüllung der Sorgfaltspflichten „fortlaufend" zu dokumentieren ist, deutet im Übrigen darauf hin, dass es sich um eine Daueraufgabe handelt und nicht um eine lediglich anlassbezogene oder gar nur jährlich zu erfüllende Verpflichtung. Tatsächlich wird die unternehmensintern zuständige Person (im Gesetz auch als Menschenrechtsbeauftragter bezeichnet) ständig und fortlaufend eine Dokumentation über die Erfüllung sämtlicher Sorgfaltspflichten anzufertigen und aufzubewahren haben.

▶ **Wichtig** Nähere Vorschriften zur Art der Dokumentation oder Aufbewahrung enthält das Gesetz nicht. Vor dem Hintergrund der in § 17 LkSG genannten Herausgabeverpflichtungen ist eine Verkörperung der Informationen allerdings unabdingbar. Es wird sich mithin entweder um eine schriftliche Dokumentation handeln müssen oder aber um auf Datenträger gespeicherte und solchermaßen jederzeit zugängliche und übertragbare Informationen.

Vor dem Hintergrund der ohnehin bestehenden (und nachfolgend dargestellten) Berichtspflichten, die (auch) gegenüber der Öffentlichkeit bestehen, dürfte ein großer Teil der Dokumentation ohnehin verschriftlicht sein. Allerdings ist davon auszugehen, dass die internen Dokumentationspflichten (ggfls. weit) über den zu veröffentlichen Bericht hinausgehen und z. B. wesentlich detailreichere Darstellungen von Risikoanalyse und etwaigen konkreten Konflikten und deren Lösung enthalten.

Der Umfang der bestehenden Dokumentationspflicht und deren Ausgestaltung als Dauerverpflichtung zeigt, dass – je nach Größe des Unternehmens – erhebliche administrative Kapazitäten allein mit der Erfüllung der Dokumentations- (und Berichts-)Pflichten verbunden sein dürften.

7.2   Berichtspflichten/Jahresbericht

§ 10 Abs. 2 LkSG enthält die Verpflichtung, jährlich einen Bericht über die Erfüllung der Sorgfaltspflichten im vergangenen Geschäftsjahr zu erstellen und spätestens vier Monate nach dem Schluss des Geschäftsjahres auf der Internetseite des Unternehmens für einen Zeitraum von sieben Jahren kostenfrei öffentlich zugängig zu machen.

Die Verpflichtung besteht mithin jährlich in Abhängigkeit von dem Geschäftsjahr des Unternehmens. Handelt es sich um das Kalenderjahr, ist die Veröffentlichung bis spätestens Ende April des Folgejahres vorzunehmen, bei abweichendem Geschäftsjahr verändern sich die Fristen entsprechend.

Für die erstmalige Berichterstattung bestehen bei einer Identität von Geschäfts- und Kalenderjahr keine Besonderheiten, d. h. der erste Bericht ist bis spätestens Ende April 2023 vom Unternehmen vorzulegen, die gleich zum Zeitpunkt des Inkrafttretens des Gesetzes in den Geltungsbereich fallen (mithin in Deutschland mehr als 3000 Arbeitnehmer beschäftigen).

Zweifelhaft kann die erstmalige Pflicht zur Erstellung eines Jahresberichts dann sein, wenn das Geschäftsjahr z. B. Ende April endet. Da in dem Gesetz insoweit keine Übergangsvorschriften enthalten sind, ist für Unternehmen, soweit sie dem Geltungsbereich des Gesetzes sogleich unterfallen, davon auszugehen, dass der erste Bericht bis Ende August 2022 vorzulegen ist.

Ungeklärt ist insoweit, ob dieser erste Bericht lediglich die ersten vier Monate des Jahres 2022 abdecken muss oder das gesamte Geschäftsjahr 2021/2022. Da das Gesetz selbst erst am 1. Januar 2022 in Kraft tritt, ist, soweit nicht Praktikabilitätsgründe entgegenstehen, davon auszugehen, dass in diesem Fall lediglich über das Teiljahr 2022 zu berichten ist.

Die Veröffentlichungspflicht im Internet zeigt, dass mit dieser gesetzlichen Verpflichtung (auch) eine öffentliche Kontrollfunktion verwirklicht werden soll. Dies dürfte vor dem Hintergrund zu sehen sein, dass Gewerkschaften und Nichtregierungsorganisationen im Rahmen des Gesetzes besondere prozessuale Rechte eingeräumt wurden (Prozessstandschaft), die sinnvollerweise nur nutzbar gemacht werden können, soweit ein wesentlicher Teil der ansonsten nur intern vorliegenden Dokumentationen der Öffentlichkeit zugängig gemacht wurde.

Unternehmen müssen sich mithin an den veröffentlichten Tatsachen und (Selbst-)Verpflichtungen festhalten lassen. Daher ist dem Jahresbericht bzw. dessen inhaltlicher Ausgestaltung große Aufmerksamkeit zu widmen, zumal es sich bei gesetzlichen Berichtspflichten um Mindestangaben handelt. Geht ein Unternehmen freiwillig darüber hinaus (wie das aktuell in vielen Grundsatzerklärungen der Fall ist, wo die Einhaltung von Menschenrechts- und Umweltstandards konzernweit garantiert wird (ob gleich dies nach dem Gesetz gar nicht erforderlich wäre)), dürfte eine (einklagbare) Selbstbindung auch über die Mindestangaben hinaus gegeben sei. Auch aus Gründen des Wettbewerbsrechts empfiehlt sich große Sorgfalt bei den Formulierungen des Berichts.

Soweit § 10 Abs. 4 LkSG dem Unternehmen zubilligt, dass „Betriebs- und Geschäftsgeheimnissen gebührend Rechnung getragen" werden kann, bedarf diese Formulierung einer Auslegung.

Es überrascht, dass der Gesetzgeber den früheren – vom Bundesgerichtshof definierten – Begriff „Betriebs- und Geschäftsgeheimnis" verwendet. Vermutlich handelt es sich um ein redaktionelles Versehen, auch wenn (oder gerade) weil sich dieser Begriff mehrfach in der Begründung des Gesetzentwurfes wiederfindet. Denn am 26. April 2019 ist das Gesetz zum Schutz von Geschäftsgeheimnissen (GeschGehG) in Kraft getreten, welches nunmehr von einem „Geschäftsgeheimnis" spricht. Der Unterschied zur früheren Fassung ist nicht nur sprachlich, sondern vor allem inhaltlich. Die Neudefinition des Begriffs des Geschäftsgeheimnisses ist zentraler Punkt des GeschGehG.

Hintergrundinformationen

Wie sich aus der Legaldefinition in § 2 Nr. 1 GeschGehG ergibt, liegt ein Geschäftsgeheimnis nunmehr vor, wenn es sich um eine Information handelt, die

a) weder insgesamt noch in der genauen Anordnung und Zusammensetzung ihrer Bestandteile den Personen in den Kreisen, die üblicherweise mit dieser Art von Informationen umgehen, allgemein bekannt oder ohne Weiteres zugänglich ist und daher von wirtschaftlichem Wert ist und

b) die Gegenstand von den Umständen nach angemessenen Geheimhaltungsmaßnahmen durch ihren rechtmäßigen Inhaber ist und

c) bei der ein berechtigtes Interesse an der Geheimhaltung besteht.

Im Gegensatz zum früheren Begriff „Betriebs- und Geschäftsgeheimnis" kommt es also tatbestandlich nicht mehr auf den Willen des Betriebsinhabers an der Geheimhaltung an. Vielmehr muss ein Unternehmen angemessene Geheimhaltungsmaßnahmen (technisch, organisatorisch und rechtlich) getroffen haben, andernfalls liegt schon tatbestandlich kein Geschäftsgeheimnis vor. Die Anforderungen für das Vorliegen eines Geschäftsgeheimnisses sind mit anderen Worten erheblich erhöht worden.

Im Wesentlichen wird es bei LkSG-bezogenen Geschäftsgeheimnissen um die Identität von Zulieferern und die Angabe von geplanten oder tatsächlich durchgeführten Projekten gehen, da darüberhinausgehende Details wie Vertragsbedingungen ohnehin nicht Gegenstand von Risikoanalyse und Risikomanagement und darauf beruhender Berichtspflichten sind.

Keine Differenzierung enthält der Gesetzestext hinsichtlich der internen Dokumentationspflichten und der veröffentlichen Berichte. Es ist allerdings fraglich, ob gegenüber der Behörde bei den internen Dokumentationspflichten mit Geschäftsgeheimnissen argumentiert werden kann. Zum einen dürfte das berechtigte Interesse an der Geheimhaltung insoweit durch die behördlichen Schweigepflichten hinreichend gewahrt sein. Zum anderen wird eine fortlaufende und mehr oder weniger lückenlose Dokumentation der Erfüllung der Sorgfaltspflichten (z. B. die Behandlung einer einzelnen Beschwerde) kaum so erfolgen können, dass z. B. die Identität des Beschwerdeführers und der betroffenen Partei (des ausländischen Zulieferers) verborgen bleibt. Wären die Anforderungen geringer, wäre eine Prüfung, ob hinreichende Abhilfemaßnahmen ergriffen wurden, nicht durchführbar.

Zudem enthält das Gesetz bei der Verpflichtung zur Vorlage der Dokumentation auf Aufforderung der zuständigen Behörde keinen Vorbehalt dahingehend, dass die Dokumentation zuvor bearbeitet und oder gekürzt werden dürfte.

Daher ist zusammenfassend davon auszugehen, dass die Wahrung von Geschäftsgeheimnissen nur im Rahmen der Veröffentlichung des Berichts eine Rolle spielen kann.

Nicht zu verkennen ist, dass ein (großer) Teil der vom LkSG betroffenen Unternehmen Verpflichtungen auch aus anderen Gesetzen hat. Zu nennen ist insbesondere die nichtfinanzielle Erklärung großer Kapitalgesellschaften nach den §§ 289b, 289c HGB, wo z. B. ebenfalls Aspekte wie die Achtung der Menschenrechte, Umweltbelange, Arbeitnehmer und deren soziale Belange benannt sind.

Allerdings ist nach der Gesetzesbegründung davon auszugehen, dass es sich um Berichte handelt, die getrennt voneinander betrachtet werden müssen. Dies ergibt sich insbesondere auch daraus, dass nach § 289c Abs. 4 HGB bei der nichtfinanziellen Erklärung nachteilige Angaben aus kaufmännischen Gründen oder aufgrund einer allgemeinen Interessenabwägung weggelassen werden können. Dies kann im Rahmen des LkSG gerade nicht gelten, wenn der Gesetzeszweck erreicht werden soll.

In beiden Gesetzen gleichlaufend ist allerdings der „comply or explore"-Mechanismus, wonach es ggfls. ausreicht, plausibel darzulegen, dass keine Risiken festgestellt wurden. In diesem (eher seltenen) Ausnahmefall muss der veröffentlichte Bericht keine weiteren Details zur Risikoanalyse und Risikomanagement enthalten. Eine solche Ausnahmekonstellation dürfte allerdings allenfalls bei reinen Inlandssachverhalten oder auf die EU beschränkte Lieferbeziehungen gegeben sein.

Schließlich ist darauf hinzuweisen, dass das Gesetz in § 4 Abs. 3 S. 2 LkSG im Zusammenhang mit der Benennung einer oder mehrerer zuständiger Personen (Menschenrechtsbeauftragter) auch eine interne Berichtspflicht der zuständigen Personen gegenüber der Geschäftsleitung vorsieht. Es handelt sich allerdings um eine Holschuld der Geschäftsleitung, die sich mindestens einmal jährlich über die Arbeit der zuständigen Personen zu informieren hat.

7.3 Jahresbericht im Detail

Die Anforderungen des Gesetzes an die Mindestinhalte des Jahresberichts in § 10 Abs. 2 Nr. 1–4 LkSG zeigen, dass eine enge Abstimmung zwischen verschiedenen unternehmensintern beteiligten Personen und Stellen zu erfolgen hat. Das Gesetz geht davon aus, dass regelmäßig, mindestens jährlich, jedoch auch anlassbezogen, die menschenrechts- und umweltbezogenen Risiken der Geschäftstätigkeit des Unternehmens in der Lieferkette zu prüfen und zu berichten sind.

Nach § 10 Abs. 2 Nr. 1 LkSG ist dabei zunächst eine Benennung der menschen-rechts- oder umweltbezogenen Risiken oder Rechtsverletzungen vorzunehmen, die die regelmäßige Risikoanalyse ergeben hat. In welcher Detailtiefe die Identifika-tion von Risiken zu erfolgen hat, führt das Gesetz nicht aus.

Allerdings ist unter Berücksichtigung von Sinn und Zweck mit den Publikati-onsvorschriften davon auszugehen, dass eine rein formelhafte Darstellung oder eine Kategorisierung von Risiken ohne Bezug auf die konkrete Lieferkette des Un-ternehmens nicht ausreicht. Wäre dies anders, würde sich der Jahresbericht in For-meln und Phrasen erschöpfen, die keinerlei Erkenntnisse mehr bieten.

Dies zeigt auch ein Blick auf § 10 Abs. 2 Nr. 2 LkSG, wo ausdrücklich auf die Bearbeitung von erhaltenen Beschwerden Bezug genommen wird. Es wäre kaum möglich, Beschwerden lediglich abstrakt zu erwähnen, ohne zu benennen, welcher Art die Beschwerde war und aus welcher Sphäre (bezogen auf Lieferanten und Regionen) sie stammt. Gewisse Verallgemeinerungen sind sicher möglich und auch sinnvoll, schließlich soll in dem Jahresbericht keine detaillierte Berichterstat-tung über einzelne Beschwerden erfolgen. Dessen ungeachtet fordert das Gesetz eine konkrete Benennung von Risiken (ggfls. basierend auf Beschwerden) sowie Angaben zu der Bewältigung der festgestellten Risiken. Es ist also darzulegen, welche Maßnahmen ergriffen wurden und welche Präventions- und Abhilfemaß-nahmen hieraus abgeleitet wurden.

In Unternehmen mit statischen Lieferbeziehungen, die sich über das Jahr nicht ändern und in denen keine besonderen Vorkommnisse festgestellt wurden, kann die Berichterstattung in Folgejahren im Zweifel durch Bezugnahme auf Vorjahresbe-richte oder Wiederholungen erfüllt werden. Regelmäßig dürfte dies allerdings auf-grund der Dynamik von Lieferbeziehungen kaum je in Betracht kommen. Schließ-lich führt jede Veränderung, gleich ob im Kreis der Lieferanten, im Gebiet der Ansässigkeit eines direkten oder indirekten Zulieferers und/oder im Produktportfo-lio zur Verpflichtung eine neue Risikoanalyse vorzunehmen und das Risikoma-nagement sowie die Berichte entsprechend anzupassen.

Für eine konkrete Berichtspflicht spricht auch der Wortlaut von § 10 Abs. 2 Nr. 3 LkSG, der regelt, dass das Unternehmen die Auswirkungen und die Wirksam-keit der Maßnahmen zu bewerten hat. Hier wird es kaum genügen, abstrakt festzu-halten, dass etwa die Durchführung eines Abhilfeplans und/oder von Schulungs-maßnahmen bei einem (unbenannten) Zulieferer (in einem nicht näher bezeichneten Gebiet) erfolgreich oder nicht erfolgreich waren.

Bei der Erfüllung der Berichtspflichten ist entsprechend der Systematik des Ge-setzes eine Differenzierung zwischen dem eigenen Geschäftsbereich, den Vertrags-beziehungen zu unmittelbaren Zulieferern und mittelbaren Zulieferern vorzunehmen. Die ausführlichsten Berichtspflichten bestehen im Hinblick auf den eigenen Geschäftsbereich, da hier weitgehende Sorgfaltspflichten bestehen.

Auch im Bereich der selbst gewählten Vertragspartner, also der unmittelbaren Zulieferer, bestehen Einflussmöglichkeiten und -pflichten. Da die Vertragspartner zudem zur Kooperation vertraglich verpflichtet werden können, wenn nicht sogar müssen, gehen die Berichtspflichten auch für diese Sphäre sehr weit und es erscheint kaum denkbar, unter Hinweis auf Beschaffungsschwierigkeiten eine Berichterstattung auszuschließen oder einzuschränken.

Noch nicht klar ist, wie weit in der Praxis die Berichterstattung zu mittelbaren Zulieferern reicht. Denkbar erscheint eine Verpflichtung zu einer vergleichsweisen dichten Berichterstattung im Falle konkreter Verletzungshandlungen, soweit diese z. B. Gegenstand einer Beschwerde waren. Bei lediglich allgemeinen Risiken dürfte es hingegen ausreichen, auf öffentlich zugängliche Informationen zu verweisen und festzuhalten, dass bei den eigenen mittelbaren Zulieferern keine konkreten Vorfälle bekannt geworden sind.

Fazit

Zusammenfassend lässt sich konstatieren, dass die Erfüllung der Dokumentations- und Berichtspflichten einigen Aufwand erfordern wird. Die entsprechenden personellen und finanziellen Ressourcen sollten eingeplant werden, empfehlenswert erscheint auch eine gründliche juristische Prüfung vor einer Veröffentlichung, da sich aus falschen oder zu weitgehenden Angaben negative Rechtsfolgen ergeben können.

Zivilrechtliche Haftung und zivilprozessuale Geltendmachung von Ansprüchen

8

Zusammenfassung

Die Verletzung von Sorgfaltspflichten nach dem LkSG begründet keine eigenständige zivilrechtliche Haftung. Der Gesetzgeber hat sich bewusst für die Limitierung zivilrechtlicher Haftungsrisiken im Rahmen des LkSG entschlossen. Eine nach dem geltenden Recht bestehende Haftung und daraus resultierende zivilrechtliche Ansprüche bleiben unberührt. Die Verfolgung von Ansprüchen nach dem LkSG kann durch Gewerkschaften und Nichtregierungsorganisationen im Wege einer gewillkürten Prozessstandschaft erfolgen.

Was Sie aus diesem Kapitel mitnehmen
- zivilrechtliche Haftungsansprüche bei der Verletzung von Sorgfaltspflichten, die das LkSG vorgibt
- Voraussetzungen einer gewillkürten Prozessstandschaft, um etwaige Ansprüche als Gewerkschaft oder Nichtregierungsorganisation vor Gericht geltend machen zu können

8.1   Keine eigenständige zivilrechtliche Haftung (§ 3 Abs. 3 LkSG)

§ 3 Sorgfaltspflichten

(3) Eine Verletzung der Pflichten aus diesem Gesetz begründet keine zivilrechtliche Haftung. Eine unabhängig von diesem Gesetz begründete zivilrechtliche Haftung bleibt unberührt.

Die Regelung stellt ausdrücklich klar, dass – anders als ursprünglich vorgesehen – bei einer Verletzung der Sorgfaltspflichten seitens der Unternehmen keine zivilrechtliche Haftung begründet wird. Mit der Einführung des LkSG sollten keine weiteren zivilrechtlichen Haftungsrisiken gegenüber der bisherigen Rechtslage geschaffen werden. Eine Durchsetzung und Sanktionierung der Sorgfaltspflichten soll vorrangig im Wege des Verwaltungsverfahrens und mithilfe des Rechts der Ordnungswidrigkeiten erfolgen, sodass kein Bedarf für eine erweiterte zivilrechtliche Haftung gesehen wird.

Was ist nun die Konsequenz? Eine zivilrechtliche Haftung kann in den vorliegenden Konstellationen (Verletzung von Sorgfaltspflichten) nur über vertragliche oder deliktische Ansprüche begründet werden. Vor diesem Hintergrund wird in der Gesetzesbegründung explizit klargestellt, dass eine zivilrechtliche Haftung allerdings nicht über § 823 Abs. 2 BGB hergestellt werden kann. Insofern stellen die Sorgfaltspflichten des LkSG keine Schutzgesetze im Sinne des § 823 Abs. 2 BGB dar. Es ist jedoch anzumerken, dass gemäß § 3 Abs. 3 S. 2 LkSG nach dem geltenden Recht bereits bestehende Haftungsansprüche durch das LkSG nicht ausgeschlossen werden.

8.2   Besondere Prozessstandschaft (§ 11 LkSG)

§ 11 Besondere Prozessstandschaft

(1) Wer geltend macht, in einer überragend wichtigen geschützten Rechtsposition aus § 2 Absatz 1 verletzt zu sein, kann zur gerichtlichen Geltendmachung seiner Rechte einer inländischen Gewerkschaft oder Nichtregierungsorganisation die Ermächtigung zur Prozessführung erteilen.

(2) Eine Gewerkschaft oder Nichtregierungsorganisation kann nach Absatz 1 nur ermächtigt werden, wenn sie eine auf Dauer angelegte eigene Präsenz

unterhält und sich nach ihrer Satzung nicht gewerbsmäßig und nicht nur vorübergehend dafür einsetzt, die Menschenrechte oder entsprechende Rechte im nationalen Recht eines Staates zu realisieren.

In § 11 LkSG wird die Möglichkeit einer besonderen Prozessstandschaft für inländische Gewerkschaften und Nichtregierungsorganisationen geregelt. Nach der Gesetzesbegründung handelt es sich hierbei um einen besonderen Fall der gesetzlichen Prozessstandschaft, bei der lediglich die wirksame Ermächtigung des Betroffenen Voraussetzung ist. Allerdings ist diese Formulierung nicht exakt. Bei einer gesetzlichen Prozessstandschaft erfolgt die Geltendmachung fremder Rechte im eigenen Namen aufgrund einer gesetzlichen Ermächtigung. In § 11 LkSG erfolgt jedoch die Ermächtigung nicht per Gesetz, sondern es wird nur von der Möglichkeit einer Ermächtigung der inländischen Gewerkschaften und Nichtregierungsorganisationen gesprochen. Vor diesem Hintergrund erscheint es angebrachter, von einer gewillkürten Prozessstandschaft zu sprechen.

▶ Bei einer gewillkürten Prozessstandschaft ist eine vorherige Ermächtigung des Betroffenen notwendig. Eine Übertragung der Prozessführungsbefugnis kann grundsätzlich durch jede Person erfolgen, die durch die Verletzung von überragend wichtigen Rechtspositionen aus § 2 Abs. 1 LkSG (bspw. Leib und Leben) „betroffen" ist.

Die formalen Hürden wurden dabei im Hinblick auf den Kreis der geschützten Personen bewusst niedrig angesetzt. So kann die Ermächtigung zur Prozessführung formlos oder auch durch konkludentes Handeln erteilt werden. Eine schriftliche Vollmacht muss für die Übertragung der Prozessführungsbefugnis nicht vorgelegt werden.

Die geltenden Regeln des internationalen Privatrechts bleiben von der Möglichkeit der Prozessstandschaft unberührt. Somit stellt sich in jedem Einzelfall die Frage nach dem anwendbaren materiellen Recht. Bei Verletzungshandlungen im Ausland kommt dabei nach der bisherigen deutschen Rechtsprechung nur im Ausnahmefall deutsches Recht zur Anwendung.

Notwendigerweise muss für die Geltendmachung eines fremden Rechts in eigenem Namen ein Haftungsanspruch nach dem anwendbaren Recht bestehen. Es wurde bereits ausgeführt (Abschn. 8.1), dass eine deutsche Deliktshaftung nicht im Hinblick auf § 823 Abs. 2 BGB begründet werden kann, sodass eine Herleitung allenfalls über § 823 Abs. 1 BGB möglich ist. Ferner ist auch eine Haftung über das Institut des Vertrags zugunsten Dritter oder des Vertrags mit Schutzwirkung zugunsten Dritter denkbar.

Die Vorschrift des § 11 LkSG stellt im Falle der Verletzung einer Sorgfaltspflicht keine eigenständige Haftungsgrundlage dar. Vielmehr ist die Anspruchsgrundlage grundsätzlich § 823 Abs. 1 BGB.

Weiter setzt die Verfolgung eines Haftungsanspruchs im Wege der gewillkürten Prozessstandschaft voraus, dass der Betroffene geltend macht, in einer überragend wichtigen geschützten Rechtsposition verletzt zu sein. Die gewillkürte Prozessstandschaft wird dadurch eingeschränkt, dass nicht jede Verletzung irgendeiner geschützten Rechtsposition ein hinreichendes rechtliches Interesse darstellt. Die Verwendung des Begriffs „überragend" impliziert nach der Gesetzesbegründung keinen Bewertungsunterschied hinsichtlich einzelner Menschenrechte, die universell und unteilbar sind. Vielmehr soll dem Umstand Rechnung getragen werden, dass nur schwere Verletzungen der in § 2 Abs. 1 LkSG in Bezug genommenen Menschenrechte im Wege einer Prozessstandschaft geltend gemacht werden kann.

Durch das LkSG werden keine klaren Voraussetzungen normiert, ab welchem Zeitpunkt ein potenziell verletztes Recht als „überragend wichtig" gilt, mit der Folge, dass diesbezüglich Unklarheit herrscht. Zwar verweist die Gesetzesbegründung einerseits beispielhaft auf „Leib oder Leben" und andererseits auf den Regelungsgehalt, wonach der Begriff der „überragend wichtig geschützten Rechtsposition" keine Bewertungsunterschiede zwischen einzelnen Menschenrechten impliziert. Dennoch kann aus dieser Formulierung keine große Erkenntnis für den Normanwender gewonnen werden. Nach dem Wortlaut der Norm bezieht sich die Prozessstandschaft zudem nicht auf eine Verletzung von umweltbezogenen Pflichten.

Ein für die gewillkürte Prozessstandschaft erforderliches rechtliches Interesse wird bei Vorliegen dieser engen Voraussetzungen vermutet, jedoch ist eine Widerlegung dieser Vermutung durch das Unternehmen möglich.

Eine weitere Einschränkung erfährt die gewillkürte Prozessstandschaft durch § 11 Abs. 2 LkSG dahingehend, dass Gewerkschaften und Nichtregierungsorganisationen nur als Prozessstandschafter auftreten dürfen, wenn sie eine auf Dauer angelegte eigene Präsenz unterhalten und sich nicht gewerbsmäßig und auch nicht nur vorübergehend entsprechend ihrer Satzung dafür einsetzen, die Menschenrechte zu realisieren. Letztlich werden so aber nur ad hoc Gründungen rein gewerbsmäßigen Charakters ausgeschlossen.

Im Übrigen gelten die allgemeinen prozessualen Regelungen zur Prozessstandschaft. So muss der Prozessstandschafter gemäß § 50 ZPO parteifähig sein. Im Zivilprozess sind Arbeitnehmer- und Arbeitgebervereinigungen durch § 50 Abs. 2 ZPO als nicht rechtsfähige Vereine unbeschränkt parteifähig. Körperschaftlich organisierte Untergliederungen von Gewerkschaften sind nach allgemeinen Grundsätzen ebenfalls aktiv parteifähig. Eine Einzelfallbetrachtung bezüglich der Parteifähigkeit nach § 50 ZPO muss das Gericht von Amts wegen bei Nichtregierungsorganisationen anstellen, die aber oft als Vereine oder Stiftungen organisiert sind.

Weitere zivilprozessuale Regelungen werden durch das LkSG nicht getroffen. Insbesondere trifft das Gesetz keine eigenständigen Regelungen auf dem Gebiet des internationalen Privatrechts.

Behördliche Kontrolle und Durchsetzung

9

Zusammenfassung

Die Prüfung des vom Unternehmen einzureichenden Berichts erfolgt durch das Bundesamt für Wirtschaft und Ausfuhrkontrolle (BAFA) im Hinblick auf das „ob" und das „wie" bezüglich der Einhaltung der Sorgfaltspflichten. Dem BAFA werden weitreichende Ermittlungsrechte eingeräumt. Im Hinblick auf das Betreten von Grundstücken und Geschäftsräumen bestehen rechtsstaatliche Bedenken, zumal dieses Recht keinerlei Einschränkungen wie andere behördliche Eingriffs- bzw. Durchsuchungsrechte erfährt.

Was Sie aus diesem Kapitel mitnehmen
- Zuständigkeit und Verfahrensablauf bezüglich der Prüfung der Berichte
- Tatbestand und Rechtsfolgen des Antragsrechts und des behördlichen Tätigwerdens
- Kontrollmaßnahmen des Bundesamts für Wirtschaft und Ausfuhrkontrolle

Die nach dem Gesetz zuständige Behörde ist das Bundesamt für Wirtschaft und Ausfuhrkontrolle (BAFA).

Der behördlichen Kontrolle kommt eine zentrale Rolle dabei zu, die Maßgaben und Sorgfaltsanforderungen des LkSG möglichst effektiv durchzusetzen. Dabei

---

© Der/die Autor(en), exklusiv lizenziert durch Springer Fachmedien
Wiesbaden GmbH, ein Teil von Springer Nature 2022
R. Falder et al., *Lieferkettensorgfaltspflichtengesetz*,
https://doi.org/10.1007/978-3-658-36837-1_9

stehen weder Strafgesetze noch zivilrechtliche Vorschriften im Vordergrund, vielmehr sollen die Sorgfaltspflichten im Einklang mit dem Verwaltungsrecht und dem Recht der Ordnungswidrigkeiten durchgesetzt werden.

Nach der Gesetzesbegründung bestehen die behördlichen Kontroll- und Durchsetzungsmöglichkeiten in zwei Säulen von unterschiedlicher Prüfbreite und -tiefe. Sinn und Zweck dieser Aufteilung ist eine ausgeglichene Kontrolle, welche einerseits auf eine möglichst breite, andererseits auf eine gezielt eingriffsintensive Überprüfung angelegt ist.

Im Mittelpunkt der ersten Säule steht die Prüfung der Berichtspflicht (§§ 12 und 13 LkSG), welche eine breit angelegte, zugleich aber auch eine formalisierte und eingriffsarme Kontrolle der Unternehmen ermöglicht und bezweckt.

9.1   Prüfung des Berichts

§ 12 Einreichung des Berichts

(1) Der Bericht nach § 10 Absatz 2 Satz 1 ist in deutscher Sprache und elektronisch über einen von der zuständigen Behörde bereitgestellten Zugang einzureichen.

(2) Der Bericht ist spätestens vier Monate nach dem Schluss des Geschäftsjahres, auf das er sich bezieht, einzureichen.

Die Regelung sieht die Einreichung des Berichts auf elektronischem Wege vor. Konkret handelt es sich um einen Anforderungskatalog bezüglich des Verfahrens und der Eingabemasken, der seitens der zuständigen Behörde umzusetzen ist. Ziel ist die Minimierung von Aufwand für Unternehmen beim Ausfüllen der Eingabemasken, insbesondere wenn diese keine Risiken festgestellt haben und insofern nur eine kurze Erklärung abzugeben haben.

§ 13 Behördliche Berichtsprüfung; Verordnungsermächtigung

(1) Die zuständige Behörde prüft, ob
   1. der Bericht nach § 10 Absatz 2 Satz 1 vorliegt und
   2. die Anforderungen nach § 10 Absatz 2 und 3 eingehalten wurden.

(2) Werden die Anforderungen nach § 10 Absatz 2 und 3 nicht erfüllt, kann die zuständige Behörde verlangen, dass das Unternehmen den Bericht innerhalb einer angemessenen Frist nachbessert.

(3) Das Bundesministerium für Arbeit und Soziales wird ermächtigt, durch Rechtsverordnung im Einvernehmen mit dem Bundesministerium für Wirtschaft und Energie ohne Zustimmung des Bundesrates folgende Verfahren näher zu regeln:

1. das Verfahren der Einreichung des Berichts nach § 12 sowie
2. das Verfahren der behördlichen Berichtsprüfung nach den Absätzen 1 und 2.

Aus den §§ 12 f. LkSG ergibt sich der Ausgangspunkt der Kontrolle – die Prüfung des jährlich einzureichenden Unternehmensberichts. Gemäß § 13 Abs. 1 Nr. 1 LkSG prüft das BAFA das „ob" bezüglich des Berichts sowie gemäß § 13 Abs. 1 Nr. 2 LkSG das „wie", d. h. die Einhaltung der Anforderungen des § 10 Abs. 2 LkSG. Der Bericht seitens des Unternehmens muss nachvollziehbare Ausführungen zur Identifikation von menschenrechtlichen oder umweltbezogenen Risiken oder Verletzungen einer menschenrechtsbezogenen oder umweltbezogenen Pflicht enthalten (§ 10 Abs. 2 Nr. 1 LkSG). Ferner hat das Unternehmen in dem Bericht darzulegen, welche Maßnahmen es nach §§ 4 bis 9 LkSG zur Erfüllung der Sorgfaltspflichten unternommen hat (§ 10 Abs. 2 Nr. 2 LkSG). Schließlich ist in dem Bericht aufzuführen, wie das Unternehmen die Auswirkungen und Wirksamkeit dieser Maßnahmen bewertet (§ 10 Abs. 2 Nr. 3 LkSG) und welche Schlussfolgerungen es aus der Bewertung für zukünftige Maßnahmen zieht (§ 10 Abs. 2 Nr. 4 LkSG). Sofern das Unternehmen keine entsprechenden Verletzungen und Risiken feststellt, besteht nur die Verpflichtung, die Nichtidentifikation von Risiken plausibel darzulegen (§ 10 Abs. 3 LkSG).

Das BAFA ist gemäß § 13 Abs. 2 LkSG berechtigt, eine Nachbesserung des Berichts innerhalb einer angemessenen Frist zu verlangen, sofern das Unternehmen bei der Erstellung des Berichts die formalen Anforderungen nach § 10 Abs. 2 und 3 LkSG nicht eingehalten hat.

Nach § 13 Abs. 3 LkSG besteht die Möglichkeit, das Verfahren über die Einreichung des Berichts nach § 12 LkSG und das Verfahren über die behördliche Berichtsprüfung nach § 13 Abs. 1 und Abs. 2 LkSG durch Rechtsverordnung näher zu regeln. Die Verordnungsermächtigung wird dem Bundesministerium für Arbeit und Soziales per Gesetz erteilt. Dieses muss im Einvernehmen mit dem Bundesministerium für Wirtschaft und Energie zusammenwirken, bedarf jedoch nicht der Zustimmung des Bundesrates. Ziel ist es, ein standardisiertes, aufwandarmes, benutzerfreundliches und effizientes Berichtssystem einzurichten.

Die Berichtspflicht besteht nach dem Ende des Geschäftsjahres des Unternehmens.

9.2   Risikobasierte Kontrolle

9.2.1   Allgemeines

§ 14 Behördliches Tätigwerden; Verordnungsermächtigung

(1) Die zuständige Behörde wird tätig:

    1. von Amts wegen nach pflichtgemäßen Ermessen,

        a) um die Einhaltung der Pflichten nach den §§ 3 bis 10 Absatz 1 im Hinblick auf mögliche menschenrechtlichen und umweltbezogene Risiken sowie Verletzungen einer menschenrechtsbezogenen oder eine umweltbezogenen Pflicht zu kontrollieren und

        b) Verstöße gegen Pflichten nach Buchstabe a festzustellen, zu beseitigen und zu verhindern;

    2. auf Antrag, wenn die antragstellende Person substanziiert geltend macht,

        a) infolge der Nichterfüllung einer in den §§ 3 bis 9 enthaltenen Pflicht in einer geschützten Rechtsposition verletzt zu sein oder

        b) dass eine in Buchstabe a genannte Verletzung unmittelbar bevorsteht.

(2) Das Bundesministerium für Arbeit und Soziales wird ermächtigt, durch Rechtsverordnung im Einvernehmen mit dem Bundesministerium für Wirtschaft und Energie ohne Zustimmung des Bundesrates das Verfahren der risikobasierten Kontrolle nach Absatz 1 und den §§ 15 bis 17 näher zu regeln.

Die in § 14 Abs. 1 LkSG normierte Vorschrift über das behördliche Tätigwerden dient neben dem Schutz des Allgemeininteresses sowie dem Schutz der Interessen und Rechte des Einzelnen.

Das BAFA kann von Amts wegen tätig werden (§ 14 Abs. 1 Nr. 1 LkSG). Die Aufnahme einer Untersuchung steht dabei im pflichtgemäßen Ermessen der Behörde. Im Rahmen dieses Ermessens kann die Behörde präventiv tätig werden und insofern vorbeugende Kontrollen vornehmen.

Ferner ist es möglich, auf konkrete Anhaltspunkte für mögliche Verstöße zu reagieren (repressiv). Insgesamt verfolgt das BAFA präventive aufsichtsrecht-

liche Zwecke zum Schutz der § 2 Abs. 1 und Abs. 3 LkSG in Bezug genommenen Gemeinwohlbelange und Rechtspositionen und nicht lediglich die Vorbereitung von Bußgeldverfahren.

9.2.2 Antragsrecht (§ 14 Abs. 1 Nr. 2 LkSG)

Sobald jedoch ein Antrag an das BAFA gestellt wird, in dem die antragstellende
Person substanziiert geltend macht, durch die Nichterfüllung einer Sorgfaltspflicht
in einer geschützten Rechtsposition verletzt zu sein oder dass eine solche Verletzung bevorsteht, steht das Tätigwerden nicht mehr im Ermessen der Behörde, sodass diese tätig werden muss. Die Wahl der zu ergreifenden Mittel steht jedoch
weiterhin in ihrem Ermessen.

Generell sind die Anforderungen an eine hinreichende Antragsbefugnis nicht
besonders hoch und können bereits bejaht werden, wenn zumindest möglich ist
oder nicht von vornherein ausgeschlossen werden kann, dass die Verletzung einer
Rechtsposition infolge einer Sorgfaltspflichtverletzung hervorgerufen wurde oder
unmittelbar bevorsteht. Im Hinblick auf die etablierten Maßstäbe des deutschen
Prozessrechts wird für die Möglichkeit der Verletzung einer Rechtsposition ein
gewisses Mindestmaß der „Substantiierung" zu fordern sein. Dabei darf unter dem
Gesichtspunkt des effektiven Rechtsschutzes nicht vernachlässigt werden, dass
sich die Betroffenen gerade am Ende der Lieferkette oft in Beweisnot befinden
können. Solchen Beschwerdeführern wird es ohne auch verfahrensrechtliche Hilfestellung nur schwer oder gar nicht möglich sein, eine Sorgfaltspflichtverletzung
anhand unternehmensinterner Dokumente und Vorgänge, zu denen sie keinen Zugang haben, darzulegen.

Vor diesem Hintergrund muss es ausreichen, dass ein gewisser Zusammenhang
zwischen der wirtschaftlichen Tätigkeit des Unternehmens und der geltend ge-
machten Rechtsverletzung besteht oder zumindest möglich erscheint. Im Umkehrschluss ist es für ein Antragsrecht nicht ausreichend, wenn die Betroffenheit mit
einem Bezugspunkt zum Unternehmen oder Lieferkette nur auf Zufall basiert. Ferner muss berücksichtigt werden, dass die Darlegung der Sorgfaltspflichtverletzung
als solche nicht Voraussetzung für ein Antragsrecht sein kann. Hier würden dem
Betroffenen seine Rechte abgeschnitten werden. Sinn und Zweck des Antragsrechts
ist gerade, das Vorliegen einer Sorgfaltspflichtverletzung durch die Behörde im
Wege der Amtsermittlung prüfen zu lassen.

Übersicht

Eine Antragsbefugnis ist regelmäßig gegeben, wenn nicht ausgeschlossen werden kann, dass die betroffene Person als Beschäftigte(r) des zu überprüfenden Unternehmens oder dessen (un-)mittelbaren Zulieferers in ihren Rechten verletzt wurde oder eine solche Verletzung bevorsteht

Im Sinne eines effektiven Rechtsschutzes ist das Antragsrecht auch auf Personen zu erstrecken, deren Tätigkeit nicht vom Gesetz gedeckt ist (bspw. Schwarzarbeiter, Arbeitsverbote und Scheinselbstständige).

Zudem fallen auf eigene Rechnung tätige Personen in den Schutzbereich (bspw. Kleinbauern, Soloselbstständige und im Familienverband tätige Personen).

Schließlich gilt das Antragsrecht auch für Personen, die nicht im Unternehmen angestellt sind, jedoch in sonstiger Weise von der wirtschaftlichen Tätigkeit des zu überprüfenden Unternehmens oder eines seiner unmittelbaren oder mittelbaren Zulieferer betroffen sind, bspw. Anwohner, die im Hinblick auf Umweltverschmutzungen des Unternehmens in ihrer Rechtsposition verletzt werden.

Erfasst werden auch juristische Personen, Personenvereinigungen oder Gremien, sofern sie vom persönlichen Schutzzweck der Menschenrechte gemäß § 2 Abs. 1 LkSG erfasst sind, bspw. Gewerkschaften.

9.3   Kontrollmaßnahmen (§ 15 LkSG)

9.3.1   Generalklausel zum Erlass von Anordnungen und Maßnahmen (§ 15 LkSG)

Die wesentlichen Ermächtigungsgrundlagen für entsprechende Maßnahmen des Bundesamts für Wirtschaft und Ausfuhrkontrolle sind in §§ 15 ff. LkSG normiert.

§ 15 Anordnungen und Maßnahmen

Die zuständige Behörde trifft die geeigneten und erforderlichen Anordnungen und Maßnahmen, um Verstöße gegen die Pflichten nach den §§ 3 bis 10 Absatz 1 festzustellen, zu beseitigen und zu verhindern. Sie kann insbesondere

1. Personen laden,
2. dem Unternehmen aufgeben, innerhalb von drei Monaten ab Bekanntgabe der Anordnung einen Plan zur Behebung der Missstände einschließlich klarer Zeitangaben zu dessen Umsetzung vorzulegen und
3. dem Unternehmen konkrete Handlungen zur Erfüllung seiner Pflichten aufgeben.

Die Vorschrift des § 15 LkSG stellt eine ordnungsrechtliche Generalklausel für den Erlass von Anordnungen zur Beseitigung oder Verhinderung von Pflichtverstößen dar. Die Anordnungen und Maßnahmen müssen sich an der Geeignetheit und Erforderlichkeit messen lassen. Satz 2 konkretisiert die Maßnahmen zur risikobasierten Kontrolle, enthält jedoch keinen abschließenden Katalog. In diesem Rahmen bestehen die Möglichkeiten der Behörde in der Ladung von Personen (Nr. 1), in der Aufforderung, einen Plan zur Behebung der Missstände mit entsprechenden Anforderungen vorzulegen (Nr. 2) und in der Anordnung konkreter Handlungen zur Erfüllung der Pflichten des Unternehmens (Nr. 3).

9.3.2 Betretensrechte (§ 16 LkSG)

§ 16 Betretensrechte

Soweit dies zur Wahrnehmung der Aufgaben nach § 14 erforderlich ist, sind die zuständige Behörde und ihre Beauftragten befugt,

1. Betriebsgrundstücke, Geschäftsräume und Wirtschaftsgebäude der Unternehmen während der üblichen Geschäfts- oder Betriebszeiten zu betreten und zu besichtigen sowie
2. bei Unternehmen während der üblichen Geschäfts- oder Betriebszeiten geschäftliche Unterlagen und Aufzeichnungen, aus denen sich ableiten lässt, ob die Sorgfaltspflichten nach den §§ 3 bis 10 Absatz 1 eingehalten wurden, einzusehen und zu prüfen.

Eine zentrale Befugnis für das BAFA besteht darin, Grundstücke und Gebäude betreten zu können.

Nach § 16 Nr. 1 LkSG kann das BAFA Betriebsgrundstücke, Geschäftsräume und Wirtschaftsgebäude der Unternehmen während der üblichen Geschäfts- oder

Betriebszeiten betreten und besichtigen. Diese Befugnis ist jedoch im Hinblick auf die Wahrnehmung der in § 15 LkSG enthaltenen Aufgaben (Feststellung, Beseitigung und Verhinderung von Verstößen gegen Pflichten nach den §§ 3 bis 10 Abs. 1 LkSG) an der Erforderlichkeit zu messen.

Darüber hinaus erstreckt sich die Befugnis auf die Einsicht von geschäftlichen Unterlagen und Aufzeichnungen, aus denen sich ableiten lässt, ob das betroffene Unternehmen die Pflichten nach den §§ 3 bis 10 Abs. 1 LkSG eingehalten hat (vgl. § 16 Nr. 2 LkSG).

Letztere Befugnis kann durchaus einen (schweren) Eingriff in die Persönlichkeitsrechte darstellen. Zwar können die Dokumente nach dem Wortlaut des § 16 Nr. 2 LkSG nicht beschlagnahmt werden, dennoch können die entsprechenden Dokumente eingesehen und geprüft werden.

Übersicht

Ein staatlicher Eingriff in Daten bzw. Dokumente und Unternehmensinformationen unterliegt im Rechtsstaat grundsätzlich strengen Anforderungen:

- Erforderlich ist eine möglichst spezifische gesetzliche **Ermächtigungsgrundlage** (oftmals im entsprechenden Gesetz normiert oder über StPO/Polizeigesetze möglich).
- Diese muss den **konkreten Anlass** der zu vollziehenden Maßnahme bestimmen (bspw. im Polizeirecht die konkrete, dringende, unmittelbare oder gegenwärtige Gefahr). Maßnahmen ohne konkreten Anlass (etwa im Vorfeld einer Gefahr oder bei Verdacht) sind grundsätzlich nicht zulässig und die Ausnahmen unterliegen strengen Anforderungen.
- Überdies muss der **konkrete Zweck der Maßnahme** festgelegt werden (bspw. Schutz hinreichend gewichtiger Rechtsgüter).
- Die **Dauer** der Maßnahme muss festgelegt werden und die **zuständigen Stellen**, die für die Anordnung/Vollziehung der Maßnahme zuständig sind, müssen konkret bezeichnet werden.
- In der StPO bedürfen spezielle Maßnahmen einer **richterlichen Anordnung**.

Übersicht

Behördliche Betretungsrechte unterliegen noch strengeren Voraussetzungen:

- Es bedarf eines **sachlichen Grundes** für eine Betretungsbefugnis (bspw. die Errichtung einer baulichen Anlage im Bauordnungsrecht oder die

Überprüfung der Zuverlässigkeit eines Gewerbetreibenden im Gewerberecht).

- Zudem muss ein **konkreter Zweck** für die Betretung vorliegen (bspw. die Ergreifung einer Verdachtsperson oder die Vermutung der Auffindbarkeit von Beweismitteln (§ 102 StPO), das Vorliegen von Tatsachen (§ 103 I 1 StPO) oder die Verhütung dringender Gefahren (§ 101 Abs. 1 Nr. 5 WHG)).
- Die Betretungsbefugnis ist grundsätzlich auf **Geschäftszeiten** beschränkt (z. B. § 29 GewO) oder zumindest sind Nachtzeiten grundsätzlich ausgeschlossen (z. B. § 104 StPO).
- Die Betretungsbefugnis ist in der Regel auf Geschäftsräume beschränkt (z. B. § 10 EnVKG; § 183 Abs. 2 SGB III).
- Für Einschränkungen des Grundrechts der Unverletzlichkeit der Wohnung gilt das **Zitiergebot**. Sonach muss im Gesetz die Einschränkung des Art. 13 GG ausdrücklich festgestellt werden (z. B. § 29 Abs. 2 GewO, § 101 Abs. 1 S. 2 WHG, § 17 Abs. 5 S. 3 ArbZG).
- Durchsuchungen müssen in der Regel durch den **Richter**, bei Gefahr im Verzug auch durch die **Staatsanwaltschaft** und ihre Ermittlungspersonen angeordnet werden (**Richtervorbehalt**, § 105 Abs. 1 StPO).
- Die Durchsuchung muss in der Regel **im Beisein** eines Richters, Staatsanwalts oder sonstigen Zeugen erfolgen (z. B. § 105 Abs. 2 StPO).

Die Durchsuchung von Geschäftsräumen ist grundsätzlich von der Strafprozessordnung (StPO) in § 102 StPO abgedeckt und an strenge Voraussetzungen gekoppelt. Die Betretung von Geschäftsräumen bedarf der Anordnung eines Richters bzw. in besonderen Fällen einer Anordnung durch die Staatsanwaltschaft (vgl. § 105 StPO). Auch gibt es besondere Bestimmungen bezüglich der Uhrzeit der Durchsuchung (§ 104 StPO) und des Verfahrens (§ 105 StPO).

Solch strenge Vorschriften, die das Durchsuchungs- bzw. Betretensrecht der staatlichen Gewalt einschränken, fehlen im LkSG. Wenn auch das LkSG keine Befugnis zur Beschlagnahme von Dokumenten normiert, erscheint es im Hinblick auf das Betretensrecht äußerst bedenklich, dass keine spezifischen Ausführungen im LkSG zu Anordnung und Vollziehung des Betretensrechts erfolgen. Außerdem ist der Begriff des „Prüfens" im Hinblick auf eine entsprechende Rechtsklarheit zu beanstanden. Letztlich kann darunter auch verstanden werden, dass die Dokumente zur Prüfung in die Räume des Bundesamts für Wirtschaft und Ausfuhrkontrolle mitgenommen werden können.

Generell lässt sich feststellen, dass eine vergleichbar weitreichende Generalklausel sich nur noch in der Datenschutzgrundverordnung finden lässt (vgl. Art. 58
Abs. 1 Ziffer a) und e)).

Hintergrundinformationen

Für Datenschutzaufsichtsbehörden gelten grundsätzlich nur wenige Beschränkungen, da die
Datenschutzgrundverordnung (DSGVO) diesbezüglich liberal gefasst ist. Diese haben die
Befugnis, „Zugang zu den Geschäftsräumen, einschließlich aller Datenverarbeitungsanlagen
und -geräte, des Verantwortlichen und des Auftragsverarbeiters zu erhalten" (Art. 58 Abs. 1
lit. f) DSGVO). Nach der herrschenden Literaturansicht dürfen aufgrund dieser Norm auch
Wohnungen betreten werden, sogar unangekündigte Prüfungen seien möglich. Anhaltspunkte für einen Verstoß gegen die DSGVO müssten nicht gegeben sein und es gibt keine
Beschränkungen auf die üblichen Geschäftszeiten. Einschränkungen ergeben sich aufgrund
von § 29 Abs. 3 BDSG lediglich für Gruppen von Berufsgeheimnisträgern.

Die Eingriffsbefugnisse des BAFA sind neben denen von Datenschutzbehörden
beispiellos, da diese gesetzlich nicht – wie bei anderen Ordnungsbehörden üblich –
eingeschränkt, konkretisiert und spezifiziert werden. Die Rechts- und Fachaufsicht
wird durch das Bundesministerium für Wirtschaft und Energie im Einvernehmen
mit dem Bundesministerium für Arbeit und Soziales ausgeübt.

9.3.3   Auskunfts- und Herausgabepflichten (§ 17 LkSG)

§ 17 Auskunfts- und Herausgabepflichten

(1)   Unternehmen und nach § 15 Satz 2 Nummer 1 geladene Personen sind
      verpflichtet, der zuständigen Behörde auf Verlangen die Auskünfte zu
      erteilen und die Unterlagen herauszugeben, die die Behörde zur
      Durchführung der ihr durch dieses Gesetz oder aufgrund dieses Gesetzes
      übertragenen Aufgaben benötigt. Die Verpflichtung erstreckt sich auch auf
      Auskünfte über verbundene Unternehmen (§ 15 des Aktiengesetzes),
      unmittelbare und mittelbare Zulieferer und die Herausgabe von Unterlagen
      dieser Unternehmen, soweit das auskunfts- oder herausgabepflichtige
      Unternehmen oder die auskunfts- oder herausgabepflichtige Person die
      Informationen zur Verfügung hat oder aufgrund bestehender vertraglicher
      Beziehungen zur Beschaffung der verlangten Informationen in der Lage ist.

(2)   Die zu erteilenden Auskünfte und herauszugebenden Unterlagen nach
      Absatz 1 umfassen insbesondere

1. die Angaben und Nachweise zur Feststellung, ob ein Unternehmen in den Anwendungsbereich dieses Gesetzes fällt,

2. die Angaben und Nachweise über die Erfüllung der Pflichten nach den §§ 3 bis 10 Absatz 1 und

3. die Namen der zur Überwachung der internen Prozesse des Unternehmens zur Erfüllung der Pflichten nach den §§ 3 bis 10 Absatz 1 zuständigen Personen.

(3) Wer zur Auskunft nach Absatz 1 verpflichtet ist, kann die Auskunft auf solche Fragen verweigern, deren Beantwortung ihn selbst oder einen der in § 52 Absatz 1 der Strafprozessordnung bezeichneten Angehörigen der Gefahr strafgerichtlicher Verfolgung oder eines Verfahrens nach dem Gesetz über Ordnungswidrigkeiten aussetzen würde. Die auskunftspflichtige Person ist über ihr Recht zur Verweigerung der Auskunft zu belehren. Sonstige gesetzliche Auskunfts- oder Aussageverweigerungsrechte sowie gesetzliche Verschwiegenheitspflichten bleiben unberührt.

Unternehmen und nach § 15 S. 2 Nr. 1 LkSG geladene Personen müssen auf Verlangen des Bundesamts für Wirtschaft und Ausfuhrkontrolle Auskünfte erteilen und ggfls. Unterlagen herausgeben, die das Bundesamt zur Wahrnehmung der Aufgaben des LkSG benötigt. Dabei ist die Pflicht zur Auskunftserteilung und Herausgabe in sachlicher Hinsicht nicht auf ein Unternehmen beschränkt. So sind ebenfalls Informationen zu Tochterunternehmen und Zulieferern in der Lieferkette erfasst. Grundsätzlich besteht für das Unternehmen jedoch keine Beschaffungspflicht bezüglich der Informationen. Diese müssen nur diejenigen Informationen herausgeben, die sie zur Verfügung haben oder zu deren Beschaffung sie aufgrund rechtlicher Verbindungen, d. h. Lieferverträge in der Lage sind.

Konkret besteht für die betroffenen Unternehmen eine dahingehende Auskunftspflicht, dass diese Auskünfte erteilen und Unterlagen herausgeben müssen, die es dem BAFA ermöglichen, festzustellen, ob der Anwendungsbereich des LkSG überhaupt eröffnet ist (§ 17 Abs. 2 Nr. 1 LkSG), also z. B. zur Zahl der beschäftigten Arbeitnehmer. Auch müssen bezüglich der Erfüllung der Pflichten auf Verlangen Angaben und Nachweise seitens des Unternehmens vorgebracht werden (§ 17 Abs. 2 Nr. 2 LkSG). Die Auskunftspflicht erstreckt sich ferner konkret auf Personennamen, die für die Überwachung der internen Prozesse zur Erfüllung der Sorgfaltspflichten zuständig sind (§ 17 Abs. 2 Nr. 3 LkSG – Menschenrechtsbeauftragte).

Im Rahmen der repressiven Tätigkeit stehen dem Bundesamt als Ordnungswidrigkeitsbehörde auch das Instrumentarium der Ermittlungsmaßnahmen nach der StPO zu, bspw. die Anordnung von Durchsuchungsmaßnahmen und die Beschlagnahme von Beweismitteln. Insofern bestehen für die Auskunfts- und Herausgabepflichten die rechtsstaatlichen Beschränkungen der StPO (siehe Abschn. 9.3.2).

9.3.4 Duldungs- und Mitwirkungspflichten (§ 18 LkSG)

> **§ 18 Duldungs- und Mitwirkungspflichten**
> Die Unternehmen haben die Maßnahmen der zuständigen Behörde und ihrer Beauftragten zu dulden und bei der Durchführung der Maßnahmen mitzuwirken. Satz 1 gilt auch für die Inhaber der Unternehmen und ihre Vertretung, bei juristischen Personen für die nach Gesetz oder Satzung zur Vertretung berufenen Personen.

Die Vorschrift normiert explizit die Duldungs- und Mitwirkungspflichten sämtlicher in den Anwendungsbereich des LkSG fallender Unternehmen im Verhältnis zum BAFA. § 18 S. 2 LkSG dient in erster Linie der Bußgeldbewehrung bei Nichtbefolgung behördlicher Anordnungen durch natürliche Personen, die für ein Unternehmen handeln.

Sanktionen

10

Zusammenfassung

Das LkSG kennt neben Zwangs- und Bußgeldern auch vergaberechtliche Sanktionen. Konkret ist neben den Verwaltungsstrafen und Bußgeldern mit dem Ausschluss am öffentlichen Bieterverfahren eine bewährte und dem deutschen Recht nicht unbekannte Sanktion im LkSG normiert.

Was Sie aus diesem Kapitel mitnehmen

- Höhe von Zwangsgeldern bei Verletzung und fehlender Umsetzung der Maßnahmen
- Höhe von Bußgeldern bei Verstößen gegen die Sorgfaltspflichten, welche als Ordnungswidrigkeiten bezeichnet sind
- Ausschluss von öffentlichen Vergabeverfahren bei schwerwiegenden Verstößen

Innerhalb des Sanktionsregimes des LkSG gibt es verschiedene Möglichkeiten, Verstöße gegen Sorgfaltspflichten zu sanktionieren. Insgesamt kann von einer Rechtsfolgentrias gesprochen werden, die mitunter davon geprägt ist, diverse Sanktionen miteinander zu verknüpfen. In den Sanktionsfolgen kann zwischen der Verhängung eines Zwangsgeldes im Verwaltungsverfahren und Bußgeldern gemäß dem Recht der Ordnungswidrigkeiten sowie dem Ausschluss an der Teilnahme an öffentlichen Vergabeverfahren unterschieden werden.

© Der/die Autor(en), exklusiv lizenziert durch Springer Fachmedien   129
Wiesbaden GmbH, ein Teil von Springer Nature 2022
R. Falder et al., *Lieferkettensorgfaltspflichtengesetz*,
https://doi.org/10.1007/978-3-658-36837-1_10

10.1   Zwangsgeld (§ 23 LkSG)

§ 23 Zwangsgeld

Die Höhe des Zwangsgeldes im Verwaltungszwangsverfahren der nach § 19 Absatz 1 Satz 1 zuständigen Behörde beträgt abweichend von § 11 Absatz 3 des Verwaltungsvollstreckungsgesetzes bis zu 50.000 Euro.

Grundsätzlich richtet sich das Zwangsgeld nach den Vorschriften des Verwaltungs-Vollstreckungsgesetzes (VwVG). Die Verhängung eines Zwangsgeldes ist stets dann möglich, sofern eine Handlung, Duldung oder Unterlassung nicht durch eine dritte Person, sondern nur vom verpflichteten Unternehmen vorgenommen werden kann und die Vornahme der Handlung, Duldung oder Unterlassung lediglich vom Willen des verpflichteten Unternehmens abhängt (vgl. § 11 Abs. 1 VwVG). Gemäß § 11 Abs. 3 VwVG beträgt die Höhe des Zwangsgelds bis zu 25.000 Euro. Im Vergleich hierzu verdoppelt das LkSG die Höhe des maximalen Zwangsgelds, sodass dieses bei einem Sorgfaltspflichtenverstoß bis zu 50.000 Euro betragen kann.

Die zur Verhängung des Zwangsgeldes zuständige Behörde wird in § 19 Abs. 1 S. 1 LkSG geregelt. Danach ist für die Durchsetzung der Sanktionen das BAFA zuständig.

10.2   Bußgeld (§ 24 LkSG)

§ 24 Bußgeldvorschriften

(1)   Ordnungswidrig handelt, wer vorsätzlich oder fahrlässig

1. entgegen § 4 Absatz 3 Satz 1 nicht dafür sorgt, dass eine dort genannte Festlegung getroffen ist,

2. entgegen § 5 Absatz 1 Satz 1 oder § 9 Absatz 3 Nummer 1 eine Risikoanalyse nicht, nicht richtig, nicht vollständig oder nicht rechtzeitig durchführt,

3. entgegen § 6 Absatz 1 eine Präventionsmaßnahme nicht oder nicht rechtzeitig ergreift,

4. entgegen § 6 Absatz 5 Satz 1, § 7 Absatz 4 Satz 1 oder § 8 Absatz 5 Satz 1 eine Überprüfung nicht oder nicht rechtzeitig vornimmt,

5. entgegen § 6 Absatz 5 Satz 3, § 7 Absatz 4 Satz 3 oder § 8 Absatz 5 Satz 2 eine Maßnahme nicht oder nicht rechtzeitig aktualisiert,

6. entgegen § 7 Absatz 1 Satz 1 eine Abhilfemaßnahme nicht oder nicht rechtzeitig ergreift,

7. entgegen

a) § 7 Absatz 2 Satz 1 oder

b) § 9 Absatz 3 Nummer 3

ein Konzept nicht oder nicht rechtzeitig erstellt oder nicht oder nicht rechtzeitig umsetzt,

8. entgegen § 8 Absatz 1 Satz 1, auch in Verbindung mit § 9 Absatz 1, nicht dafür sorgt, dass ein Beschwerdeverfahren eingerichtet ist,

9. entgegen § 10 Absatz 1 Satz 2 eine Dokumentation nicht oder nicht mindestens sieben Jahre aufbewahrt,

10. entgegen § 10 Absatz 2 Satz 1 einen Bericht nicht richtig erstellt,

11. entgegen § 10 Absatz 2 Satz 1 einen dort genannten Bericht nicht oder nicht rechtzeitig öffentlich zugänglich macht,

12. entgegen § 12 einen Bericht nicht oder nicht rechtzeitig einreicht oder

13. einer vollziehbaren Anordnung nach § 13 Absatz 2 oder § 15 Satz 2 Nummer 2 zuwiderhandelt.

(2) Die Ordnungswidrigkeit kann geahndet werden

1. in den Fällen des Absatzes 1 a) Nummer 3, 7 Buchstabe b und Nummer 8 b) Nummer 6 und 7 Buchstabe a mit einer Geldstrafe bis zu achthunderttausend Euro,

2. in den Fällen des Absatzes 1 Nummer 1, 2, 4, 5 und 13 mit einer Geldstrafe bis zu fünfhunderttausend Euro und

3. in den übrigen Fällen des Absatzes 1 mit einer Geldbuße bis zu hunderttausend Euro.

In den Fällen des Satzes 1 Nummer 1 und 2 ist § 30 Absatz 2 Satz 3 des Gesetzes über Ordnungswidrigkeiten anzuwenden.

(3) Bei einer juristischen Person oder Personenvereinigung mit einem durchschnittlichen Jahresumsatz von mehr als 400 Millionen Euro kann abweichend von Absatz 2 Satz 2 in Verbindung mit Satz 1 Nummer 1 Buchstabe b eine Ordnungswidrigkeit nach Absatz 1 Nummer 6 oder 7 Buchstabe a mit einer Geldbuße bis zu 2 Prozent des durchschnittlichen Jahresumsatzes geahndet werden. Bei der Ermittlung des durchschnittlichen Jahresumsatzes der juristischen Person oder Personenvereinigung ist der weltweite Umsatz aller natürlichen und juristischen Personen sowie aller Personenvereinigungen der letzten drei Geschäftsjahre, die der Behördenentscheidung vorausgehen, zugrunde zu

legen, soweit diese Personen und Personenvereinigungen als wirtschaftliche Einheit operieren. Der durchschnittliche Jahresumsatz kann geschätzt werden.

(4) Grundlage für die Bemessung der Geldbuße bei juristischen Personen und Personenvereinigungen ist die Bedeutung der Ordnungswidrigkeit. Bei der Bemessung sind die wirtschaftlichen Verhältnisse der juristischen Person oder Personenvereinigung zu berücksichtigen. Bei der Bemessung sind die Umstände, insoweit sie für und gegen die juristische Person oder Personenvereinigung sprechen, gegeneinander abzuwägen. Dabei kommen insbesondere in Betracht:

1. der Vorwurf, der den Täter der Ordnungswidrigkeit trifft,

2. die Beweggründe und Ziele des Täters der Ordnungswidrigkeit,

3. Gewicht, Ausmaß und Dauer der Ordnungswidrigkeit,

4. Art der Ausführung der Ordnungswidrigkeit, insbesondere die Anzahl der Täter und deren Position in der juristischen Person oder Personenvereinigung,

5. die Auswirkungen der Ordnungswidrigkeit,

6. vorausgegangene Ordnungswidrigkeiten, für die die juristische Person oder Personenvereinigung nach § 30 des Gesetzes über Ordnungswidrigkeiten, auch in Verbindung mit § 130 des Gesetzes über Ordnungswidrigkeiten, verantwortlich ist, sowie vor der Ordnungswidrigkeit getroffene Vorkehrungen zur Vermeidung und Aufdeckung von Ordnungswidrigkeiten,

7. das Bemühen der juristischen Person oder Personenvereinigung, die Ordnungswidrigkeit aufzudecken und den Schaden wiedergutzumachen, sowie nach der Ordnungswidrigkeit getroffene Vorkehrungen zur Vermeidung und Aufdeckung von Ordnungswidrigkeiten,

8. die Folgen der Ordnungswidrigkeit, die die juristische Person oder Personenvereinigung getroffen haben.

(5) Verwaltungsbehörde im Sinne des § 36 Absatz 1 Nummer 1 des Gesetzes über Ordnungswidrigkeiten ist das Bundesamt für Wirtschaft und Ausfuhrkontrolle. Für die Rechts- und Fachaufsicht über das Bundesamt gilt § 19 Absatz 1 Satz 2 und 3.

Die ausführlich gestaltete Norm des § 24 LkSG führt eine ganze Reihe an neuen Tatbeständen für Ordnungswidrigkeiten ein. Wie bei sämtlichen Ordnungswidrigkeiten im deutschen Recht, reicht bereits eine fahrlässige Begehung für einen bußgeldbewehrten Verstoß aus. Zuständig für die Einhaltung des Gesetzes und die Verhängung eines Bußgeldes ist das BAFA.

Bei einem vorsätzlichen oder fahrlässigen Verstoß gegen die genannten Sorgfaltspflichten kann ein Bußgeld bis zu 800.000 Euro verhängt werden. Bei größeren Unternehmen kann sogar eine Geldbuße von bis zu zwei Prozent des durchschnittlichen Jahresumsatzes festgesetzt werden, sofern diese Unternehmen einen durchschnittlichen Jahresumsatz von mehr als 400 Millionen Euro aufweisen (§ 24 Abs. 3 LkSG). Für die Berechnung wird auf den durchschnittlichen Jahresumsatz der letzten drei Geschäftsjahre abgestellt und der weltweite Umsatz aller Konzernunternehmen (Operation als wirtschaftliche Einheit) addiert.

Gemäß § 24 Abs. 4 LkSG ist Anknüpfungspunkt für die Bemessung der Geldbuße die Bedeutung der Ordnungswidrigkeit. So sind grundsätzlich die wirtschaftlichen Verhältnisse der Unternehmen zu berücksichtigen. Daneben listet das Gesetz einen nicht abschließenden („insbesondere") Katalog an Bewertungskriterien auf (u. a. Tatvorwurf, Beweggründe und Ziele, Gewicht, Ausmaß und Dauer der Ordnungswidrigkeit).

10.3 Vergaberechtliche Sanktionen

§ 22 Ausschluss von der Vergabe öffentlicher Aufträge

(1) Von der Teilnahme an einem Verfahren über die Vergabe eines Liefer-, Bau- oder Dienstleistungsauftrags der in den §§ 99 und 100 des Gesetzes gegen Wettbewerbsbeschränkungen genannten Auftraggeber sollen Unternehmen bis zur nachgewiesenen Selbstreinigung nach § 125 des Gesetzes gegen Wettbewerbsbeschränkungen ausgeschlossen werden, die wegen eines rechtskräftig festgestellten Verstoßes nach § 24 Absatz 1 mit einer Geldbuße nach Maßgabe von Absatz 2 belegt worden sind. Der Ausschluss nach Satz 1 darf nur innerhalb eines angemessenen Zeitraums von bis zu drei Jahren erfolgen. Eine Verletzung der Pflichten aus diesem Gesetz begründet keine zivilrechtliche Haftung. Eine unabhängig von diesem Gesetz begründete zivilrechtliche Haftung bleibt unberührt.

(2) Ein Ausschluss nach Absatz 1 setzt einen rechtskräftig festgestellten Verstoß mit einer Geldbuße von wenigstens einhundertfünfundsiebzigtausend Euro voraus. Abweichend von Satz 1 wird

    1. in den Fällen des § 24 Absatz 2 Satz 2 in Verbindung mit § 24 Absatz 2 Satz 1 Nummer 2 ein rechtskräftig festgestellter Verstoß mit einer Geldbuße von wenigstens eine Million fünfhunderttausend Euro,

    2. in den Fällen des § 24 Absatz 2 Satz 2 in Verbindung mit § 24 Absatz 2 Satz 1 Nummer 1 ein rechtskräftig festgestellter Verstoß mit einer Geldbuße von wenigstens zwei Millionen Euro und

    3. in den Fällen des § 24 Absatz 3 ein rechtskräftig festgestellter Verstoß mit einer Geldbuße von wenigstens 0.35 Prozent des durchschnittlichen Jahresumsatzes vorausgesetzt.

(3)   Vor der Entscheidung über den Ausschluss ist der Bewerber zu hören.

Als weitere Sanktion sieht § 22 LkSG den Ausschluss von der Vergabe öffentlicher Aufträge vor. Diese Sanktion ist ein bewährtes Mittel und dem deutschen Recht nicht unbekannt. Vergleichbare Vorschriften finden sich bspw. in § 19 Mindestlohngesetz und § 21 Schwarzarbeiterbekämpfungsgesetz.

Allerdings soll nicht jeder Verstoß gegen Sorgfaltspflichten zum Ausschluss an öffentlichen Vergabeverfahren führen. Vielmehr muss es sich um einen schwerwiegenden Verstoß handeln. Konkret bedarf es eines rechtskräftig festgestellten Verstoßes, der mit einer Geldbuße von wenigstens 175.000 Euro belegt wird. Insofern besteht ein Zusammenhang zwischen dem Ordnungswidrigkeitenrecht und der Vergabesperre. Ferner darf der Ausschluss nur innerhalb eines angemessenen Zeitraums von bis zu drei Jahren erfolgen. Es ist möglich, die verhängte Vergabesperre durch ein Selbstreinigungsverfahren nach § 125 des Gesetzes gegen Wettbewerbsbeschränkungen bereits vor Ablauf der verhängten Sperrfrist zu beseitigen.

Fazit

Zusammenfassend lässt sich feststellen, dass das BAFA mit sehr weitreichenden Befugnissen zur Kontrolle, Durchsetzung und Sanktionierung der Rechtspflichten ausgestattet ist.

Es gilt zu berücksichtigen, dass das LkSG keinerlei Schadensersatzvorschriften enthält. Eine Durchsetzung und Sanktionierung der Sorgfaltspflichten soll primär im Wege des Verwaltungsverfahrens und mithilfe des Rechts der Ordnungswidrigkeiten erfolgen. Vor diesem Hintergrund erklärt sich auch, dass keinerlei weiteren strafrechtliche Bestimmungen im Hinblick auf die Verletzung von Sorgfaltspflichten geschaffen wurden.

Umsetzung in der Vertragspraxis 11

Zusammenfassung

Die Umsetzung der gesetzlichen Vorgaben in der Vertragspraxis stellt aufgrund der Komplexität des internationalen Wirtschaftsrechts und der Besonderheiten des deutschen Vertragsrechts eine Herausforderung dar. Auch in technischer und organisatorischer Sicht sind einige Aspekte bei der Umsetzung zu beachten.

Was Sie aus diesem Kapitel mitnehmen
- Vorgehensweise
- Anwendbares Recht
- Besonderheiten des deutschen Rechts
- Relevante Vertragsklauseln
- Durchsetzung im Streitfall

11.1 Einleitung

Die Umsetzung der gesetzlichen Vorgaben des LkSG in der Vertragspraxis stellt eine Herausforderung dar, die von den zuständigen Fachabteilungen (Einkauf, Compliance und CSR, Legal, etc.) nur gemeinsam gemeistert werden kann. Es gilt, **pragmatische und gleichzeitig rechtssichere** Lösungen zu entwickeln, die international funktionieren und im Streitfall vor einem staatlichen Gericht bzw. privaten Schiedsgericht standhalten.

Wer sich mit den **strengen Anforderungen des deutschen AGB-Rechts (§§ 305 ff. BGB) und den Besonderheiten des internationalen Vertragsrechts** eingehend beschäftigt, erkennt die Komplexität und den Umfang der anstehenden Aufgaben. Dabei sollte sich vor Auge geführt werden, dass die vorgenannten Aspekte in der Praxis häufig unterschätzt werden. Nach einer in Deutschland im Jahr 2014 durchgeführten empirischen Untersuchung unter 1220 Unternehmensmitarbeitern besteht eine deutliche Fehlvorstellung über die Reichweite des AGB-Rechts im Geschäftsverkehr (B2B). Zudem wird der Anwendungsbereich der AGB-Kontrolle grundlegend falsch eingeordnet (insbesondere falsche Vorstellung darüber, wann eine konkrete Klausel „im Einzelnen ausgehandelt" ist). Schließlich wird die Strenge der Kontrollmaßstäbe grundlegend unterschätzt. Diese Erkenntnisse sind relevant, insoweit als dass sämtliche vertragliche Regelungen – wenn deutsches Recht Anwendung findet – den strengen Anforderungen des deutschen AGB-Rechts auch im Geschäftsverkehr genügen müssen, da sie andernfalls unwirksam sind. Im Falle der Unwirksamkeit einer Vertragsklausel, richtet sich der Vertragsinhalt insoweit nach den gesetzlichen Vorschriften (§ 306 Abs. 2 BGB). Da das LkSG aber keine Pflichten der Zulieferer statuiert, fallen etwaige Pflichten im Fall der Unwirksamkeit der Vertragsklauseln ersatzlos weg. Im Übrigen bleibt der Vertrag wirksam, es sei denn das Festhalten am Vertrag ist für eine Vertragspartei unzumutbar (§ 306 Abs. 3 BGB). Diese negativen Rechtsfolgen betreffen den Anwender im Sinne des § 305 Abs. 1 S. 1 BGB und damit in der Regel das Unternehmen, welches die Pflichten aus dem LkSG an seine Vertragspartner weitergeben muss. Wie nachfolgend in Detail aufgezeigt wird, kommt eine Lösung über eine Individualvereinbarung nur in Ausnahmefällen in Betracht.

Soweit die notwendige Expertise im deutschen AGB-Recht in Kombination mit dem internationalen Vertragsrecht im Unternehmen nicht oder nicht ausreichend vorhanden ist, sollte – auch aufgrund der aktuellen Rechtsprechung des Bundesgerichtshofs zu Compliance im Unternehmen – **rechtzeitig qualifizierter Rechtsrat** (also Spezialisten für Vertragsrecht) hinzugezogen werden.

11.1.1 Überblick über relevante Geschäftsbeziehungen und Vertragsinhalte

Bevor rechtliche Lösungen entwickelt und vertragliche Regelungen formuliert werden, ist ein Überblick über die relevanten Geschäftsbeziehungen erforderlich. Bereits aus Effizienz- und Dokumentationsgründen sollte dies zentralisiert und unter Einsatz moderner Software, insbesondere Lieferanten Management bzw. Contract Lifecycle Management etc. im Unternehmen erfolgen. Dabei sollten von Anfang an klare interne Vorgaben formuliert werden, welche für die Umsetzung des LkSG relevanten Informationen über die Vertragspartner systematisch und standardisiert erfasst werden. Bei der automatisierten Erfassung von Verträgen (dazu gleich mehr) können Unternehmen entsprechende „tags" erstellen, um relevante Inhalte bei der späteren Suche und Analyse schnell zu finden. Zudem können ganze Unternehmensprozesse auf dieser Grundlage gestaltet werden, z. B. unter welchen Voraussetzungen Verträge der Rechtsabteilung vorzulegen sind, definierte Eskalationsstufen, „fallback"-Klauseln, Workflows sowie automatisierte Erstellung von Anschreiben an den Zulieferer (Mahnung, etc.).

11.1.2 Contract Lifecycle Management (CLM)

Einige Anbieter von Contract Lifecycle Management (CLM) Lösungen bieten eine automatisierte Erfassung der bestehenden Verträge bzw. Dokumente an. Dabei werden Verträge mit Hilfe von Maschine Learning (ML) und Natural Language Processing (NLP) analysiert. Anschließend ist der Anwender in der Lage, vorhandene Verträge zu analysieren und die gewünschten Informationen zu extrahieren bzw. übersichtlich anzuzeigen. Für die Umsetzung des LkSG könnten u. a. die folgenden Aspekte relevant sein:

- Sitz des Zulieferers
- Geschäftsbeziehungen des Zulieferers zu Tochtergesellschaften
- Erkenntnisse aus der Vertragshistorie
- Vertragslaufzeiten
- Pflichten des Zulieferers in Bezug auf Präventions- und Abhilfemaßnahmen,
- Fristen
- Risiken
- Vertragsstrafen
- Kündigungsrechte
- anwendbares Recht
- Gerichtsstand bzw. Schiedsgerichtsverfahren

Die vorgenannten Aspekte können auch im Rahmen von späteren Risikoanalysen (§ 5 Abs. 1 LkSG) hilfreich sein und den Aufwand des Unternehmens signifikant reduzieren.

Die zugrundliegenden Konzepte sind nicht neu. Aber die exponentiell ansteigenden Rechenkapazitäten in der Cloud sowie wachsende Verfügbarkeit und Sicherheit von Cloud-Diensten haben eine rasante Entwicklung von künstlicher Intelligenz ermöglicht. Dazu kommt eine große Menge an Daten, die das Training von Algorithmen vereinfachen. Einige Anbieter im Bereich Contract Lifecycle Management sind diesen Schritt gegangen und haben bereits entsprechende „Out-of-the-box" Machine Learning-Modelle mit einer großen Anzahl (teilweise Millionen) an Verträgen „trainiert". Die Software ist nicht nur in der Lage, bestimmte Begriffe im Text zu erkennen und zuzuordnen. Viel wichtiger ist, dass die Software die zugrunde liegende Bedeutung von Vertragsklauseln im Kontext auch dann „versteht", wenn einschlägige Begriffe fehlen oder bei sprachlichen Nuancen (was Verträge mangels Standardisierung gerade ausmacht). Die Erfahrung zeigt, dass Contract Lifecycle Management in den letzten Jahren einen Entwicklungsstand erreicht hat, der – abseits von Werbeaussagen bzw. Hype um Legal Tech – messbare Effizienzvorteile und damit erhebliches Potenzial bietet. Contract Lifecycle Management ist allerdings kein Ersatz für geschulte Mitarbeiter (Juristen, Contract Manager, Einkäufer etc.) oder externe Berater, aber ein sinnvolles Werkzeug, um diese bei ihrer Arbeit zu unterstützen. Zusammenfassend lässt sich festhalten, dass Unternehmen entscheidende Wettbewerbsvorteile generieren und Risiken reduzieren können, wenn sie erkennen, dass Verträge Daten beinhalten und diese auch maschinell verarbeitet werden können. Denn darin liegt die Zukunft des Contract Managements.

11.2   Entwicklung von angepassten Strategien für die Vertragsgestaltung

Ein Unternehmen benötigt Strategien (rechtlich, organisatorisch und kommunikativ), die sich je nach Ausgangslage unterscheiden. Die nachfolgende grobe Übersicht soll einen ersten Anhaltspunkt bieten:

Übersicht
1. Übersicht aller Zulieferer in der Lieferkette, unterteilt u. a. nach Land und Rechtsordnung und mit Angabe darüber, ob es sich um eine Risikoregion handelt bzw. die Rechtsordnung des Zulieferers keine bzw. keine hinreichenden Menschenrechtsstandards kennt.

2. Grad der Anfälligkeit einer Geschäftstätigkeit für menschenrechtliche Risiken (länder-, branchen- und warengruppenspezifische Risiken) und davon abhängig Grad der Überwachung der Lieferkette sowie zu ergreifende Präventions- und Abhilfemaßnahmen.

3. Wahrscheinlichkeit des Eintritts und Schwere der zu erwartenden Verletzung von geschützten Rechtspositionen sowie Einflussmöglichkeiten des Unternehmens hierauf.

4. Berücksichtigung der menschenrechtsbezogenen und umweltbezogenen Erwartungen bei der Auswahl eines unmittelbaren Zulieferers (§ 6 Abs. 4 Nr. 1 LkSG).

5. Gestaltung bestehender Vertragsbeziehungen mit den unmittelbaren Zulieferern

   Hier besteht die Problematik, dass einseitige Vertragsänderungen rechtlich nicht zulässig sind. Um bestehende Verträge zu ändern, bedarf es der Mitwirkung des Zulieferers. Daher ist besonders viel Wert auf die passende Kommunikation mit dem Zulieferer zu legen, um seine Akzeptanz und Bereitschaft zu den Vertragsänderungen zu erhöhen. Dies sollte auch dann erfolgen, wenn das Unternehmen über eine entsprechende Marktmacht verfügt und die Konditionen faktisch diktieren kann. Denn die (unnötige) Belastung einer Geschäftsbeziehung sollte, soweit wie möglich, vermieden werden.

6. Gestaltung neuer Vertragsbeziehungen mit den unmittelbaren Zulieferern

   Bei neuen Verträgen sollten die erforderlichen Vertragsklauseln von Anfang als Mindestanforderungen eingebracht werden. Auch hier sollte kommuniziert werden, aus welchen Gründen diese Vertragsklauseln wichtig für die Geschäftsbeziehung sind, im Interesse beider Unternehmen liegen und warum sie nicht zur Disposition stehen.

7. Übersicht und Kontrolle der Vertragsbeziehungen

   Mit der Erfassung bestimmter Informationen über den Zulieferer (Lieferanten Management, Contract Lifecycle Management, etc.) allein ist es nicht getan. Vielmehr muss ein einheitlicher Unternehmensprozess gestaltet werden, damit zeitnah vorhandene Informationen aktualisiert bzw. neue Informationen erfasst werden.

8. Vorbereitung von Abhilfemaßnahmen

   Mögliche Abhilfemaßnahmen sollten nicht erst bei der (drohenden) Verletzung einer menschenrechtsbezogenen oder einer umweltbezogenen Pflicht im eigenen Geschäftsbereich oder beim unmittelbaren Zulieferer festgelegt werden. Besser ist es, präventiv eine Strategie zu entwickeln, um in entsprechenden Situationen schnell und vorbereitet agieren zu können. Eine solche Strategie könnte enthalten:

a. Checkliste der wichtigsten Punkte für einen Plan zur Beendigung oder Minimierung der Verletzung (§ 7 Abs. 2 Nr. 1 LkSG).

b. Zusammenschluss (oder zumindest Kommunikation) mit anderen Unternehmen im Rahmen von Brancheninitiativen und Branchenstandards, um in Verletzungsfällen Einflussmöglichkeiten zu schaffen.

c. Auswahl an geeigneten Ersatzlieferanten für den Fall einer temporären Aussetzung und erst recht Abbruches der Geschäftsbeziehung zu einem unmittelbaren Zulieferer.

d. Ein Plan für den Fall, dass keine Ersatzlieferanten vorhanden sind und die Abhilfemaßnahmen keine Abhilfe bewirken.

11.3 Anwendbares Recht

Das anwendbare Recht spielt eine zentrale Rolle und ist Maßstab für die Frage der Wirksamkeit von Vertragsklauseln. Die Anwendbarkeit des deutschen Rechts sollte nicht vorschnell angenommen werden, auch dann nicht, wenn der Vertrag eine entsprechende Rechtswahlklausel vorsieht. Zur Lösung dieser Fragestellung ist es erforderlich, sich einige in der Praxis relevante Aspekte klarmachen.

Zunächst ist zu überlegen, ob das deutsche Recht in jedem Einzelfall die passende Rechtsordnung darstellt. Dies gilt nicht nur für das Unternehmen in Deutschland, sondern auch für etwaige Tochtergesellschaften im Ausland, die – aufgrund einer Konzernvorgabe – ebenfalls das deutsche Recht mit ihren Zulieferern vereinbaren sollen. Eine allgemeine Antwort verbietet sich, erforderlich ist vielmehr eine sorgfältige Abwägung der Vor- und Nachteile und der Entwicklung einer geeigneten, passgenauen Strategie im Einzelfall.

11.3.1 Anwendung des UN-Kaufrechts (CISG)

11.3.1.1 Einleitung

Bei internationalen Kaufverträgen über bewegliche Sachen bzw. Werklieferverträgen muss in jedem Einzelfall geprüft werden, ob das UN-Kaufrecht (CISG) Anwendung findet.

Das Übereinkommen der Vereinten Nationen über Verträge über den internationalen Warenkauf vom 11. April 1980, kurz auch als UN-Kaufrecht bzw. als CISG (United Nations Convention on Contracts for the International Sale of Goods) bezeichnet, ist ein internationales Übereinkommen zwischen mittlerweile 94 Vertragsstaaten. In Deutschland ist das UN-Kaufrecht am 1. Januar 1991 in Kraft getreten. Das UN-Kaufrecht ist Bestandteil der nationalen Rechtsordnungen der Vertragsstaaten (und damit auch des deutschen Rechts) und Spezialgesetz für den internationalen Warenkauf; es geht diesen nationalen Rechtsordnungen (damit auch dem unvereinheitlichten deutschen Kaufrecht) vor.

Das UN-Kaufrecht wird in der Praxis häufig reflexartig und formularmäßig ausgeschlossen. Eine kritische, einzelfallbezogene Auseinandersetzung der Vor- und Nachteile gegenüber dem nationalen Recht findet nicht statt. Dies mag damit zu tun haben, dass sich weder Unternehmen noch deren Rechtsabteilungen oder anwaltliche Berater mit den Besonderheiten des UN-Kaufrechts auseinandersetzen wollen und stattdessen – getreu dem Motto „the devil you know is better than the devil you do not know" – auf die ihnen vertrauter scheinenden Regeln des BGB und HGB zurückgreifen. Die Tatsache, dass das UN-Kaufrecht regelmäßig sogar bei solchen Verträgen ausgeschlossen wird, wo es nicht einmal Anwendung findet (Dienstverträge, Werkverträge, etc.), unterstreicht diese Einstellung nur.

Zudem sind die vorgebrachten Argumente gegen das UN-Kaufrecht bei genauer Betrachtung teilweise unbegründet bzw. nicht mehr zeitgemäß. Im Vergleich zum nicht vereinheitlichten deutschen Recht hat das UN-Kaufrecht einige entscheidende Vor- und Nachteile, sodass der Ausschluss gut überlegt werden sollte. Zu den Vorteilen des UN-Kaufrechts gehört insbesondere, dass es weitgehend der Disposition der Vertragsparteien unterliegt (siehe Art. 6 CISG), was gerade bei der Frage der Wirksamkeit von vorformulierten Vertragsregelungen ein wichtiger Aspekt sein kann. Ein weiterer Vorteil des UN-Kaufrechts aus Sicht des Einkäufers ist die verschuldensunabhängige Haftung des Lieferanten.

11.3.1.2 Sachlicher Anwendungsbereich

Das UN-Kaufrecht ist gemäß Art. 1 Abs. 1 CISG auf Kaufverträge über bewegliche Sachen anwendbar. Eine Ausnahme besteht bei Sachen, die für den persönlichen Gebrauch bestimmt sind, wobei es auf die Kenntnis des Verkäufers ankommt (Art. 2 lit. a) CISG). Auf die Bezeichnung des Vertrages kommt es nicht an. Nach Art. 3 Abs. 1 CISG stehen Verträge über die Lieferung herzustellender oder zu erzeugender Ware den Kaufverträgen gleich, es sei denn, der Besteller hat einen wesentlichen Teil der für die Herstellung oder Erzeugung notwendigen Stoffe selbst zur Verfügung zu stellen. Verträge, bei denen der überwiegende Teil der

Pflichten der Partei, welche die Ware liefert, in der Ausführung von Arbeiten oder anderen Dienstleistungen besteht, sind ebenfalls nicht vom UN-Kaufrecht erfasst (Art. 3 Abs. 2 CISG).

11.3.1.3 Räumlich/persönlicher Anwendungsbereich

Die Vertragsparteien müssen ihre Niederlassung (vgl. zum Begriff auch Art. 10 CISG) in verschiedenen Staaten haben, wobei es sich entweder um Vertragsstaaten des Übereinkommens (Art. 1 Abs. 1 lit. a) CISG) handeln muss oder die Regeln des internationalen Privatrechts (dazu weiter unten) zur Anwendung des Rechts eines Vertragsstaates (Art. 1 Abs. 1 lit. b) CISG) führen müssen. Letzteres gilt nicht, wenn der Staat, dessen Recht gelten soll, von der in Art. 95 CISG vorgesehenen Möglichkeit Gebrauch gemacht hat, die Anwendungsvoraussetzungen des Art. 1 Abs. 1 lit. b) CISG für sich für unverbindlich zu erklären. Das betrifft nur wenige Staaten, u. a. aber die USA und China. In diesem Fall ist nicht das UN-Kaufrecht, sondern das nationale Kaufrecht dieses Staates anzuwenden.

11.3.2 Freie Rechtswahl

Es ist international weitgehend anerkannt, dass die Vertragsparteien das anwendbare Recht frei vereinbaren dürfen (Prinzip der Parteiautonomie). Es gibt nur vereinzelte Ausnahmen in manchen Ländern, u. a. im Rahmen der gerichtlichen Durchsetzung (bspw. wird in den Vereinigten Arabischen Emiraten eine fremde Rechtswahl von Gerichten oftmals missachtet, obwohl eine freie Rechtswahl rechtlich zulässig ist). Dieses Risiko kann begrenzt werden, indem die Parteien die ordentliche Gerichtsbarkeit zugunsten eines Schiedsgerichts ausschließen. Denn zum einen werden die Schiedsrichter in der Regel auch danach ausgewählt, ob sie im gewählten Recht kompetent sind. Zum anderen wird hierdurch sichergestellt, dass das gewählte Recht letztlich auch zur Anwendung gelangt. Im Zweifel sollte dies vor dem Vertragsabschluss geprüft werden.

Die Rechtswahl betrifft nur das schuldrechtliche Verpflichtungsgeschäft innerhalb eines Vertrages, sachenrechtliche Aspekte („lex rei sitae") oder öffentlichrechtliche Vorschriften unterliegen hingegen nicht der Rechtswahl der Vertragsparteien. Dieses Prinzip der freien Rechtswahl ist auch in Art. 3 Rom I-VO (Verordnung über das auf vertragliche Schuldverhältnisse anzuwendende Recht (EG) Nr. 593/2008) enthalten. Beschränkungen der Rechtswahl bestehen u. a. bei Binnensachverhalten, wenn – von der Rechtswahlklausel abgesehen – keine Auslandsbeziehungen bestehen (Art. 3 Abs. 2 Rom I-VO zwingendes Inlandsrecht), bei Binnenmarktsachverhalten, wenn – von der Rechtswahlklausel abgesehen –

alle anderen Elemente des Sachverhalts zum Zeitpunkt der Rechtswahl in einem oder mehreren EU-Mitgliedstaaten belegen sind (Art. 3 Abs. 3 Rom I-VO zwingendes Unionsrecht), allgemein bei Verbrauchergeschäften (Art. 6 Rom I-VO), Individualarbeitsverträgen (Art. 8 Rom I-VO), etc., auf die hier aber nicht weiter einzugehen ist. Die Rom I-VO findet, jedenfalls aus Sicht des europäischen Gesetzgebers, weltweit Geltung (Art. 2 Rom I-VO), also auch dann, wenn der Zulieferer seinen Sitz nicht in der EU hat. Idealerweise sollte bei der Rechtswahl auch geprüft werden, welche Bestimmungen das Internationale Privatrecht des Staates, in dem der Zulieferer seinen Sitz hat, vorsieht und ob diese im Widerspruch zu der Rechtswahl stehen.

11.3.3 Wirksamkeit der Rechtswahl

Die Wirksamkeit der Rechtswahl zwischen den Vertragsparteien beurteilt sich nach Art. 3 Rom I-VO.

Art. 3 Rom I-VO Freie Rechtswahl

(1) Der Vertrag unterliegt dem von den Parteien gewählten Recht. Die Rechtswahl muss ausdrücklich erfolgen oder sich eindeutig aus den Bestimmungen des Vertrags oder aus den Umständen des Falles ergeben. […].

In der Praxis relevant ist die Frage, welches Recht Anwendung findet, wenn keine wirksame Rechtswahl zwischen den Vertragsparteien getroffen worden ist. Die Antwort ergibt sich aus Art. 4 Rom I-VO.

Art. 4 Rom I-VO Mangels Rechtswahl anzuwendendes Recht

(1) Soweit die Parteien keine Rechtswahl gemäß Artikel 3 getroffen haben, bestimmt sich das auf den Vertrag anzuwendende Recht unbeschadet der Artikel 5 bis 8 wie folgt:

    a) Kaufverträge über bewegliche Sachen unterliegen dem Recht des Staates, in dem der Verkäufer seinen gewöhnlichen Aufenthalt hat.

    b) Dienstleistungsverträge unterliegen dem Recht des Staates, in dem der Dienstleister seinen gewöhnlichen Aufenthalt hat.

    […]

(2) Fällt der Vertrag nicht unter Absatz 1 oder sind die Bestandteile des Vertrags durch mehr als einen der Buchstaben a bis h des Absatzes 1 abgedeckt, so unterliegt der Vertrag dem Recht des Staates, in dem die Partei, welche die für den Vertrag charakteristische Leistung zu erbringen hat, ihren gewöhnlichen Aufenthalt hat.

(3) Ergibt sich aus der Gesamtheit der Umstände, dass der Vertrag eine offensichtlich engere Verbindung zu einem anderen als dem nach Absatz 1 oder 2 bestimmten Staat aufweist, so ist das Recht dieses anderen Staates anzuwenden.

(4) Kann das anzuwendende Recht nicht nach Absatz 1 oder 2 bestimmt werden, so unterliegt der Vertrag dem Recht des Staates, zu dem er die engste Verbindung aufweist.

Soweit eine Rechtswahl nicht oder nicht wirksam vereinbart wird, ist zunächst zu prüfen, ob der streitgegenständliche Vertrag unter Art. 4 Abs. 1 Rom I-VO fällt. Das ist z. B. bei Kaufverträgen und Dienstverträgen der Fall. In diesen Fällen ergibt sich das anzuwendende Recht unmittelbar aus Art. 4 Abs. 1 Rom I-VO. Bei Kaufverträgen über bewegliche Sachen findet nach Art. 4 Abs. 1 lit. a) Rom I-VO das Recht des Staates Anwendung, in dem der **Verkäufer** (unmittelbarer Zulieferer) seinen gewöhnlichen Aufenthalt (bzw. seinen Sitz) hat. Im Klartext: Liegt keine wirksame Rechtswahl vor, gilt das Recht des Staates, in dem der Zulieferer seinen Sitz hat. Das bedeutet nicht zwingend, dass die vereinbarten Vertragsklauseln unwirksam sind. Aber es kann – und wird mit Sicherheit im Streitfall – zu unterschiedlichen Bewertungen führen und zu unnötigen Diskussionen, Aufwand und Risiken. Aus Einkäufersicht ist daher unbedingt darauf zu achten, dass eine wirksame Rechtswahl vorliegt.

Handelt es sich bei dem streitgegenständlichen Vertrag nicht um einen der in Art. 4 Abs. 1 Rom I-VO genannten Verträge, findet nach Art. 4 Abs. 2 Rom I-VO das Recht des Staates Anwendung, in dem die Partei, welche die für den Vertrag **charakteristische Leistung** zu erbringen hat, ihren gewöhnlichen Aufenthalt bzw. bei Unternehmen den Ort ihrer Hauptverwaltung (Art. 19 Abs. 1 Rom I-VO) hat. Die charakteristische Leistung, also die Leistung, die den Vertrag ausmacht, wird regelmäßig der **Zulieferer** erbringen. Die Zahlung des Kaufpreises bzw. der Vergütung durch das eigene Unternehmen stellt hingegen keine charakteristische Leistung dar, denn diese ist allen Austauschverträgen immanent. Im Ergebnis gilt also: Auch bei anderen Vertragstypen findet mangels wirksamer Rechtswahl, die Heimatrechtsordnung des Zulieferers in der Regel Anwendung.

Im Übrigen gelangt das UN-Kaufrecht mangels wirksamen Ausschlusses in diesen Fällen häufig über die „Hintertür" (Art. 1 Abs. 1 lit. b) CISG in Verbindung mit Art. 4 Rom I-VO) doch zur Anwendung. Das belegt die Anzahl entsprechender Gerichtsentscheidungen eindrucksvoll.

Das anwendbare Recht ist maßgeblich u. a. für das Zustandekommen und die Wirksamkeit des Vertrages (Art. 10 Abs. 1 Rom I-VO) sowie für dessen Auslegung (Art. 12 Abs. 1 lit. a) Rom I-VO).

▶ Aufgrund der „Weichenstellung" des anwendbaren Rechts ist bei der Gestaltung und Implementierung der Rechtswahlklausel größte Präzision gefordert. Dazu ist die Kenntnis der oben dargestellten Problematik der Einbeziehung von AGB im internationalen Geschäftsverkehr und der Problematik von kollidierenden AGB unerlässlich.

11.4 Einbeziehung von Allgemeinen Einkaufsbedingungen im internationalen Geschäftsverkehr

Besondere Aufmerksamkeit dient der wirksamen Einbeziehung der eigenen Allgemeinen Einkaufsbedingungen (AEB), insbesondere wenn sich relevante Regelungen nur dort wiederfinden und der eigentliche Vertrag lediglich die kommerziellen Aspekte festlegt. Die rechtlich wirksame Einbeziehung der in den AEB enthaltenen Regelungen sollte bei Vertragsabschluss, und nicht erst im Streitfall, kritisch geprüft werden. Denn zu diesen Regelungen gehören nicht nur die Rechtswahl und die Gerichtsstand- bzw. Schiedsgerichtsklausel, sondern vor allem auch die in diesem Kontext diskutierten Vertragsklauseln zur Umsetzung der Vorgaben des LkSG. Auf eine einfache Formel gebracht: Keine wirksame Einbeziehung der AEB = keine angemessenen Präventionsmaßnahmen getroffen (siehe § 6 Abs. 4 Nr. 2–4 LkSG).

Für die wirksame Einbeziehung der AEB reichen der Hinweis auf die AEB und die Veröffentlichung auf der Internetseite des Unternehmens (Verwenders) allerdings nicht aus. Sowohl der Bundesgerichtshof als teilweise auch ausländische Gerichte verlangen für die wirksame Einbeziehung im internationalen Geschäftsverkehr, dass

1. der Hinweis sowie die AEB in einer Sprache vorliegen, auf die sich der Vertragspartner einlassen muss (Verhandlungs- oder Weltsprache, in diesem Kontext Englisch) und
2. die AEB bei Vertragsschluss dem Vertragspartner zur Verfügung gestellt werden.

An der zweiten Voraussetzung scheitert es häufig in der Praxis, was zur Folge hat, dass die AEB nicht Vertragsbestandteil werden. Zwar könnte argumentiert werden, dass die vorgenannte Rechtsprechung zu internationalen Kauf- und Werklieferverträgen ergangen ist, auf die das UN-Kaufrecht Anwendung fand. Der Umstand, dass die AEB einen Ausschluss des UN-Kaufrechts vorsehen, wird bei dieser Frage nicht berücksichtigt. Ausgehend von Grundprinzipien des Vertragsrechts (allgemeine Rechtsgeschäftslehre) und unter Berücksichtigung des internationalen Kontextes, lässt sich aber gut argumentieren, dass diese Voraussetzungen bei sämtlichen Vertragsverhältnissen vorliegen müssen, also bei Dienstverträgen, Werkverträgen etc. Aus diesem Grund ist es empfehlenswert, die AEB bei Vertragsschluss dem Zulieferer zumindest in englischer Sprache nachweislich zur Verfügung zu stellen. Diese Vorgabe besteht auch für Folgeaufträge und unabhängig von dem im Einzelfall anwendbaren Recht. Nichts anderes ergibt sich bei bestehenden Vertragsverhältnissen. Auch hier müssen die AEB dem Zulieferer zur Verfügung gestellt werden. Zudem muss seine Zustimmung eingeholt werden, da eine einseitige Vertragsänderung nicht möglich ist.

Die Art und Weise der Zurverfügungstellung der AEB ist nicht vorgegeben. Es liegt auf der Hand, dass es eine rechtssichere Methode sein sollte, die dem Anwender einen Nachweis ermöglicht. Von einer Übersendung ausschließlich per Fax sollte abgesehen werden. Das Sendeprotokoll ist kein geeignetes Beweismittel für den Zugang. Daraus geht nicht hervor, welches Schriftstück gefaxt wurde. Es wird nur die Herstellung der Verbindung zwischen Sende- und dem Empfangsgerät angezeigt, für die erfolgreiche Übermittlung der Daten und das Ausbleiben von Störungen hat das Sendeprotokoll keinerlei Aussagewert. Es gibt keinen allgemeinen Erfahrungssatz, dass Faxsendungen den Empfänger vollständig und richtig erreichen. Zudem erfolgend Faxsendungen unverschlüsselt, was problematisch in Bezug auf Datenschutz und Schutz von Geschäftsgeheimnissen ist.

Beispiel: Einkauf von Schutzausrüstung aus Malaysia

Die ABC International AG mit Sitz in Deutschland beabsichtigt den Einkauf von medizinischer Schutzausrüstung bei einem Zulieferer mit Sitz in Malaysia. In der Bestellung wird auf die Allgemeinen Einkaufsbedingungen (AEB) verwiesen, diese sind jedoch nicht beigefügt. ◄

Im Beispiel findet die in den AEB enthaltene Klausel, wonach deutsches Recht gelten soll, mangels Einbeziehung der AEB keine Anwendung.

Rechtsfolge ist, dass nach Art. 4 Abs. 1 a) Rom I-VO das Recht des Staates Anwendung findet, in dem der Verkäufer (Zulieferer) seinen Sitz hat, hier das Recht

von Malaysia. Die in den AEB enthaltene Gerichtsstandsklausel (oder Schiedsklausel) findet mangels Einbeziehung ebenfalls keine Anwendung, sodass die ABC
International AG ihre Rechte ggfls. vor den staatlichen Gerichten in Malaysia
durchsetzen muss.

11.5 Kollidierende AGB im internationalen Geschäftsverkehr

Beispiel: Beide Vertragsparteien verweisen auf ihre jeweiligen AGB

Das Unternehmen bestellt beim unmittelbaren Zulieferer auf der Grundlage der
eigenen Allgemeinen Einkaufsbedingungen und stellt diese dem unmittelbaren
Zulieferer zur Verfügung. Der unmittelbare Zulieferer sendet eine Auftrags-
bestätigung und verweist auf seine beigefügten Allgemeinen Lieferbedingungen. ◄

11.5.1 Einleitung

Das Beispiel illustriert einen häufigen Fall aus der Praxis (in manchen Branchen ist
das der Regelfall). Dieser Fall von kollidierenden, also sich widersprechenden,
AGB wird international als „**battle of forms**" bezeichnet. Die Rechtsprechung ausländischer Gerichte und Fachliteratur sind kaum zu überblicken und kommen, was
nicht anders zu erwarten ist, je nach Rechtsverständnis zu unterschiedlichen Bewertungen und Lösungen. Zusammengefasst lässt sich festhalten, dass international unterschiedliche Theorien zur Anwendung kommen, um diesen Fall
zu lösen.

11.5.2 „Knock-out rule"

Die von deutschen Gerichten praktizierte sog. Restgültigkeitstheorie („knock-out
rule") besagt, dass der Vertrag trotz kollidierender AGB zustande kommt und, soweit sich einzelne Klauseln widersprechen, die gesetzlichen Bestimmungen gelten.
Bei kollidierenden Rechtswahlklauseln kommt wieder Art. 4 Rom I-VO ins Spiel,
mit der Folge, dass das Recht des Zulieferers (bei Kauf- und Werkverträgen häufig
in Kombination mit dem UN-Kaufrecht) Anwendung findet.

11.5.3 „Last shot rule"

Nach der Theorie des letzten Wortes („last shot rule") werden hingegen ausschließlich die AGB Bestandteil des Vertrages, auf die einer der Vertragsparteien zuletzt
unwidersprochen verwiesen hat. Diese Theorie wird international vielfach vertreten. Sie führt zwar häufig zu zufälligen Ergebnissen und erhöht dadurch möglicherweise die Rechtsunsicherheit für die Beteiligten. Allerdings folgt diese Theorie einer strikten Interpretation von Art. 19 UN-Kaufrecht (CISG). Hat der
Zulieferer als letzter auf seine AGB verwiesen, kann er mit einer entsprechenden
Prozesstaktik vor einem ausländischen Gericht versuchen, die Allgemeinen Einkaufsbedingungen des Unternehmens „aus dem Weg zu räumen" und sich damit
sämtlicher Vorgaben des Unternehmens, gerade auch im Hinblick auf das LkSG,
auf einen Schlag zu entledigen.

▶ Aus diesem Grund sollte in Fällen von kollidierenden AGB darauf
geachtet werden, dass das Unternehmen zuletzt auf seine Allgemeine Einkaufsbedingungen verweist (und diese dem unmittelbaren Zulieferer zur Verfügung stellt) oder die relevanten
Vertragsbedingungen alternativ in einem (Rahmen-)Vertrag implementiert werden, den der unmittelbare Zulieferer unterzeichnet.

11.5.4 Praxisempfehlungen

▶ **Wichtig** Aufgrund der beschriebenen Problematik bei der Einbeziehung der
AEB bzw. der Kollision der AEB mit den Allgemeinen Lieferbedingungen des
Zulieferers sollte überlegt werden, ob es nicht pragmatischere Alternativen gibt,
die zudem mehr Rechtssicherheit bieten.

Eine mögliche Alternative ist der Abschluss eines Rahmenvertrages mit
dem Zulieferer, der die gesamte Lieferbeziehung regelt und sämtliche hier
angesprochenen Regelungen beinhaltet. Spätere Einzelabrufe der Produkte,
Leistungen etc. erfolgen ausschließlich auf der Grundlage des Rahmenvertrages und können auf technische und kommerzielle Aspekte reduziert werden. Der Rahmenvertrag könnte zudem eine Klausel beinhalten, wonach die
wechselseitigen AGB ausgeschlossen werden.

Eine weitere Möglichkeit besteht in der Abwicklung des Einkaufs-
prozesses über eine digitale Plattform, was bei vielen größeren Unternehmen

bereits praktiziert wird. Dies hat nicht nur Effizienzvorteile, sondern ist auch geeignet, das angesprochene Problem der Einbeziehung der AEB bzw. der kollidierenden AGB elegant zu lösen.

11.6   Relevante Aspekte des deutschen AGB-Rechts

Das deutsche AGB-Recht ist Kern des deutschen Vertragsrechts und hat, auch und gerade im internationalen Rechtsvergleich, zahlreiche Besonderheiten und Stolperfallen für den Verwender. Eine Inhaltskontrolle von vorformulierten Vertragsklauseln ist vielen ausländischen Rechtsordnungen (Schweizer Recht, englisches Recht, etc.), jedenfalls im Geschäftsverkehr, fremd oder wird zumindest deutlich eingeschränkter praktiziert. Unerlässlich für den Anwender ist die Kenntnis der dynamischen und strengen Rechtsprechung der deutschen Gerichte, die häufig zur Unwirksamkeit der streitgegenständlichen Klauseln führt. Die Diskussion, ob diese Rechtsprechung im nationalen und internationalem Wirtschaftsverkehr zu mehr oder weniger Rechtssicherheit führt, wird seit vielen Jahren intensiv geführt, soll aber an dieser Stelle nicht vertieft werden. Festhalten lässt sich jedenfalls, dass die Vorgaben der deutschen Rechtsprechung in der Vertragspraxis nicht immer ohne Weiteres umsetzbar sind. Somit verbleibt ein Spannungsverhältnis zwischen Pragmatismus und Rechtssicherheit und es ist Aufgabe der Vertragsexperten kreative Lösungen abseits der üblichen juristischen Pfade zu entwickeln.

Einige hier relevante Aspekte des deutschen AGB-Rechts werden nachfolgend kurz dargestellt, weil das Verständnis essenziell für die Gestaltung wirksamer Vertragsklauseln, auch und gerade im Kontext des LkSG, ist.

Erstens herrscht bei nicht wenigen Marktteilnehmern noch die Fehlvorstellung vor, dass das AGB-Recht nur bei Verbraucherverträgen (B2C) eine Rolle spielt. Diese Vorstellung ist spätestens seit der sog. „Gleichschrittrechtsprechung" des Bundesgerichtshofes im Jahre 2007 überholt. Danach findet das AGB-Recht auch im Geschäftsverkehr (B2B) Anwendung. Zwar betont die Rechtsprechung, auf die Interessen und Bedürfnisse des unternehmerischen Geschäftsverkehrs sei Rücksicht zu nehmen, allerdings bleibt davon in zahlreichen Entscheidungen nicht viel übrig. Kritiker und Befürworter der strengen deutschen AGB-Rechtsprechung streiten jedenfalls seit Jahren darüber, ob diese Entwicklung zu einem Standortnachteil für deutsche Unternehmen im internationalen Wettbewerb führt.

Zweitens findet das AGB-Recht auf sämtliche vorformulierte Vertragsbedingungen und nicht nur auf das „Kleingedruckte", also auf die Allgemeinen

Einkaufsbedingungen, Anwendung. Selbst wenn das Unternehmen auf Allgemeine Einkaufsbedingungen verzichtet und sämtliche Regelungen in einem (Rahmen-) Vertrag regelt, findet das AGB-Recht Anwendung. Denn sämtliche vorformulierten Vertragsbedingungen, was auch für die Vertragsbedingungen im Bereich des LkSG gilt, stellen AGB-Klauseln dar. Dagegen helfen auch nicht kreative Vertragsüberschriften „Individueller Rahmenvertrag" oder Aussagen, wonach die Vertragsregelungen angeblich nur für diesen Einzelfall gelten. Mit der Einordnung als AGB-Klauseln ist noch keine Aussage verbunden, dass diese Vertragsbedingungen unwirksam sind. Es bedeutet vielmehr, dass die vorformulierten Vertragsbedingungen strengen Wirksamkeitskriterien unterliegen (dazu weiter unten), die das Unternehmen in seiner Eigenschaft als Verwender im Sinne des § 305 Abs. 1 S. 1 BGB betreffen.

In Streitfällen argumentiert der Verwender vielfach damit, dass es sich bei der Vertragsklausel um eine Individualvereinbarung handeln soll („wir haben darüber gesprochen bzw. verhandelt"), sodass das AGB-Recht keine Anwendung finden soll. Dabei wird vielfach die Rechtsprechung des Bundesgerichtshofs übersehen oder falsch interpretiert. Die vom Bundesgerichtshof an das Merkmal des Aushandelns gestellten Anforderungen sind streng. „Aushandeln" im Sinne von § 305 Abs. 1 S. 3 BGB bedeutet mehr als bloßes Verhandeln. Zu den Voraussetzungen für ein Aushandeln gehört, dass der Verwender den gesetzesfremden Kerngehalt der jeweiligen Klausel, also die den wesentlichen Inhalt der gesetzlichen Regelung ändernden oder ergänzenden Bestimmungen, inhaltlich ernsthaft zur Disposition stellt und dem Vertragspartner Gestaltungsfreiheit zur Wahrung eigener Interessen mit zumindest der realen Möglichkeit einräumt, die inhaltliche Ausgestaltung der Vertragsbedingungen zu beeinflussen. Was bisher schon im Geschäftsverkehr wenig praktiziert wird und kaum funktioniert, wird erst recht nicht im Rahmen des LkSG funktionieren. Das Unternehmen (Verwender) kann Vertragsklauseln, die Rechte des eigenen Unternehmens bzw. Pflichten des Zulieferers begründen, nicht dem Zulieferer inhaltlich ernsthaft zur Disposition stellen. Das würde dem Sinn und Zweck der im LkSG vorgesehenen, angemessene Präventions- und Abhilfemaßnahmen klar widersprechen. Im Übrigen ändert das Aushandeln einzelner Vertragsbedingungen nichts daran, dass die übrigen vorformulierten Vertragsbedingungen AGB-Klauseln bleiben. Schließlich funktioniert „zur Disposition stellen" dieser Vertragsbedingungen auch deswegen nicht, weil sich die handelnden Personen dem Vorwurf sorgfaltswidrigen Handelns aussetzen.

Nur der Vollständigkeit halber ist darauf hinzuweisen, dass ein Ausschluss des AGB-Rechts nicht zulässig ist, weil die §§ 305 ff. BGB selbst im unternehmerischen Rechtsverkehr nicht der Disposition der Vertragsparteien unterliegen, sondern zwingendes Recht sind. Vereinfacht gesagt: Immer, wenn deutsches Recht gilt, gilt auch AGB-Recht. Ebenso wenig funktionieren vom Verwender vorformulierte Klauseln, wonach die Vertragsparteien die Vertragsbedingungen angeblich im Einzelnen ausgehandelt haben.

11.6.1 Verbot überraschender Klauseln

Vertragsklauseln, die eine deutliche Abweichung von den Erwartungen des Vertragspartners darstellen und mit denen dieser nicht rechnen musste, werden nach § 305c Abs. 1 BGB nicht Vertragsbestandteil. Ein Zulieferer könnte argumentieren, dass er nicht bzw. nicht mit sämtlichen „LkSG spezifischen" Vertragsklauseln rechnen musste. Aus diesem Grund ist zu empfehlen, auf die relevanten Vertragsklauseln explizit und nachweislich im Rahmen von Vertragsverhandlungen oder an anderer Stelle hinzuweisen (was auch geeignet ist, das Problembewusstsein des Zulieferers zu erhöhen) oder die entsprechenden Vertragsklauseln zumindest im Vertragstext hervorzuheben. Denn der Überraschungscharakter einer allgemein ungewöhnlichen Klausel kann schon entfallen, wenn sie inhaltlich ohne Weiteres verständlich und drucktechnisch so hervorgehoben ist, dass erwartet werden kann, der Vertragspartner werde von ihr Kenntnis nehmen.

11.6.2 AGB-rechtliches Transparenzgebot und Inhaltskontrolle

§ 307 BGB Inhaltskontrolle

(1) Bestimmungen in Allgemeinen Geschäftsbedingungen sind unwirksam, wenn sie den Vertragspartner des Verwenders entgegen den Geboten von Treu und Glauben unangemessen benachteiligen. Eine unangemessene Benachteiligung kann sich auch daraus ergeben, dass die Bestimmung nicht klar und verständlich ist.

(2) Eine unangemessene Benachteiligung ist im Zweifel anzunehmen, wenn eine Bestimmung

1. mit wesentlichen Grundgedanken der gesetzlichen Regelung, von der abgewichen wird, nicht zu vereinbaren ist oder
2. wesentliche Rechte oder Pflichten, die sich aus der Natur des Vertrags ergeben, so einschränkt, dass die Erreichung des Vertragszwecks gefährdet ist.

Sinn des **Transparenzgebotes** ist es, der Gefahr vorzubeugen, dass der Vertragspartner (Zulieferer) von der Durchsetzung bestehender Rechte abgehalten wird. Dies gilt auch für die Verwendung von AGB gegenüber Unternehmern (§ 310 Abs. 1 BGB) und zwar auch dann, wenn der Zulieferer eine bedeutende Marktstellung innehat oder wenn ihm die Bedeutung einer Klausel im späteren Verlauf des Vertragsverhältnisses erläutert wird.

Nach ständiger Rechtsprechung des Bundesgerichtshofes müssen die tatbestandlichen Voraussetzungen und Rechtsfolgen so genau beschrieben werden, dass für den Verwender (Unternehmen) keine ungerechtfertigten Beurteilungsspielräume entstehen. Die Klausel muss im Rahmen des rechtlich und tatsächlich Zumutbaren die Rechte und Pflichten des Vertragspartners (Zulieferer) so klar und präzise wie möglich umschreiben.

Die Herausforderung besteht darin, Vertragsklauseln, erst recht solche die Präventions- und Abhilfemaßnahmen darstellen, klar und verständlich zu formulieren. Das ist anspruchsvoller als auf den ersten Blick vielleicht vermutet. In der Vertragspraxis und Rechtsprechung ist regelmäßig zu beobachten, dass essenzielle Vertragsklauseln, auch in den Verträgen großer Unternehmen, am Transparenzgebot scheitern, was bereits zur Unwirksamkeit dieser Vertragsklauseln führt. Denn die Beurteilung, ob eine Klausel transparent ist oder nicht, erfolgt nicht aus Sicht des Verfassers, sondern aus Sicht eines durchschnittlichen Vertragspartners im Zeitpunkt des Vertragsschlusses.

Allerdings betont der Bundesgerichtshof auch, dass Transparenzanforderungen nicht überspannt werden dürfen. Die Verpflichtung, den Klauselinhalt klar und verständlich zu formulieren, bestehe nur im Rahmen des Möglichen. Weder bedürfe es eines solchen Grades an Konkretisierung, dass alle Eventualitäten erfasst sind und im Einzelfall keinerlei Zweifelsfragen auftreten können, noch sei ein Verstoß gegen das Transparenzgebot schon dann zu bejahen, wenn Bedingungen noch klarer und verständlicher hätten formuliert werden können.

11.6.3 Unangemessene Benachteiligung

Eine unangemessene Benachteiligung ist im Zweifel anzunehmen, wenn eine vorformulierte Vertragsklausel mit wesentlichen Grundgedanken der gesetzlichen Regelung, von der abgewichen wird, nicht zu vereinbaren ist (§ 307 Abs. 2 Nr. 1 BGB). Dieser Aspekt ist bei sämtlichen vorformulierten Vertragsklauseln, darunter auch solche zur Umsetzung des LkSG, unbedingt zu beachten. Denn die Unangemessenheit führt zur Unwirksamkeit der entsprechenden Vertragsklausel (§ 307 Abs. 1 BGB). Dieser Aspekt wird nachfolgend bei der Darstellung von möglichen

Vertragsklauseln klauselspezifisch und mit Beispielen dargestellt. Bei den Rechtswahl-, Gerichtsstands- und Schiedsklauseln kommt eine unangemessene Benachteiligung im Geschäftsverkehr (B2B) nur in krassen Ausnahmefällen in Betracht, z. B. wenn die Klausel nur dazu dient, den Vertragspartner von der Durchsetzung seiner Rechte abzuhalten. Diese Taktik wird von einigen Unternehmen verwendet, aber an dieser Stelle soll nicht weiter darauf eingegangen werden.

11.6.4 Auslegung von vorformulierten Vertragsbedingungen

Zweifel bei der Auslegung Allgemeiner Geschäftsbedingungen gehen zu Lasten des Verwenders (§ 305c Abs. 2 BGB). Wenn eine Vertragsklausel also so „unglücklich" formuliert ist, dass mehrere Interpretationsmöglichkeiten in Betracht kommen, wird von der Interpretationsmöglichkeit Gebrauch gemacht, die für den Verwender (Unternehmen) nachteilig bzw. für den Vertragspartner (Zulieferer) vorteilhaft ist. Dieser Grundsatz besteht nicht nur im deutschen AGB-Recht, sondern ist international anerkannt (sog. „contra proferentem rule") und findet damit auch dann Anwendung, wenn eine andere Rechtsordnung gilt.

11.6.5 Prinzip des Verbots einer geltungserhaltenden Reduktion

Im AGB-Recht besteht zudem das Prinzip des Verbots der geltungserhaltenden Reduktion. Gemeint ist damit, dass eine unangemessene Vertragsklausel von dem zuständigen Gericht nicht auf das gerade noch zulässige Maß reduziert wird, sondern ersatzlos wegfällt.

> **Beispiel: Vorformulierte, unangemessen hohe Vertragsstrafe**
>
> Wenn z. B. eine vorformulierte Vertragsstrafe in Höhe von 50.000 EUR unangemessen ist, aber in Höhe von 10.000 EUR angemessen wäre, wird sie nicht von dem zuständigen Gericht auf 10.000 EUR reduziert, sondern fällt ersatzlos weg. ◄

Andere Rechtsordnungen (z. B. Schweizer Recht) kennen das Verbot der geltungserhaltenden Reduktion hingegen nicht.

11.6.6 „Blue-pencil-Test"

Bei Vertragsklauseln, die aus mehreren Regelungen bestehen, führt die Unwirksamkeit einer Regelung grundsätzlich zur Unwirksamkeit der gesamten Vertragsklausel. Eine Ausnahme besteht in den Fällen, in denen die betroffene Vertragsklausel aus mehreren, inhaltlich voneinander trennbaren, einzeln aus sich heraus verständlichen Regelungen besteht und eine Regelung auch ohne die unwirksame Regelung inhaltlich und sprachlich sinnvoll bestehen kann (sog. „blue-pencil-Test").

11.7 Auswahl relevanter Vertragsklauseln

11.7.1 Einleitung

Nachfolgend werden ausgesuchte rechtliche und tatsächliche Aspekte einzelner Vertragsklauseln kritisch erörtert, die bei der Umsetzung des LkSG gegenüber den Zulieferern relevant werden können. Die Reihenfolge der Vertragsklauseln orientiert sich am Aufbau eines typischen Vertrages. Die Ausführungen nehmen aufgrund des Umfangs und der Komplexität des Themas nicht für sich in Anspruch, dass sie vollständig oder in jeder Geschäftsbeziehung gleichermaßen relevant sind. Es sind zahlreiche weitere Aspekte zu berücksichtigen, die den Umfang dieser Publikation übersteigen würden. An einer kritischen Auseinandersetzung und passgenaue Formulierung im Einzelfall führt daher kein Weg vorbei. Etwaige Formulierungsbeispiele dienen ebenfalls nur der Veranschaulichung der Problematik. Die Ausführungen dienen vielmehr dazu, dem Leser einen ersten Überblick über mögliche Regelungen zu verschaffen und eine Hilfe bei der Umsetzung der Präventions- und Abhilfemaßnahmen anzubieten.

▶ **Wichtig** Im Rahmen der Geltung von deutschen Recht müssen sämtliche vorformulierten Vertragsbedingungen – unabhängig vom Regelungsinhalt – aus Sicht eines objektiven Dritten klar und verständlich sein (Transparenzgebot im Sinne des § 307 Abs. 1 S. 2 BGB). Andernfalls kann sich bereits daraus die Unwirksamkeit ergeben. Diese Anforderung sollte nicht unterschätzt werden.

Zudem sollten bei der Statuierung von Pflichten des unmittelbaren Zulieferers auch immer die Rechtsfolgen von Pflichtverletzungen geregelt werden (z. B. Schadensersatzansprüche des Unternehmens, Ausschluss von zukünftigen Aufträgen, Freistellungsansprüche des Unternehmens, außerordentliche Kündigungs- bzw. Rücktrittsrechte, etc.).

11.7.2 Verhaltensrichtlinien (Compliance-Klausel)

Verhaltensrichtlinien sind Vertragsbestimmungen, die dem Unternehmen die Möglichkeit gewähren, Einfluss auf den unmittelbaren Zulieferer zu nehmen. Dazu gehören u. a. Compliance-Klauseln, mit denen sich der Zulieferer zur Einhaltung bestimmter Normen oder ethisch-moralischer Standards verpflichtet und sich – je nach Ausgestaltung – verpflichtet, diese Pflichten auch an seine Unterlieferanten (mittelbare Zulieferer) weiterzugeben. Nennenswert in diesem Kontext sind insbesondere sog. Corporate Social Responsibility (CSR)-Klauseln, die den unmittelbaren Zulieferer bspw. zur Vermeidung von Menschenrechtsverletzungen oder zur Einhaltung bestimmter ökologischer Standards verpflichten. Aktuell gehören dazu im Wesentlichen der sog. UN Global Compact (siehe auch nachfolgendes Beispiel), die UN-Leitprinzipien für Wirtschaft und Menschenrechte, die OECD-Leitsätze für Multinationale Unternehmen sowie einzelne Strategiepapiere der Europäischen Kommission, z. B. das Strategiepapier mit dem Titel „Eine neue EU-Strategie (2011–2014) für die soziale Verantwortung von Unternehmen (CSR)" vom 25. Oktober 2011. Diesen CSR-Vorgaben ist gemeinsam, dass sie privaten Unternehmen die Wahrung bestimmter sozialer Standards und die Achtung von Menschenrechten abverlangen, ohne für die Adressaten rechtlich bindend zu sein. Eine Sonderstellung besteht für die sog. Konfliktmineralien-Verordnung, die im Mai 2017 von der Europäischen Union verabschiedet wurde, die Einfuhr bestimmter Mineralien in ihr Hoheitsgebiet regelt und privaten Unternehmen ab dem Jahr 2021 eine Sorgfaltspflicht in der Lieferkette auferlegt.

In Allgemeinen Einkaufsbedingungen finden sich unter „Compliance" bzw. „Corporate Social Responsibility" häufig Vertragsklauseln, die sinngemäß lauten:

Beispiel: Einfache Compliance-Klausel in den Allgemeinen Einkaufsbedingungen

(1) Wir weisen ausdrücklich auf den Lieferantenkodex, abrufbar unter [Link]. Der Lieferant verpflichtet sich, den Lieferantenkodex in der zum Zeitpunkt der jeweiligen Bestellung geltenden Fassung einzuhalten.

(2) Wir messen gesellschaftlicher und sozialer Verantwortung im Rahmen unternehmerischer Aktivitäten (Corporate Social Responsibility (CSR)) eine übergeordnete Bedeutung bei und unterstützen deshalb die Initiative „United Nations Global Compact", abrufbar unter https://www.unglobal-compact.org. Die Initiative basiert auf zehn fundamentalen Prinzipien, welche die Globalisierung sozialer und ökologischer gestalten und Korruption verhindern sollen. Der Lieferant verpflichtet sich, diese Prinzipien zu beachten und einzuhalten. ◄

11.7.2.1 Einbeziehung der Compliance-Klausel

Die Einbeziehung vorformulierter Verhaltensrichtlinien bereitet nur in Ausnahmefällen Probleme. Dies gilt auch bei dynamischen Verweisungen auf außerhalb der AGB verfügbare Regelwerke, die als Gestaltungsinstrumente durchaus verbreitet sind, sodass die Verweisung in der Regel nicht als überraschend im Sinne des § 305c Abs. 1 BGB gesehen werden kann. Aber Achtung: Mit Ethik-Richtlinien oder Codes of Conduct braucht der Zulieferer nicht ohne weiteres zu rechnen. Aus diesem Grund ist es empfehlenswert, die entsprechenden Regelungen drucktechnisch so hervorzuheben, dass der Zulieferer vernünftigerweise von ihnen Kenntnis nehmen muss. Dies gilt auch für CSR-Klauseln, sofern dies nicht bereits offensichtlich ist, z. B. wenn der Vertrag den Import von Mineralien aus Kriegs- und Krisenregionen vorsieht.

Zwar sind Compliance-Klauseln, die sich lediglich in einer Wiedergabe der Gesetzeslage erschöpfen, jedenfalls in Bezug auf die Einbeziehung, generell unbedenklich. An der Einbeziehung kann es aber gleichwohl aus mehreren Gründen scheitern. Erstens, wenn das Dokument, auf das in der Klausel verwiesen wird (wie im Beispiel im 1. Absatz), nur in deutscher Sprache verfügbar ist. Zweitens, wenn das entsprechende Dokument gar nicht unter dem angegebenen Link verfügbar ist, was selbst im internationalen Geschäftsverkehr nicht selten vorkommt. Drittens, wenn direkt auf die deutsche Fassung des LkSG verwiesen wird. Wenn überhaupt sollte das LkSG in englischer Sprache dem Vertrag bzw. den Allgemeinen Einkaufsbedingungen als Anlage beigefügt werden. In diesen Fällen werden die Regelwerke und vor allem die daraus resultierenden Pflichten des unmittelbaren Zulieferers nicht Vertragsbestandteil. Ebenfalls problematisch bei der Frage der Einbeziehung sind Kettenverweisungen (im Beispiel nicht enthalten), bei denen sich die dynamische Verweisung über weitere Links und Dokumente fortsetzt.

Auch in inhaltlicher Sicht sind vorformulierte Verhaltensrichtlinien kritisch zu prüfen. Problematisch sind insbesondere solche Verhaltensrichtlinien, die unzureichend konkretisierte Vorgaben an den unmittelbaren Zulieferer statuieren oder vom Verwender einseitig geändert werden können. Zudem sind Vorgaben bedenklich, die dem unmittelbaren Zulieferer die Einhaltung von Normen einer für ihn ausländischen Rechtsordnung abverlangen.

In Betracht kommt aber auch, auf die internationalen Übereinkommen, die in der Anlage zum LkSG genannt sind, bzw. auf die menschenrechtlichen Risiken (§ 2 Abs. 2 LkSG) sowie umweltbezogenen Risiken (§ 2 Abs. 3 LkSG) zu verweisen und den unmittelbaren Zulieferer zu verpflichten, diese Übereinkommen bzw. Vorgaben einzuhalten.

11.7.2.2 Transparenz der Compliance-Klausel

Compliance-Klauseln müssen klar und verständlich (Transparenzgebot) sein. Hat der unmittelbare Zulieferer seinen Sitz außerhalb der EU und/oder seine Heimatrechtsordnung kennt keine bzw. keine hinreichenden Menschenrechtsstandards, kann von ihm nicht erwartet werden, dass er sich über Existenz und Bedeutung des LkSG im Klaren ist. Daher erscheint eine Klausel, die lediglich pauschal auf das LkSG verweist und den unmittelbaren Zulieferer verpflichtet, die dortigen Vorgaben einzuhalten, als intransparent gemäß § 307 Abs. 1 S. 2 BGB. Im Übrigen liegt dieser Ansatz auch deswegen nicht im Interesse des Unternehmens, weil die Risiken faktisch nicht reduziert werden. Auch eine wörtliche Wiedergabe des gesamten Gesetzestextes des LkSG im Vertragstext erscheint nicht sinnvoll.

Zielführender ist vielmehr eine konkrete Aufklärung des unmittelbaren Zulieferers über seine Pflichten. Dies ist nicht nur aus Transparenzgründen relevant, sondern hat auch eine nicht zu unterschätzende Belehrungs- und Warnfunktion für den unmittelbaren Zulieferer. Es erscheint sinnvoll, dem unmittelbaren Zulieferer eine Kopie der Grundsatzerklärung (§ 6 Abs. 2 LkSG) in englischer Sprache zur Verfügung zu stellen und parallel die Pflichten des unmittelbaren Zulieferers im Vertrag bzw. den Allgemeinen Einkaufsbedingungen konkret zu regeln. Zur Wahrung des Transparenzgebots ist es letztlich hilfreich, dass das Unternehmen in seiner Grundsatzerklärung ohnehin auch seine Erwartungshaltung gegenüber Zulieferern in der Lieferkette zum Ausdruck bringt (§ 6 Abs. 2 Nr. 3 LkSG).

11.7.2.3 AGB-rechtliche Inhaltskontrolle der Compliance-Klausel

Schließlich sind Compliance-Klauseln aber auch in Bezug auf die AGB-rechtliche Inhaltskontrolle zu prüfen. Grundsätzlich sind Compliance-Klauseln uneingeschränkt an § 307 Abs. 1, 2 BGB zu messen. Dies gilt selbst dann, wenn sie sich auf gesetzliche Vorschriften beziehen, die der Vertragspartner ohnehin zu beachten hat.

Teilweise wird die Ansicht vertreten, dass eine derartige Vertragsklausel lediglich eine deklaratorische Bestimmung nach § 307 Abs. 3 BGB darstellt, mit der Folge, dass sie nicht der AGB-rechtlichen Inhaltskontrolle unterliegt. Diese Ansicht überzeugt jedenfalls in vorliegenden Kontext nicht, denn Voraussetzung dafür wäre, dass die Vertragsklausel identisch mit den in Bezug genommenen Rechtsvorschriften ist. Die gesetzlichen Vorgaben des LkSG müssten also auch ohne die entsprechende Vertragsklausel nicht nur den unmittelbaren Zulieferer adressieren, sondern gerade das konkrete Rechtsverhältnis zwischen den Vertragsparteien regeln. Daran fehlt es aber hier. Aus diesem Grund unterliegt eine Compliance-Klausel, die lediglich den Wortlaut des LkSG wiedergibt, der AGB-rechtlichen Kontrolle nach § 307 Abs. 1, 2 BGB. Damit ist nicht gesagt, dass sie unwirksam ist, sondern dass sie strengen Kriterien hinsichtlich der Wirksamkeit unterliegt.

Bei der Prüfung der Angemessenheit einer Compliance-Klausel ist eine einzelfallbezogene Abwägung zwischen dem Compliance-Interesse des Unternehmens auf der einen Seite und dem konkreten Umsetzungsaufwand des unmittelbaren Zulieferers auf der anderen Seite vorzunehmen. Für die Zulässigkeit von Compliance-Klauseln aus Sicht des Unternehmens spricht insbesondere der regulatorische Implementierungszwang, der sich aus § 6 Abs. 4 Nr. 2 LkSG ergibt. Diese Norm verlangt ausdrücklich die **vertragliche Zusicherung** eines unmittelbaren Zulieferers, dass dieser die von der Geschäftsleitung des Unternehmens verlangten menschenrechtsbezogenen und umweltbezogenen Erwartungen einhält und entlang der Lieferkette angemessen adressiert. Zudem wird verlangt, dass die Verpflichtung so ausgestaltet sein sollte, dass die Anforderungen auch **nach Vertragsabschluss abhängig von den Ergebnissen der Risikoanalyse angepasst** werden können.

Es wäre höchst widersprüchlich, wenn eine entsprechend vorformulierte Vertragsklausel, die allein diese Vorgaben umsetzt, eine unangemessene Benachteiligung gegenüber dem unmittelbaren Zulieferer darstellen würden. Für die Angemessenheit spricht zudem die Vermeidung von Reputationsschäden, die dem Unternehmen nicht nur bei eigenem Fehlverhalten, sondern auch im Falle mangelnder Rechtstreue seiner unmittelbaren Zulieferer drohen können. Ein weiteres Kriterium für die Zulässigkeit derartiger Compliance-Klauseln ist die Reduzierung von Haftungsrisiken für das Unternehmen, die der Rechtsbruch des unmittelbaren Zulieferers eventuell hervorrufen kann.

Im Rahmen der Interessenabwägung sind aber auch die Interessen des unmittelbaren Zulieferers zu beachten, insbesondere in den Fällen, in denen dieser seinen Sitz außerhalb der EU hat und/oder seine Heimatrechtsordnung keine bzw. keine hinreichenden Menschenrechtsstandards kennt. Denn insoweit verursacht selbst die Inbezugnahme inländischer, d. h. deutscher oder auch EU-rechtlicher, Rechtsvorschriften für den unmittelbaren Zulieferer einen ggfls. erheblichen Umsetzungsaufwand, da er diese Vorschriften anderenfalls gerade nicht beachten müsste. In Anbetracht des Hintergrunds und der Ziele des LkSG und soweit die Compliance-Klausel den unmittelbaren Zulieferer lediglich zur Einhaltung der genannten Vorgaben verpflichtet, dürfte diese Klausel von einem berechtigten Compliance-

Interesse des Unternehmens getragen sein, sodass sie einer Inhaltskontrolle nach § 307 Abs. 1 und 2 BGB im Ergebnis standhält.

11.7.3 Audit- und Auskunfts-Klauseln

Audit- und Auskunfts-Klauseln sind darauf zugeschnitten, Transparenz über einen Verstoß gegen bestimmte Verhaltensrichtlinien herzustellen. Die Sanktionierung von Verstößen erfolgt vielfach über Vertragsstrafen (dazu weiter unten).

Auditklauseln dienen der Begründung unternehmensbezogener Prüfungs-, Inspektions- und Untersuchungsrechte, indem sie das Unternehmen zum Besuch der Geschäftsräume und Produktionsstätten sowie zur regelmäßigen oder anlassbezogenen (ad hoc) Kontrolle bzw. Überprüfung des Zulieferers in der Lieferkette ermächtigen. Zudem werden Pflichten des Vertragspartners zur Bereitstellung, Zugänglichmachung und Dokumentation bestimmter unternehmensbezogener Informationen begründet.

In Betracht kommt eine Klausel, die dem Unternehmen weitreichende Prüfungs-, Inspektions- und Untersuchungsrechte gewährt. Zudem könnte auch das Recht des Unternehmens statuiert werden, nach eigenem Ermessen, je nach Risiko, Branche und Produktionsregion, eine geeignete Methode der Informationsbeschaffung und Bewertung zu wählen. Aus Gründen der Transparenz sollten – soweit möglich – konkrete Beispiele angegeben werden, z. B. Inspektion vor Ort, wenn es um die Bewertung von Risiken im Zusammenhang mit dem Arbeitsschutz (z. B. Brand-, Gebäudesicherheit oder geeignete Schutzmaßnahmen für Beschäftigte) geht, Gespräche mit Arbeitnehmerinnen und Arbeitnehmern oder deren gewerkschaftlicher Vertretung, wenn es um die Frage geht, ob Arbeitnehmerrechte eingehalten werden, etc. Die Klausel sollte explizit auch das Recht des Unternehmens vorsehen, die Überprüfung der Einhaltung der menschenrechtsbezogenen Standards bei unmittelbaren Zulieferern durch externe Dritte prüfen lassen zu können (im Wege von Audits, Inanspruchnahme anerkannter Zertifizierungssysteme oder Audit-Systeme, etc.), um die Durchführung unabhängiger und angemessener Kontrollen zu gewährleisten. Die Auditklausel sollte allerdings sicherstellen, dass die berechtigten Geheimhaltungsinteressen des unmittelbaren Zulieferers gleichwohl gewahrt werden, da sie andernfalls nach § 307 Abs. 2 Nr. 1 BGB unwirksam sein dürfte.

Darüber hinaus könnte eine Pflicht des unmittelbaren Zulieferers zur Selbstauditierung begründet werden. Art und Umfang der Selbstauditierung sowie Häufigkeit und Form der Mitteilung der Ergebnisse hängen vom Einzelfall ab und können hier nicht allgemein dargestellt werden.

▶ Bei der Gestaltung von Auditklauseln sollten auch rechtliche Aspekte außerhalb des AGB-Rechts beachtet werden.

Eine etwaige Verpflichtung des unmittelbaren Zulieferers zur Offenlegung von
Informationen über natürliche Personen muss im Einklang mit den Vorgaben der
DSGVO zum Schutz von personenbezogenen Daten stehen.

Soweit Auditklauseln dem Unternehmen Zugriff auf bestimmte Unternehmens-
daten des unmittelbaren Zulieferers ermöglichen, kann hierin eine Wettbewerbs-
beschränkung im Sinne der kartellrechtlichen Verbotstatbestände (Art. 101 Abs. 1
AEUV, § 1 GWB, etc.) liegen, die nach Art. 101 Abs. 2 AEUV zur Nichtigkeit des
Vertrages – und nicht nur zur Unwirksamkeit der jeweiligen Vertragsklausel – führen kann. Dies kann insbesondere beim Zugang zu aktuellen und detaillierten Informationen mit unmittelbarem Bezug zur strategischen Ausrichtung des Vertragspartners der Fall sein. Dazu gehören vor allem Business-Pläne und vergleichbare
Geschäftsunterlagen, deren Inhalt für die Preispolitik des Vertragspartners von Bedeutung sind. Die umfassende Darstellung dieser Problematik würde den Rahmen
der vorliegenden Publikation sprengen. Daher kann hier nur allgemein darauf hingewiesen werden, dass sich diese Problematik bei einem Vertikalverhältnis (z. B. bei
Zulieferverträgen), wenn sich die Vertragsparteien nicht in einem sog. potenziellen
Wettbewerb miteinander befinden, in der Regel nicht stellt, sodass der Informations-
austausch mangels Konkurrenzsituation weitgehend unbedenklich ist. Dies sollte
aber im Einzelfall sorgfältig geprüft werden.

11.7.4 Mitwirkungspflichten des unmittelbaren Zulieferers

Bei den aktiven Mitwirkungspflichten des unmittelbaren Zulieferers kommen zahl-
reiche Regelungen in Betracht, die abweichen und an unterschiedlichen Stellen im
Vertrag geregelt werden können. Aus Gründen der Übersichtlichkeit werden diese
Regelungen hier zusammengefasst.

• Pflicht zur Durchführung von regelmäßigen Schulungen und Weiterbildung der
  Mitarbeiter (§ 6 Abs. 4 Nr. 3 LkSG) und Vorlage entsprechender Nachweise
  (unter Einhaltung der gesetzlichen Vorgaben zum Schutz von personenbezogenen Daten). Die Klausel sollte auch vorsehen, dass der unmittelbare Zulieferer im Falle der (drohenden) Verletzung einer menschenrechtsbezogenen
  oder einer umweltbezogenen Pflicht in seinem eigenen Geschäftsbereich unverzüglich entsprechende Schulungen durchführen und arbeitsrechtliche Schritte
  vornehmen muss.

- Pflicht zur regelmäßigen Überwachung des eigenen Geschäftsbereichs (Monitoring).
  Pflicht zur regelmäßigen Berichterstattung sowie Pflicht zur unverzüglichen Mitteilung im Falle der (drohenden) Verletzung einer menschenrechtsbezogenen oder einer umweltbezogenen Pflicht. Um Risiken zu minimieren, sollte die Kommunikation zwischen dem unmittelbaren Zulieferer und dem Unternehmen für Berichte, Mitteilungen und weitere relevante Informationen standardisiert werden. Ziel ist eine rechtssichere und schnelle Kommunikation. Nur so lassen sich Risiken oder zumindest Schäden reduzieren. Aus diesem Grund sollte davon abgesehen werden, die Übersendung von Berichten, Mitteilungen und weitere relevanten Informationen ausschließlich in Schriftform zu verlangen. Die internationale Zustellung, auch per Boten, ist nicht immer sicher und dabei kann wertvolle Zeit verloren gehen. Zielführender ist es zu verlangen, dass derartige Berichte, Mitteilungen und weitere relevante Informationen vorab digital (am besten an eine vorgegebene zentrale E-Mail-Adresse des Unternehmens und wenn möglich verschlüsselt) und das Original anschließend per Post bzw. Boten übersandt wird. Richtig umgesetzt, könnten die digitalen Eingänge direkt mit dem entsprechenden Daten im Lieferanten Management bzw. Contract Lifecycle Management verbunden werden. Von einer Übersendung per Fax sollte aus den weiter oben genannten Gründen abgesehen werden. Bei veränderter Risikolagen sollte der unmittelbare Zulieferer zu einer ad hoc Mitteilung verpflichtet werden.
- Pflicht zur Angabe der vorhandenen Unterlieferanten (mittelbare Zulieferer), jedenfalls die bei dem Projekt mitwirken, verbunden mit der Pflicht, Unterlieferanten nur mit Zustimmung des Unternehmens auszutauschen.
- Pflicht an den in § 7 Abs. 2 LkSG genannten Abhilfemaßnahmen mitzuwirken (z. B. die gemeinsame Erarbeitung und Umsetzung eines Plans zur Beendigung oder Minimierung der Verletzung). Hierbei erscheint es sinnvoll, Eskalationsstufen zu implementieren, die von dem Grad der (drohenden) Verletzung sowie von dem Erfolg der eingeleiteten Abhilfemaßnahmen abhängen und bis zu Gesprächen auf höchster Ebene zwischen den beteiligten Unternehmen führen können.
- Unterstützung des Unternehmens bei Risikoanalysen im Geschäftsbereich des unmittelbaren Zulieferers sowie Unterstützung bei der Umsetzung von angemessenen Präventionsmaßnahmen gegenüber dem Verursacher (mittelbare Zulieferer).

11.7.5 Weitergabeklauseln

In der Gesetzesbegründung werden Weitergabeklauseln explizit angesprochen. Danach soll das Unternehmen durch vertragliche Ausgestaltung sicherstellen, dass die menschenrechtsbezogenen Erwartungen auch in der weiteren Lieferkette – d. h. durch mittelbare Lieferanten – erfüllt werden, etwa durch die Vereinbarung von Weitergabeklauseln. Durch diese wird der unmittelbare Zulieferer verpflichtet, den Lieferantenkodex bzw. die Verhaltensrichtlinien auch gegenüber seinen eigenen Vertragspartnern durch geeignete vertragliche Regelungen durchzusetzen. Das Unternehmen kann ggfls. zusätzlich vertraglich festschreiben, dass der Vertragspartner bestimmte Produkte nur von ausgewählten (zuvor geprüften) Lieferanten beziehen darf oder nachweisen muss, dass bestimmte Produkte aus zertifizierten Regionen oder Rohstoffe aus zertifizierten Schmelzen kommen (z. B. Chain of Custody).

Die Verpflichtung des unmittelbaren Zulieferers die ihm auferlegten Pflichten im gleichen Umfang an seine Unterlieferanten (mittelbare Zulieferer) weiterzugeben, stellt auch keinen unzulässigen Vertrag zu Lasten Dritter dar. Denn ein solcher setzt voraus, dass durch ihn unmittelbar eine Rechtspflicht eines nicht am Vertrag beteiligten Dritten ohne dessen Zustimmung entstehen soll, was hier nicht der Fall ist.

11.7.6 Freistellungansprüche des Unternehmens bei Ansprüchen Dritter

Bei der Gestaltung einer Freistellungsklausel ist unbedingt darauf zu achten, dass diese keine verschuldensunabhängige Haftung des unmittelbaren Zulieferers statuiert bzw. nach § 305c Abs. 2 BGB zu Lasten des Unternehmens so ausgelegt werden kann, da die Klausel andernfalls eine unangemessene Benachteiligung des Vertragspartners begründet und damit unwirksam ist. Wie bereits oben ausgeführt, besteht eine Ausnahme im UN-Kaufrecht (CISG), wo eine verschuldensunabhängige Haftung vorgesehen ist.

11.7.7 Schadensersatzpauschalierung

Eine vorformulierte Schadenspauschalierung ist grundsätzlich zulässig. Dies gilt allerdings nur, wenn die Pauschale den typischerweise zu erwartenden Schaden nicht übersteigt. In der Praxis dürfte es schwierig bis unmöglich sein, eine Schadensersatzpauschale in einer standardisierten Höhe rechtssicher für sämtliche Verträge und Geschäftsbeziehungen zu gestalten. Denn die möglichen Schäden sind nicht oder kaum prognostizierbar. Aus diesem Grund sollte die Höhe der Schadensersatzpauschale abhängig vom Einzelfall gestaltet werden. Auch im Geschäftsverkehr steht dem Vertragspartner (unmittelbarer Zulieferer) der Nachweis zu, dass dem Unternehmen kein oder jedenfalls ein geringerer Schaden als die Pauschale entstanden ist.

11.7.8 Vertragsstrafenklausel

Der Zweck einer Vertragsstrafenklausel ist, wie auch bei der Schadensersatzpauschalierung, den Schadensbeweis im Streitfall entbehrlich machen. Denn in der Praxis dürfte es schwierig sein, den Schaden nachzuweisen, der dem Unternehmen in Folge einer Pflichtverletzung des unmittelbaren Zulieferers entstanden ist. Die Vertragsstrafe soll im Vergleich zur Schadensersatzpauschalierung darüber hinaus ein Druckmittel für den unmittelbaren Zulieferer darstellen, damit dieser seinen vertraglichen Verpflichtungen nachkommt.

In der Gesetzesbegründung wird die Durchsetzung einer Vertragsstrafe explizit im Rahmen von § 7 Abs. 2 Nr. 3 LkSG verlangt. Ist absehbar, dass der unmittelbare Zulieferer den im Konzept erarbeiteten Anforderungen nicht nachkommt, sollte das Unternehmen eine Vertragsstrafe durchsetzen.

Die Durchsetzung einer Vertragsstrafe setzt voraus, dass die entsprechende Vertragsstrafenklausel wirksam ist. Eine vorformulierte Vertragsstrafenklausel kann auch im Geschäftsverkehr nach § 307 BGB unwirksam sein, wenn sie den Vertragspartner unangemessen benachteiligt.

Zunächst liegt ein Verstoß gegen § 307 Abs. 2 Nr. 1 BGB vor, wenn sich das Unternehmen die Vertragsstrafe neben ihrem Schadensersatzanspruch vorbehält (vgl. § 340 Abs. 2 in Verbindung mit § 341 Abs. 2 BGB). Denn damit wäre eine Besserstellung des Geschädigten (Unternehmen) verbunden, was nach deutschem Recht nicht zulässig ist. Möglich ist allerdings, dass sich das Unternehmen vorbehält, den über die Vertragsstrafe hinausgehenden Schaden geltend zu machen. Dies muss in der Klausel ausdrücklich und transparent geregelt werden.

Auch aus der Höhe einer Vertragsstrafe kann eine unangemessene Benachteiligung resultieren. Dies ist insbesondere dann der Fall, wenn die Sanktion außer Verhältnis zum Gewicht des Vertragsverstoßes und seinen Folgen für den unmittelbaren Zulieferer steht. In diesem Fall wird die Vertragsstrafe nicht auf das zulässige Maß reduziert (Verbot der geltungserhaltenden Reduktion). Es verbleibt dem Unternehmen noch ein Schadensersatzanspruch nach § 280 Abs. 1 BGB in Verbindung mit der jeweiligen Pflicht des unmittelbaren Zulieferers, gegen die er verstoßen hat. Allerdings muss das Unternehmen in diesem Fall den entstandenen Schaden im Streitfall nachweisen.

Konkrete Vorgaben der deutschen Rechtsprechung hinsichtlich der zulässigen Höhe einer Vertragsstrafe gibt es nur für Bauverträge (max. 5 % der Auftragssumme). Für andere Vertragstypen ist das nicht der Fall.

Das Verschuldenserfordernis (siehe § 339 BGB) kann nicht durch eine vorformulierte Vertragsstrafenklausel abbedungen werden. Voraussetzung ist also nicht nur, dass der unmittelbare Zulieferer eine vertragliche Pflicht verletzt hat, sondern dass er die Pflichtverletzung auch zu vertreten hat.

Nach neuester Rechtsprechung des Bundesgerichtshofes kann sich die Unangemessenheit einer Vertragsstrafenklausel bereits daraus ergeben, dass ein bestimmter Betrag als pauschale Sanktion vorgesehen ist, ohne dass nach Art, Gewicht und Dauer der Vertragsverstöße differenziert wird. Eine solche Sanktion wäre nur dann zulässig, wenn dieser Betrag auch angesichts des typischerweise geringsten Vertragsverstoßes noch angemessen wäre. Diese Differenzierung in der Vertragsstrafenklausel (Art, Gewicht und Dauer der Vertragsverstöße) dürfte standardmäßig kaum gelingen, sondern wenn überhaupt nur im Wege einer Einzelfallbetrachtung.

11.7.9 Temporäres Aussetzen der Geschäftsbeziehung

Eine der gesetzlich vorgesehenen Präventionsmaßnahmen ist das temporäre Aussetzen der Geschäftsbeziehung durch das Unternehmen (§ 7 Abs. 2 Nr. 3 LkSG). Dies setzt eine entsprechende Vertragsklausel zwischen dem Unternehmen und dem unmittelbaren Zulieferer voraus. Es sollte in der Klausel konkret oder zumindest abstrakt angegeben werden, unter welchen Voraussetzungen ein solches Recht besteht. Dabei hilft eine Orientierung an dem Wortlaut des § 7 Abs. 2 LkSG. Zudem sollte klargestellt werden, dass das Unternehmen diese Maßnahme dem unmittelbaren Zulieferer (mit einer gewissen Vorlaufzeit) ankündigen muss, damit sich dieser auf die Situation einstellen kann.

11.7.10 Abbruch der Geschäftsbeziehung

Nach der Gesetzesbegründung zu § 7 Abs. 3 LkSG gilt der Grundsatz „Befähigung vor Rückzug": Nur in Fällen, in denen die Verletzung oder der Verstoß als „sehr schwerwiegend" bewertet werden, wenn nach Ablauf des im Konzept nach § 7 Abs. 2 LkSG definierten Zeitplans alle Versuche der Risikominderung gescheitert sind, dem Unternehmen keine anderen milderen Mittel zur Verfügung stehen und eine Erhöhung des Einflussvermögens als nicht aussichtsreich erscheint, ist als letztes Mittel ein Abbruch der Geschäftsbeziehung zu dem Zulieferer geboten.

Eine entsprechende Klausel, die dem Unternehmen ein Recht zum Abbruch der Geschäftsbeziehung gewährt, sollte die in § 7 Abs. 3 LkSG genannten Voraussetzungen angeben. Dabei wäre aber sinnvoll, sich nicht darauf zu beschränken, den entsprechenden Gesetzestext wiederzugeben, sondern konkrete Beispiele, für die vom Gesetzgeber verwendeten unbestimmten Rechtsbegriffe, formulieren (z. B. in welchen Fällen eine „sehr schwerwiegende" Verletzung einer geschützten Rechtsposition oder einer umweltbezogenen Pflicht vorliegt). Zudem sollte klargestellt werden, dass die Bewertung im Ermessen des Unternehmens liegt. Schließlich sollte auch hier (wie zuvor bei der temporären Aussetzung der Geschäftsbeziehung) klargestellt werden, dass das Unternehmen diese Maßnahme dem unmittelbaren Zulieferer (mit einer gewissen Vorlaufzeit) ankündigen muss, damit sich dieser auf die Situation einstellen kann.

11.7.11 Streitlösungsmechanismen

Je nach Vertragspartner und Geschäftsbeziehung können geeignete Eskalationsstufen entwickelt werden, mit dem Ziel einer außergerichtlichen Einigung. Dies können z. B. Gespräche auf höherer bzw. höchster Ebene, die Einschaltung eines Experten aber auch formalisierte Mediations- und Schlichtungsverfahren sein. Je nach Ausgestaltung können diese Maßnahmen zur Disposition stehen oder zwingend vor Einleitung eines streitigen Verfahrens vor einem staatlichen Gericht oder einem privaten Schiedsgericht durchzuführen sein.

In jedem Fall muss geregelt werden, ob sich die Parteien, wenn keine außergerichtliche Einigung möglich ist, vor einem staatlichen Gericht oder einem privaten Schiedsgericht streiten.

Bevor eine **Gerichtsstandsklausel** in einem Vertrag mit internationalem Bezug aufgenommen wird, sollte unbedingt geprüft werden, ob das Urteil des zuständigen Gerichts in dem Land, in dem der Vertragspartner seinen Sitz hat bzw. in dem er über vollstreckungsfähiges Vermögen verfügt, überhaupt anerkannt und vollstreckt wird. Es wäre ein grober Fehler, diese Prüfung nicht im Rahmen der Gestaltung des Vertrages, sondern erst nach Vertragsabschluss vorzunehmen. Sind am Sitz des Vertragspartners die Voraussetzungen für die Anerkennung und Vollstreckung von ausländischen Urteilen nicht gegeben, verbleibt nur die Möglichkeit zu einem

Schiedsverfahren (dazu gleich mehr). Die Möglichkeit, die staatlichen Gerichte im Land des Vertragspartners für zuständig zu erklären, macht im vorliegenden Kontext aus rechtlichen und praktischen Gründen grundsätzlich keinen Sinn.

Zu den Vorteilen eines **Schiedsverfahrens** gehört insbesondere, dass ausländische Schiedssprüche im Vergleich zu Urteilen deutscher staatlicher Gerichte in mehr Ländern anerkannt und vollstreckt werden. Grundlage ist das New Yorker Übereinkommen über die Anerkennung und Vollstreckung ausländischer Schiedssprüche vom 10. Juni 1958 („New Yorker Übereinkommen"), dem zahlreiche Länder beigetreten sind.

Zu den weiteren Vorteilen eines Schiedsverfahrens gehört, dass

- die Parteien Einfluss auf die Auswahl der Schiedsrichter haben,
- das Schiedsverfahren geheim und nicht öffentlich ist,
- weitreichende Möglichkeiten der privatautonomen Ausgestaltung des Schiedsverfahrens existieren (z. B. die Wahl des Schiedsortes),
- Schiedsurteile in der Regel schneller als Urteile staatlicher Gerichte ergehen
- es nur eine Instanz gibt (je nach Ausgang des Schiedsverfahrens kann das natürlich auch nachteilig sein),
- das Risiko, dass die von den Parteien getroffene Rechtswahl durch staatliche Gerichte, u. a. relevant in Schwellenländern, nicht beachtet wird, sowie die Schiedsrichter nicht an die deutsche Rechtsprechung gebunden sind, sodass sie - bei Anwendung des deutschen AGB-REchts - möglicherweise zu einer weniger strengen Inhaltskontrolle tendieren.

Zu den Nachteilen eines Schiedsverfahrens gehören vor allem die im Vergleich zu den staatlichen Gerichten höheren Verfahrenskosten.

Mindestinhalt einer Schiedsklausel ist grundsätzlich die Festlegung, dass Streitigkeiten aus oder im Zusammenhang mit dem jeweiligen Vertrag unter Ausschluss des ordentlichen Rechtsweges durch ein Schiedsgericht endgültig entschieden werden. Eine Schiedsklausel sollte darüber hinaus Regelungen über die Schiedsinstitution, die entsprechende Schiedsverfahrensordnung, den Schiedsort, die Verfahrenssprache, die Anzahl der Schiedsrichter sowie das anzuwendende Recht treffen.

Zu beachten ist bei der Gestaltung der Schiedsklausel weiterhin, dass es in den verschiedenen Schiedsverfahrensordnungen Unterschiede gibt, die möglicherweise adressiert werden müssen. So hat bspw. die Internationale Handelskammer (International Chamber of Commerce – ICC) im Jahr 2017 ein beschleunigtes Verfahren („Expedited Procedure Provisions") eingeführt. Danach findet in allen Fällen mit einem Streitwert bis zu 2 Mio. USD ein beschleunigtes Verfahren Anwendung, sofern die Parteien dessen Anwendbarkeit nicht in der Schiedsklausel ausgeschlossen haben. Als wichtige Besonderheit ist zu beachten, dass der ICC-Gerichtshof im Anwendungsbereich der Verfahrungsordnung zum beschleunigten Verfahren selbst dann einen Einzelschiedsrichter ernennen kann, wenn die Schiedsvereinbarung eine anderslautende Bestimmung (z. B. drei Schiedsrichter) enthält („Opt-out"). Im Jahr 2021 hat die ICC dieses beschleunigte Verfahren auf alle Fälle mit einem Streitwert bis zu 3 Mio. USD erweitert.

> ▶ Zusammenfassend lässt sich festhalten, dass eine passgenaue und funktionierende Schiedsgerichtsklausel größtmöglicher Präzision bedarf. Hier passieren in der Praxis häufig unnötige Fehler, die nicht nur hohen Aufwand verursachen, sondern teilweise die Einleitung und Durchführung des Schiedsverfahrens und damit die Durchsetzung der eigenen Rechte unmöglich machen

Internationaler Vergleich

12

Zusammenfassung

Das deutsche LkSG begründet im internationalen Vergleich in Ausmaß und Zielrichtung einen völlig neuen Ansatz. Allerdings gibt es weltweit bereits Gesetze, die lieferkettenbezogene Sorgfaltspflichten und insbesondere Berichts- und Dokumentationspflichten vorsehen. Bezüglich des Geltungsbereichs stimmen etliche Gesetze überein, während eine zivilrechtliche Haftung nur vereinzelt von den Gesetzen angeordnet wird. Den Regelfall stellen behördliche Sanktionen dar. Mit Spannung wird der europäische Richtlinienvorschlag erwartet, der voraussichtlich weit über die Vorgaben des deutschen LkSG hinaus geht und hohe Anforderungen an die Pflichten für Unternehmen stellt.

Was Sie aus diesem Kapitel mitnehmen
- Überblick über die weltweiten Regelungen zu Sorgfalts-, Berichts- und Dokumentationspflichten bezüglich Lieferketten
- Vergleich des deutschen LkSG mit anderen Gesetzen, die auf den Schutz von Lieferketten abzielen
- der europäische Richtlinien-Vorschlag als richtungsweisendes Instrument für ganz Europa

Neben der generellen Verantwortung der deutschen Exportwirtschaft für die Einhaltung von Menschenrechten und Umweltstandards entlang der Lieferketten wurde insbesondere von Nichtregierungsorganisationen wie der eigens 2019 von

© Der/die Autor(en), exklusiv lizenziert durch Springer Fachmedien Wiesbaden GmbH, ein Teil von Springer Nature 2022
R. Falder et al., *Lieferkettensorgfaltspflichtengesetz*,
https://doi.org/10.1007/978-3-658-36837-1_12

18 Trägerorganisationen und 72 Unterstützerorganisationen gebildeten „Initiative Lieferkettengesetz" immer wieder hervorgehoben, dass Deutschland mit dem Gesetzesvorhaben nicht alleine steht. Die Gesetzgebung zu dem Thema Menschenrechtsschutz in der Lieferkette ist allerdings unterschiedlich ausgestaltet.

Ein Blick auf die nationale Gesetzgebung in anderen Industriestaaten soll nachfolgend Parallelen, aber auch Unterschiede aufzeigen. Zudem wird ein Blick auf die europäische Perspektive bezüglich der Thematik geworfen. Insoweit bestehen Bestrebungen des Europäischen Parlaments, eine europäische Richtlinie, die Unternehmen zur Sorgfaltspflicht für ihre Lieferketten verpflichten soll, zu verabschieden.

12.1 Vergleichsobjekte und -subjekte

Die nachfolgende Darstellung orientiert sich an der Gesetzgebung von Staaten unter Ausblendung supranationaler Regelwerke, wie UN und EU (mit Ausnahme des genannten Ausblicks).

Näher betrachtet werden insbesondere das französische „loi de vigilance" von 2017, US-amerikanischen Gesetze (Trafficking Victims Protection and Reauthorization Act 2017 (TVPA), Tariff Act (2016), Dodd-Frank Act (2019) und California Transparency in Supply Chains Act 2012 (CTSCA)), das niederländische „Wet Zorgplicht Kinderarbeid" von 2019 und der Modern Slavery Act 2021 (MSA) des Vereinigten Königreichs (genannt ist jeweils die letzte Bearbeitung des jeweiligen Gesetzes).

Neu hinzugekommen ist erst Ende Dezember 2021 der US Uyghur Forced Labor Prevention Act (HR 6256) (UFLPA).

12.1.1 Funktionsweise der gesetzlichen Regelungen

In allen vorgenannten Gesetzen sind lieferkettenbezogene Sorgfaltspflichten vorgesehen, jedoch ganz unterschiedlichen Ausmaßes. Darüber hinaus enthalten alle genannten Gesetze Berichts- und Dokumentationspflichten, teilweise erschöpft sich jedoch darin bereits der Katalog der Sorgfaltspflichten (CTSCA und loi de vigilance).

Einige Gesetze, z. B. der MSA erhält erst seit kurzem (2021) weitergehende Sorgfaltspflichten.

Sämtliche Gesetze haben gemein, dass die betroffenen Unternehmen lediglich ein angemessenes Bemühen schulden und keine Garantiehaftung übernehmen.

Dem entspricht auch, dass – wo überhaupt Aktionen von Unternehmen erwartet werden – der Grundsatz „Befähigung vor Rückzug" gilt. Demnach müssen Unternehmen zunächst versuchen, mit ihren Mitteln für Abhilfe zu sorgen. Sie sind nicht sogleich gezwungen, die gesamte Geschäftsbeziehung in Frage zu stellen.

12.1.2 Geltungsbereich der Gesetze

Der Geltungsbereich der Gesetze ist höchst unterschiedlich ausgestaltet. Zum Teil wird an den Sitz oder die Hauptniederlassung des Unternehmens angeknüpft (loi de vigilances), z. T. auch an die Unternehmensgröße (bezogen auf Mitarbeiterzahl – wiederum loi de vigilances). In anderen Fällen genügt ein Inlandsbezug unterschiedlicher Ausprägung; so reicht es in den Niederlanden aus, wenn die mit Kinderarbeit hergestellten Waren in den Niederlanden in den Verkehr gebracht werden (Wet Zorgplicht Kinderarbeid).

Prinzipiell sind die amerikanischen Umweltgesetze und die auf Kinder- und Sklavenarbeit gerichteten Verbote universell, werden aber naturgemäß in erster Linie bei einem Inlandsbezug, z. B. einem Warenimport angewandt (strenge Kriterien gelten insoweit insbesondere für den Tariff Act, der von den amerikanischen Zollbehörden konsequent angewandt wird). Ähnliches gilt auch für den amerikanischen TVPA. Eine Beschränkung des Geltungsbereichs der Gesetze auf amerikanische Unternehmen oder dort tätige ausländische Unternehmen gibt es nicht, jedoch setzen administrative Maßnahmen von Behörden naturgemäß eine inländische Zugriffsmöglichkeit voraus.

12.1.3 Zivilrechtliche Haftung

Eine Regelung zur zivilrechtlichen Haftung enthalten nur der loi de vigilances und der TVPA. Ersteres beschränkt sich allerdings auf „schwerwiegende" Verletzungen der Menschenrechte. Beim TVPA reicht es sogar aus, dass die Sklaverei „erkennbar" war. Die zivilrechtliche Haftung reicht von Entschädigung und/oder Strafschadensersatz (punitive damages) bis hin zur Erstattung von Anwaltskosten (die in den USA erheblich sein können). Dabei gibt es keine Begrenzungen hinsichtlich der Klagebefugnis, auch ausländische Kläger sind zugelassen. Überdies kann sich die rechtswidrige Handlung sogar ausschließlich im Ausland abspielen. Ein hinreichender Bezug zu den USA ist bereits gegeben, wenn irgendeine von der illegalen Aktivität begünstigte (natürliche oder juristische) Person in den USA ansässig ist.

12.1.4 Behördliche Sanktionen

Im Gegenzug zur Eröffnung des Zivilrechtswegs in Frankreich fehlt es dort an jeder Regelung zur behördlichen Sanktionierung von Verstößen.

Dies ist in allen anderen Ländern anders. Diese setzen stark oder gar ausschließlich auf eine staatliche Strafandrohung.

Dies inkludiert das Strafrecht im engeren Sinn. Sowohl nach dem TVPA als auch (seit Kurzem) dem MSA und dem niederländischen Gesetz gegen Kinderarbeit können Gesetzesverstöße mit Haftstrafen für die Verantwortlichen geahndet werden.

In jedem Fall aber kann es zu (teilweise hohen) Bußgeldern kommen, so z. B. im Rahmen des MSA (bis zu 4 % des Jahresumsatzes; bis zu 20 Mio. Pfund) und des Tariff Acts, des TVPA sowie des niederländischen Gesetzes gegen Kinderarbeit (bis zu 10 % des Jahresumsatzes). Theoretisch gilt dies auch für den CTSCA. Nach diesem Gesetz bestehen im Moment allerdings nur Berichtspflichten, sodass der Anwendungsraum für Bußgeldern in der Praxis vernachlässigbar sein dürfte.

Ein besonders wirksames staatliches Sanktionsmittel ist die Beschlagnahme von Waren, die außer bei den Umweltgesetzen auch beim Tariff Act eine wichtige Rolle spielt. So kann der amerikanische Zoll Importgüter schon bei Verdacht auf Zwangsarbeit beschlagnahmen. Es liegt dann am Importeur ordnungsgemäße Produktionsbedingungen nachzuweisen.

12.1.5 Geschützte Rechtspositionen

In vielen der hier behandelten Gesetze ergibt sich schon aus der Gesetzesbezeichnung eine sachliche Begrenzung des Bereichs der geschützten Rechtsgüter.

Evident ist dies bei dem niederländischen Gesetz gegen Kinderarbeit und dem TVPA, in dem es um Menschenhandel und moderne Formen der Sklaverei geht. Letzteres ist auch (einziger) Gegenstand des britischen MSA.

Dies gilt auch für die Umweltgesetze, die sich mit spezifischen Gütern beschäftigen (bspw. Konfliktmineralien und bestimmte Holzarten).

Der Schutzbereich des loi de vigilances ist demgegenüber weitgefasst. Grundsätzlich sind alle Arten von Menschenrechtsverletzungen erfasst. Die Begrenzung dieses weiten Anwendungsbereichs erfolgt auf den Ebenen Geltungsbereich (nur wenige Großunternehmen), eingeschränkte zivilrechtliche Haftung (nur schwere Verstöße) und fehlende staatliche Sanktionen.

12.1.6 Rolle von Gewerkschaften und Nichtregierungsorganisationen

Eine besondere Erwähnung finden Gewerkschaften und Nichtregierungsorganisationen nur in den Niederlanden und Frankreich. In beiden Ländern sollen Unternehmen mit diesen Interessengruppen zusammenarbeiten, insbesondere bei der Ausarbeitung von Aktions- bzw. Überwachungsplänen.

12.1.7 Zusammenfassung und Vergleich mit dem Lieferkettensorgfaltspflichtengesetz

Der eingangs erwähnte Verweis der Befürworter des deutschen Gesetzes auf ausländische Rechtsordnungen geht zwar nicht fehl; allerdings ist zu konstatieren, dass nur in wenigen Industriestaaten eine umfassende gesetzliche Regelung zum Schutz von Menschenrechten in Lieferketten besteht.

Dort wo dies der Fall ist, handelt es sich um punktuelle Regelungen zu Einzelaspekten des Menschenrechtsschutzes mit unterschiedlicher Eingriffsintensität. Durch Einschränkungen unterschiedlicher Art, von einem stark beschränkten Geltungsbereich bis hin zu bloßen Berichtspflichten, ist in keinem Fall ein erheblicher Einfluss auf das (internationale) Wirtschaftsgeschehen festzustellen bzw. zu erwarten.

Am weitreichendsten erscheinen die amerikanischen Gesetze mit beschränktem Schutzbereich, die durch die für den Warenimport zuständigen Behörden umgesetzt werden.

Fast keine Wirkung zeigt bislang das in Nichtregierungsorganisationskreisen meist zitierte loi de vigilances, da es nur für wenige französische Großunternehmen gilt, die in den Anwendungsbereich des Gesetzes fallen, und eine Haftung für Verstöße auf der persönlichen Anwendungsebene bereits weitestgehend ausgeschlossen ist. Bislang hat es nach Presseberichten lediglich eine geringe Anzahl an Klagen gegeben, die auch nur darauf gerichtet waren, Unternehmen anzuhalten, ordnungsgemäße Berichte vorzulegen.

Ein Rückzug aus Konfliktregionen ist nur dort festzustellen, wo es eng begrenzte Sanktionsvorschriften gibt (bspw. bei Konfliktmineralien, wobei auf Mineralien aus einer ganz bestimmten Region abgestellt wird).

Insgesamt ergibt sich der Eindruck, dass sich Länder, die im Menschenrechtsschutz bislang aktiv geworden sind, auf die Bekämpfung der gröbsten Verstöße konzentriert haben und es tunlichst vermeiden wollen, ihre eigene Wirtschaft in ihrem Exportgeschäft allzu sehr zu behindern. Zudem kritisieren Nichtregierungsorganisationen und Gewerkschaften, dass es sich weitestgehend um Symbolpolitik handelt, die den Betroffenen insbesondere in der Dritten Welt nicht hilft.

Der Praxistest für das deutsche Gesetz steht naturgemäß noch aus. Im internationalen Vergleich zeigen sich jedoch erhebliche Unterschiede, die eine wesentlich größere Wirkung des Lieferkettensorgfaltspflichtengesetzes erwarten lassen.

Dies beginnt bereits bei dem persönlichen und sachlichen Geltungsbereich. Zwar sind initial scheinbar nur größere Unternehmen mit vielen Arbeitnehmern in Deutschland betroffen, jedoch erhöht sich die Zahl der betroffenen Unternehmen bereits nach einem Jahr. Bedeutender ist indessen, dass das Gesetz eine vertragliche Weitergabe der Verpflichtungen mindestens an den unmittelbaren Zulieferer fordert. Tatsächlich sollen Unternehmen durch entsprechend ausgestaltete Verträge entlang der gesamten Lieferkette über alle mittelbaren Zulieferer hinweg für die Einhaltung des Gesetzes sorgen. Auch im Umweltbereich sind alle potenziell Betroffenen, unabhängig deren Ansässigkeit, in den Schutzbereich einbezogen. Dies geht weit über den Geltungsbereich aller vergleichbaren Gesetze hinaus.

Im Hinblick auf die Schutzgüter enthält das deutsche Gesetz eine klare Beschränkung im Bereich Umweltschutz, da es auf nur wenige internationale Abkommen verweist und explizit festlegt, dass die Aufzählung abschließend ist.

Im Bereich der Menschenrechte ist dies notwendigerweise nicht der Fall. Neben den auch in den ausländischen Gesetzen pönalisierten Verboten von Kinderarbeit, Sklaverei und Zwangsarbeit nimmt das deutsche Gesetz nicht nur Bezug auf eine Reihe von Konventionen der Internationalen Arbeitsorganisation (ILO), sondern schreibt darüber hinausgehend auch Sorgfaltspflichten für die Einhaltung internationaler und lokaler Arbeitsrechts- und Arbeitsschutzvorschriften vor.

Viel weitgehender als jede vergleichbare nationale Regelung ist der Katalog der Sorgfaltspflichten selbst. Während vielfach lediglich Berichtspflichten bestehen, enthält das deutsche Gesetz einen ganzen Katalog an zu erfüllenden Pflichten. Dies beginnt mit Dokumentations- und Berichtspflichten und geht über ein dezidiertes Risikomanagement bis hin zu konkreten Abhilfemaßnahmen einschließlich einer erzwingbaren (temporären oder dauerhaften) Einstellung von Geschäftsbeziehungen.

Daher ist folgerichtig, dass die Durchsetzung der Verpflichtungen extensiver geregelt ist als in den vorgenannten Gesetzen. Der Katalog reicht von staatlichen Eingriffen über Bußgelder und dem Ausschluss von Vergabeverfahren bis hin zu einer Vermögensabschöpfung.

Insofern ist in dieser Hinsicht allenfalls der TVPA mit seinen „punitive damages" und strafrechtlichen Regelungen (letzteres gilt auch für den britischen MSA) vergleichbar.

Unklar ist der zivilrechtliche Haftungstatbestand. Hierüber wurde zwar in Deutschland bis zuletzt gestritten. Die abschließende Gesetzesformulierung, wonach das Gesetz keinen eigenständigen Haftungsgrund schaffen soll, lässt jedoch die Möglichkeit einer zivilrechtlichen Inanspruchnahme von Unternehmen durch ausländische Geschädigte über den Weg des Deliktsrechts durchaus möglich erscheinen.

Im Gegensatz zum loi de vigilances, das nur bei schwerwiegenden Verletzungen eine Klagemöglichkeit vorsieht, enthält das LkSG auch verfahrenstechnische Regelungen zur Beweislast, die allen ausländischen Klägern zugutekommen können.

Auch kommt im LkSG den Arbeitnehmervertretern und Nichtregierungsorganisationen eine bedeutendere Rolle zu. Diese können unter vergleichsweise geringen formalen Anforderungen Ansprüche von Geschädigten im Wege der Prozessstandschaft in Deutschland geltend machen und so auch faktisch für einen umfangreichen Rechtsschutz sorgen. Einzelklagen betroffener Arbeitnehmer aus den Ländern der mittelbaren Zulieferer dürften der Ausnahmefall bleiben.

Bezeichnend ist, dass durch eine Ergänzung des Betriebsverfassungsgesetzes sogar der Bereich der betrieblichen Mitbestimmung eröffnet wird, um die Durchsetzung von Menschenrechten in der Lieferkette zu erleichtern.

Der internationale Vergleich zeigt somit eindrücklich, dass das deutsche LkSG ein gänzlich neues Regelwerk ist, welches den bislang weitestgehenden Versuch einer Durchsetzung von Menschenrechten und Umweltschutz in Lieferketten weltweit darstellt.

Eine Besonderheit stellt der eingangs genannte US Uyghur Forced Labor Prevention Act (HR 6256) (UFLPA) dar, der ein bereits aufgrund des dargestellten Tariff Act bestehendes Importverbot für in Xinjiang (China) hergestellte Waren erheblich verschärft. Kernelement ist eine Beweislastumkehr, wonach der Importeur beweisen muss, dass die importierte Ware keinerlei in Xinjiang hergestellte Elemente enthält. Die Regelung soll am 21. Juni 2022 in Kraft treten, es wird abzuwarten sein, wie sich dies auf die Lieferketten für Waren wie Baumwolle, Tomaten oder Polysilizium auswirken wird.

12.2 Europäische Initiative für eine Lieferkettenrichtlinie

Im März 2021 haben die Europaabgeordneten mit großer Mehrheit einen Initiativvorschlag zur Rechenschafts- und Sorgfaltspflicht von Unternehmen in Bezug auf Lieferketten angenommen und fordern darin die EU-Kommission zu einem entsprechenden Richtlinienvorschlag auf. Insgesamt sieht der Vorschlag des

Europäischen Parlaments **umfangreiche** Sorgfaltspflichten vor und geht weit über die deutschen Verpflichtungen für Unternehmen hinaus.

Der Vorschlag enthält Pflichten, künftig nicht nur menschenrechtliche, sondern auch umweltrechtliche Risiken und negative Auswirkungen auf die gute Regierungsführung in der Wertschöpfungskette zu prüfen. Dabei wollen die Europaabgeordneten, dass auch kleine und mittlere Unternehmen (KMU) in Hochrisikosektoren und börsennotierte KMU, die im Binnenmarkt tätig sind, ihre Vorprodukte prüfen. Die mit einem hohen Risiko behafteten KMU soll die EU-Kommission definieren.

Es bleibt abzuwarten, was genau im Legislativtext der EU-Kommission stehen wird. EU-Justizkommissar Didier Reynders hat in unterschiedlichen Stellungnahmen und mehrmals auch bei Anhörungen im Europaparlament deutlich gemacht, sektorübergreifende Regeln vorzuschlagen, die Unternehmen zur Einhaltung von Menschenrechts- und Umweltstandards in ihren globalen Lieferketten verpflichten sollen. Einbeziehen will die EU-Kommission zudem alle Unternehmen, unabhängig von ihrer Größe, die ihre Produkte im Binnenmarkt verkaufen, wobei sie vermutlich nach Größe und Risikosektor unterschiedliche Pflichten verlangen wird. Klare Durchsetzungsmechanismen und ein Sanktionssystem müssten zudem sicherstellen, dass die Standards auch eingehalten werden. Das Vorgehen gründet auf einer von der EU-Kommission in Auftrag gegebenen Studie zu Sorgfaltspflichten in der Lieferkette. Darin manifestiert sich eine klare Präferenz für eine Verschärfung der bestehenden Regeln.

Eine mehrjährige Unternehmensbefragung der Bundesregierung, das NAP-Monitoring, hat zudem gezeigt: Nur rund ein Fünftel aller in Deutschland ansässigen Unternehmen mit mehr als 500 Beschäftigten kommt gegenwärtig der menschenrechtlichen Sorgfaltspflicht entlang der eigenen Lieferketten genügend nach. Hieraus wurde sowohl auf deutscher als auch europäischer Ebene ein Handlungsbedarf abgeleitet.

Dementsprechend sind sich die EU-Mitgliedstaaten einig, dass ein europäischer Rechtsrahmen für unternehmerische Sorgfaltspflichten entlang globaler Lieferketten etabliert werden muss. Anfang Dezember 2020 haben sie hierzu einstimmig Schlussfolgerungen des Europäischen Rates verabschiedet.

Unternehmen ziehen eine europäische Lösung statt nationaler Sonderwege durchaus vor. Vor allem nach Auffassung deutscher Verbände können nur einheitliche rechtliche Rahmenbedingungen dazu beitragen, Wettbewerbsverzerrungen im europäischen Binnenmarkt zu verhindern und die bestehende Komplexität hybrider Regelungsmechanismen zu reduzieren.

Neben der angekündigten deutlichen Erweiterung des Geltungsbereichs ist dabei die angestrebte Regelung der zivilrechtlichen Haftung besonders brisant. Nach dem Richtlinienvorschlag sollen die Mitgliedstaaten zivilrechtliche Haftungsregeln einführen, nach denen Unternehmen auf Schadenersatz in Anspruch genommen werden können, wenn sie ihren Sorgfaltspflichten nicht nachgekommen sind und hierdurch ein Schaden entstanden ist. Anders als bisher, soll zudem nicht das Recht des Landes, in dem der Schaden eingetreten ist, Anwendung finden. Stattdessen dürfen Kläger das Recht des Landes wählen, in dem das beklagte Unternehmen seinen Sitz hat. In der Praxis würde dies dazu führen, dass deutsche Unternehmen nach deutschem Recht für Vorfälle im Ausland verklagt werden können. Unternehmen können einen Anspruch auf Schadenersatz jedoch abwehren, wenn sie nachweisen, dass sie ihren Sorgfaltspflichten nachgekommen sind oder, dass der Schaden auch bei Einhaltung der gebotenen Sorgfalt eingetreten wäre.

Viele Details sind noch offen, sodass der für das Frühjahr 2022 angekündigte Entwurf einer europäischen Richtlinie zu Sorgfaltspflichten in internationalen Lieferketten mit großer Spannung erwartet wird. Allerdings ist davon auszugehen, dass es eine intensive politische Diskussion geben wird, bevor eine Richtlinie verabschiedet wird. Schließlich muss auch berücksichtigt werden, dass es eine zweijährige Frist zur Umsetzung von Richtlinien in die nationale Gesetzgebung gibt. Insoweit dürfte eine europaweite Regelung frühestens Anfang 2025 in Kraft treten.

Vor diesem Hintergrund ist anzunehmen, dass das LkSG zumindest etwa drei Jahre in Kraft sein wird, bevor es möglicherweise von einem europäischen Legislativakt ergänzt wird. Innerhalb dieses Zeitraums gelangen die dargestellten Regelungen zur Anwendung und behalten somit (zunächst) alleinige Relevanz. Dies bedeutet für Unternehmen, die vom deutschen LkSG betroffen sind, jedoch auch einen wertvollen Vorsprung vor europäischen Mitbewerbern, der genutzt werden sollte.

Zusammenfassung und Ausblick 13

Zusammenfassung

Das Lieferkettensorgfaltspflichtengesetz (LkSG) schafft eine neue Rechtsmaterie, die auch in publizistischer Hinsicht Neuland darstellt. Die in der vorliegenden Publikation dargestellten Themen werden in Zukunft durch die Rechtsprechung und vertrags- bzw. verwaltungsrechtliche Praxis eine Konkretisierung erfahren. Hierbei werden sich branchen- und länderspezifische Besonderheiten herausbilden.

Dennoch lassen sich bereits jetzt einige wesentliche Aspekte festhalten.

Komplexität und Aufwand

Eine organisatorische Komplexität ergibt sich daraus, dass das LkSG interne Umsetzungsmaßnahmen erfordert, die nur im Zusammenspiel aller relevanter Fachabteilungen gelingen können. Die praktischen Schwierigkeiten einer unternehmensinternen Zusammenarbeit – fachabteilungsübergreifend und regelmäßig auch länderübergreifend – verdeutlichen jüngst die Implementierung der Datenschutzgrundverordnung und des Gesetzes zum Schutz von Geschäftsgeheimnissen.

In technischer Hinsicht ist zu berücksichtigen, dass eine kaum überschaubare Anzahl an Verträgen bzw. Geschäftsbeziehungen in einer kurzen Umsetzungsfrist auf den Prüfstand zu stellen sind. Dies betrifft nicht nur Großunternehmen, die bisweilen bereits über Compliance Management Systeme verfügen, sondern auch Mittelständler ohne eigene Compliance Organisation und jedes Zulieferunternehmen, was durch vertragliche Vorgaben mittelbar mit den Anforderungen des LkSG konfrontiert wird.

Vertragsrechtliche Herausforderungen ergeben sich schließlich aus der Komplexität des internationalen Wirtschaftsrechts und den Besonderheiten des deutschen Vertragsrechts.

Hinzukommt, dass eine der größten Herausforderungen gar nicht gesetzlich geregelt ist. In vielen Fällen dürfte nämlich dem Reputationsmanagement eine herausragende Rolle zukommen. Schließlich will kein in Deutschland ansässiges Unternehmen aufgrund von Vorwürfen wegen Kinderarbeit und Zwangsarbeit in den Fokus der Öffentlichkeit geraten.

Aus alledem erklärt sich auch, dass Unternehmen mit einem erheblichen Umsetzungsaufwand rechnen müssen. Selbst wenn die relevante Expertise im Unternehmen vorhanden ist, bedarf es der Einschaltung von externen Fachleuten, die über länderspezifische Kenntnisse verfügen, Schulungen durchführen und auch vor Ort Kontrollen vornehmen können.

Unbekannte Regionen
Risiken werden vor allem in Regionen und Branchen bestehen, denen bisher keine Aufmerksamkeit gewidmet werden musste. Viele Zulieferer sind in Emerging Markets angesiedelt, die allenfalls wenige Einkäufer kennengelernt haben, die nicht nur juristisch „terra incognita" sind.

Spannungsverhältnis zwischen internationaler Politik und internationalem Handel
International tätige Unternehmen haben nicht nur die nationalen Anforderungen ihrer nationalen Rechtsordnung zu beachten, sondern müssen sich mit unterschiedlichen Regelungen auf allen Märkten, auf denen sie tätig sind, sei es als Einkäufer bzw. Verkäufer, auseinandersetzen. Hierbei können sich bisweilen Widersprüche ergeben, die erheblichen wirtschaftlichen und rechtlichen Konsequenzen verbunden sein können. Die weiteren internationalen Entwicklungen sind sorgfältig zu beobachten. Internationale Netzwerke können dabei helfen, die vielfältigen Anforderungen effizient und rechtskonform umzusetzen.

Anlage I – Lieferkettensorgfaltspflichtengesetz

14

Zusammenfassung

Gesetz

über die unternehmerischen Sorgfaltspflichten zur Vermeidung von Menschenrechtsverletzungen in Lieferketten (Lieferkettensorgfaltspflichtengesetz – LkSG)

Vom 16. Juli 2021

A b s c h n i t t 1

A l l g e m e i n e B e s t i m u n g e n

§ 1

Anwendungsbereich

(1) Dieses Gesetz ist anzuwenden auf Unternehmen ungeachtet ihrer Rechtsform, die
1. ihre Hauptverwaltung, ihre Hauptniederlassung, ihren Verwaltungssitz oder ihren satzungsmäßigen Sitz im Inland haben und
2. in der Regel mindestens 3000 Arbeitnehmer im Inland beschäftigen; ins Ausland entsandte Arbeitnehmer sind erfasst.

Abweichend von Satz 1 Nummer 1 ist dieses Gesetz auch anzuwenden auf Unternehmen ungeachtet ihrer Rechtsform, die

---

1. eine Zweigniederlassung gemäß § 13d des Handelsgesetzbuchs im Inland haben und
2. in der Regel mindestens 3000 Arbeitnehmer im Inland beschäftigen.

Ab dem 1. Januar 2024 betragen die in Satz 1 Nummer 2 und Satz 2 Nummer 2 vorgesehenen Schwellenwerte jeweils 1000 Arbeitnehmer.

(2) Leiharbeitnehmer sind bei der Berechnung der Arbeitnehmerzahl (Absatz 1 Satz 1 Nummer 2 und Satz 2 Nummer 2) des Entleihunternehmens zu berücksichtigen, wenn die Einsatzdauer sechs Monate übersteigt.

(3) Innerhalb von verbundenen Unternehmen (§ 15 des Aktiengesetzes) sind die im Inland beschäftigten Arbeitnehmer sämtlicher konzernangehöriger Gesellschaften bei der Berechnung der Arbeitnehmerzahl (Absatz 1 Satz 1 Nummer 2) der Obergesellschaft zu berücksichtigen; ins Ausland entsandte Arbeitnehmer sind erfasst.

§ 2
Begriffsbestimmungen

(1) Geschützte Rechtspositionen im Sinne dieses Gesetzes sind solche, die sich aus den in den Nummern 1 bis 11 der Anlage aufgelisteten Übereinkommen zum Schutz der Menschenrechte ergeben.

(2) Ein menschenrechtliches Risiko im Sinne dieses Gesetzes ist ein Zustand, bei dem aufgrund tatsächlicher Umstände mit hinreichender Wahrscheinlichkeit ein Verstoß gegen eines der folgenden Verbote droht:

1. das Verbot der Beschäftigung eines Kindes unter dem Alter, mit dem nach dem Recht des Beschäftigungsortes die Schulpflicht endet, wobei das Beschäftigungsalter 15 Jahre nicht unterschreiten darf; dies gilt nicht, wenn das Recht des Beschäftigungsortes hiervon in Übereinstimmung mit Artikel 2 Absatz 4 sowie den Artikeln 4 bis 8 des Übereinkommens Nr. 138 der Internationalen Arbeitsorganisation vom 26. Juni 1973 über das Mindestalter für die Zulassung zur Beschäftigung (BGBl. 1976 II S. 201, 202) abweicht;

2. das Verbot der schlimmsten Formen der Kinderarbeit für Kinder unter 18 Jahren; dies umfasst gemäß Artikel 3 des Übereinkommens Nr. 182 der Internationalen Arbeitsorganisation vom 17. Juni 1999 über das Verbot und unverzügliche Maßnahmen zur Beseitigung der schlimmsten Formen der Kinderarbeit (BGBl. 2001 II S. 1290, 1291):

   a) alle Formen der Sklaverei oder alle sklavereiähnlichen Praktiken, wie den Verkauf von Kindern und den Kinderhandel, Schuldknechtschaft und Leibeigenschaft sowie Zwangs- oder Pflichtarbeit, einschließlich der Zwangs- oder Pflichtrekrutierung von Kindern für den Einsatz in bewaffneten Konflikten,

b) das Heranziehen, Vermitteln oder Anbieten eines Kindes zur Prostitution, zur Herstellung von Pornografie oder zu pornografischen Darbietungen,

c) das Heranziehen, Vermitteln oder Anbieten eines Kindes zu unerlaubten Tätigkeiten, insbesondere zur Gewinnung von und zum Handel mit Drogen,

d) Arbeit, die ihrer Natur nach oder aufgrund der Umstände, unter denen sie verrichtet wird, voraussichtlich für die Gesundheit, die Sicherheit oder die Sittlichkeit von Kindern schädlich ist;

3. das Verbot der Beschäftigung von Personen in Zwangsarbeit; dies umfasst jede Arbeitsleistung oder Dienstleistung, die von einer Person unter Androhung von Strafe verlangt wird und für die sie sich nicht freiwillig zur Verfügung gestellt hat, etwa in Folge von Schuldknechtschaft oder Menschenhandel; ausgenommen von der Zwangsarbeit sind Arbeits- oder Dienstleistungen, die mit Artikel 2 Absatz 2 des Übereinkommens Nr. 29 der Internationalen Arbeitsorganisation vom 28. Juni 1930 über Zwangs- oder Pflichtarbeit (BGBl. 1956 II S. 640, 641) oder mit Artikel 8 Buchstabe b und c des Internationen Paktes vom 19. Dezember 1966 über bürgerliche und politische Rechte (BGBl. 1973 II S. 1533, 1534) vereinbar sind;

4. das Verbot aller Formen der Sklaverei, sklavenähnlicher Praktiken, Leibeigenschaft oder anderer Formen von Herrschaftsausübung oder Unterdrückung im Umfeld der Arbeitsstätte, etwa durch extreme wirtschaftliche oder sexuelle Ausbeutung und Erniedrigungen;

5. das Verbot der Missachtung der nach dem Recht des Beschäftigungsortes geltenden Pflichten des Arbeitsschutzes, wenn hierdurch die Gefahr von Unfällen bei der Arbeit oder arbeitsbedingte Gesundheitsgefahren entstehen, insbesondere durch:

a) offensichtlich ungenügende Sicherheitsstandards bei der Bereitstellung und der Instandhaltung der Arbeitsstätte, des Arbeitsplatzes und der Arbeitsmittel,

b) das Fehlen geeigneter Schutzmaßnahmen, um Einwirkungen durch chemische, physikalische oder biologische Stoffe zu vermeiden,

c) das Fehlen von Maßnahmen zur Verhinderung übermäßiger körperlicher und geistiger Ermüdung, insbesondere durch eine ungeeignete Arbeitsorganisation in Bezug auf Arbeitszeiten und Ruhepausen oder

d) die ungenügende Ausbildung und Unterweisung von Beschäftigten;

6. das Verbot der Missachtung der Koalitionsfreiheit, nach der

a) Arbeitnehmer sich frei zu Gewerkschaften zusammen zu schließen oder diesen beitreten können,

b) die Gründung, der Beitritt und die Mitgliedschaft zu einer Gewerkschaft nicht als Grund für ungerechtfertigte Diskriminierungen oder Vergeltungsmaßnahmen genutzt werden dürfen,

c) Gewerkschaften sich frei und in Übereinstimmung mit dem Recht des Beschäftigungsortes betätigen dürfen; dieses umfasst das Streikrecht und das Recht auf Kollektivverhandlungen;

7. das Verbot der Ungleichbehandlung in Beschäftigung, etwa aufgrund von nationaler und ethnischer Abstammung, sozialer Herkunft, Gesundheitsstatus, Behinderung, sexueller Orientierung, Alter, Geschlecht, politischer Meinung, Religion oder Weltanschauung, sofern diese nicht in den Erfordernissen der Beschäftigung begründet ist; eine Ungleichbehandlung umfasst insbesondere die Zahlung ungleichen Entgelts für gleichwertige Arbeit;

8. das Verbot des Vorenthaltens eines angemessenen Lohns; der angemessene Lohn ist mindestens der nach dem anwendbaren Recht festgelegte Mindestlohn und bemisst sich ansonsten nach dem Recht des Beschäftigungsortes;

9. das Verbot der Herbeiführung einer schädlichen Bodenveränderung, Gewässerverunreinigung, Luftverunreinigung, schädlichen Lärmemission oder eines übermäßigen Wasserverbrauchs, die

a) die natürlichen Grundlagen zum Erhalt und der Produktion von Nahrung erheblich beeinträchtigt,

b) einer Person den Zugang zu einwandfreiem Trinkwasser verwehrt,

c) einer Person den Zugang zu Sanitäranlagen erschwert oder zerstört oder

d) die Gesundheit einer Person schädigt;

10. das Verbot der widerrechtlichen Zwangsräumung und das Verbot des widerrechtlichen Entzugs von Land, von Wäldern und Gewässern bei dem Erwerb, der Bebauung oder anderweitigen Nutzung von Land, Wäldern und Gewässern, deren Nutzung die Lebensgrundlage einer Person sichert;

11. das Verbot der Beauftragung oder Nutzung privater oder öffentlicher Sicherheitskräfte zum Schutz des unternehmerischen Projekts, wenn aufgrund mangelnder Unterweisung oder Kontrolle seitens des Unternehmens bei dem Einsatz der Sicherheitskräfte

a) das Verbot von Folter und grausamer, unmenschlicher oder erniedrigender Behandlung missachtet wird,

b) Leib oder Leben verletzt werden oder

c) die Vereinigungs- und Koalitionsfreiheit beeinträchtigt werden;

12. das Verbot eines über die Nummern 1 bis 11 hinausgehenden Tuns oder pflichtwidrigen Unterlassens, das unmittelbar geeignet ist, in besonders schwerwiegender Weise eine geschützte Rechtsposition zu beeinträchtigen und dessen Rechtswidrigkeit bei verständiger Würdigung aller in Betracht kommenden Umstände offensichtlich ist.

(3) Ein umweltbezogenes Risiko im Sinne dieses Gesetzes ist ein Zustand, bei dem auf Grund tatsächlicher Umstände mit hinreichender Wahrscheinlichkeit ein Verstoß gegen eines der folgenden Verbote droht:

1. das Verbot der Herstellung von mit Quecksilber versetzten Produkten gemäß Artikel 4 Absatz 1 und Anlage A Teil I des Übereinkommens von Minamata vom 10. Oktober 2013 über Quecksilber (BGBl. 2017 II S. 610, 611) (Minamata-Übereinkommen);

2. das Verbot der Verwendung von Quecksilber und Quecksilberverbindungen bei Herstellungsprozessen im Sinne des Artikels 5 Absatz 2 und Anlage B Teil I des Minamata-Übereinkommens ab dem für die jeweiligen Produkte und Prozesse im Übereinkommen festgelegten Ausstiegsdatum;

3. das Verbot der Behandlung von Quecksilberabfällen entgegen den Bestimmungen des Artikels 11 Absatz 3 des Minamata-Übereinkommens;

4. das Verbot der Produktion und Verwendung von Chemikalien nach Artikel 3 Absatz 1 Buchstabe a und Anlage A des Stockholmer Übereinkommens vom 23. Mai 2001 über persistente organische Schadstoffe (BGBl. 2002 II S. 803, 804) (POPs-Übereinkommen), zuletzt geändert durch den Beschluss vom 6. Mai 2005 (BGBl. 2009 II S. 1060, 1061), in der Fassung der Verordnung (EU) 2019/1021 des Europäischen Parlaments und des Rates vom 20. Juni 2019 über persistente organische Schadstoffe (ABl. L 169 vom 26.05.2019, S. 45), die zuletzt durch die Delegierte Verordnung (EU) 2021/277 der Kommission vom 16. Dezember 2020 (ABl. L 62 vom 23.02.2021, S. 1) geändert worden ist;

5. das Verbot der nicht umweltgerechten Handhabung, Sammlung, Lagerung und Entsorgung von Abfällen nach den Regelungen, die in der anwendbaren Rechtsordnung nach den Maßgaben des Artikels 6 Absatz 1 Buchstabe d Ziffer i und ii des POPs-Übereinkommens gelten;

6. das Verbot der Ausfuhr gefährlicher Abfälle im Sinne des Artikel 1 Absatz 1 und anderer Abfälle im Sinne des Artikel 1 Absatz 2 des Basler Übereinkommens über die Kontrolle der grenzüberschreitenden Verbringung gefährlicher Abfälle und ihrer Entsorgung vom 22. März 1989 (BGBl. 1994 II S. 2703, 2704) (Basler Übereinkommen), zuletzt geändert durch die Dritte Verordnung zur Änderung von Anlagen zum Basler Übereinkommen

vom 22. März 1989 vom 6. Mai 2014 (BGBl. II S. 306, 307), und im Sinne der Verordnung (EG) Nr. 1013/2006 des Europäischen Parlaments und des Rates vom 14. Juni 2006 über die Verbringung von Abfällen (ABl. L 190 vom 12.07.2006, S. 1) (Verordnung (EG) Nr. 1013/2006), die zuletzt durch die Delegierte Verordnung (EU) 2020/2174 der Kommission vom 19. Oktober 2020 (ABl. L 433 vom 22.12.2020, S. 11) geändert worden ist

a) in eine Vertragspartei, die die Einfuhr solcher gefährlichen und anderer Abfälle verboten hat (Artikel 4 Absatz 1 Buchstabe b des Basler Übereinkommens),

b) in einen Einfuhrstaat im Sinne des Artikel 2 Nummer 11 des Basler Übereinkommens, der nicht seine schriftliche Einwilligung zu der bestimmten Einfuhr gegeben hat, wenn dieser Einfuhrstaat die Einfuhr dieser gefährlichen Abfälle nicht verboten hat (Artikel 4 Absatz 1 Buchstabe c des Basler Übereinkommens),

c) in eine Nichtvertragspartei des Basler Übereinkommens (Artikel 4 Absatz 5 des Basler Übereinkommens),

d) in einen Einfuhrstaat, wenn solche gefährlichen Abfälle oder andere Abfälle in diesem Staat oder anderswo nicht umweltgerecht behandelt werden (Artikel 4 Absatz 8 Satz 1 des Basler Übereinkommens);

7. das Verbot der Ausfuhr gefährlicher Abfälle von in Anlage VII des Basler Übereinkommens aufgeführten Staaten in Staaten, die nicht in Anlage VII aufgeführt sind (Artikel 4A des Basler Übereinkommens, Artikel 36 der Verordnung (EG) Nr. 1013/2006) sowie

8. das Verbot der Einfuhr gefährlicher Abfälle und anderer Abfälle aus einer Nichtvertragspartei des Basler Übereinkommens (Artikel 4 Absatz 5 des Basler Übereinkommens).

(4) Eine Verletzung einer menschenrechtsbezogenen Pflicht im Sinne dieses Gesetzes ist der Verstoß gegen ein in Absatz 2 Nummer 1 bis 12 genanntes Verbot. Eine Verletzung einer umweltbezogenen Pflicht im Sinne dieses Gesetzes ist der Verstoß gegen ein in Absatz 3 Nummer 1 bis 8 genanntes Verbot.

(5) Die Lieferkette im Sinne dieses Gesetzes bezieht sich auf alle Produkte und Dienstleistungen eines Unternehmens. Sie umfasst alle Schritte im In- und Ausland, die zur Herstellung der Produkte und zur Erbringung der Dienstleistungen erforderlich sind, angefangen von der Gewinnung der Rohstoffe bis zu der Lieferung an den Endkunden und erfasst

1. das Handeln eines Unternehmens im eigenen Geschäftsbereich,

2. das Handeln eines unmittelbaren Zulieferers und

3. das Handeln eines mittelbaren Zulieferers.

(6) Der eigene Geschäftsbereich im Sinne dieses Gesetzes erfasst jede Tätigkeit des Unternehmens zur Erreichung des Unternehmensziels. Erfasst ist damit jede Tätigkeit zur Herstellung und Verwertung von Produkten und zur Erbringung von Dienstleistungen, unabhängig davon, ob sie an einem Standort im In- oder Ausland vorgenommen wird. In verbundenen Unternehmen zählt zum eigenen Geschäftsbereich der Obergesellschaft eine konzernangehörige Gesellschaft, wenn die Obergesellschaft auf die konzernangehörige Gesellschaft einen bestimmenden Einfluss ausübt.

(7) Unmittelbarer Zulieferer im Sinne dieses Gesetzes ist ein Partner eines Vertrages über die Lieferung von Waren oder die Erbringung von Dienstleistungen, dessen Zulieferungen für die Herstellung des Produktes des Unternehmens oder zur Erbringung und Inanspruchnahme der betreffenden Dienstleistung notwendig sind.

(8) Mittelbarer Zulieferer im Sinne dieses Gesetzes ist jedes Unternehmen, das kein unmittelbarer Zulieferer ist und dessen Zulieferungen für die Herstellung des Produktes des Unternehmens oder zur Erbringung und Inanspruchnahme der betreffenden Dienstleistung notwendig sind.

A b s c h n i t t 2
S o r g f a l t s p f l i c h t e n
§ 3
Sorgfaltspflichten

(1) Unternehmen sind dazu verpflichtet, in ihren Lieferketten die in diesem Abschnitt festgelegten menschenrechtlichen und umweltbezogenen Sorgfaltspflichten in angemessener Weise zu beachten mit dem Ziel, menschenrechtlichen oder umweltbezogenen Risiken vorzubeugen oder sie zu minimieren oder die Verletzung menschenrechtsbezogener oder umweltbezogener Pflichten zu beenden. Die Sorgfaltspflichten enthalten:
1. die Einrichtung eines Risikomanagements (§ 4 Absatz 1),
2. die Festlegung einer betriebsinternen Zuständigkeit (§ 4 Absatz 3),
3. die Durchführung regelmäßiger Risikoanalysen (§ 5),
4. die Abgabe einer Grundsatzerklärung (§ 6 Absatz 2),
5. die Verankerung von Präventionsmaßnahmen im eigenen Geschäftsbereich (§ 6 Absatz 1 und 3) und gegenüber unmittelbaren Zulieferern (§ 6 Absatz 4),
6. das Ergreifen von Abhilfemaßnahmen (§ 7 Absatz 1 bis 3),
7. die Einrichtung eines Beschwerdeverfahrens (§ 8),

8. die Umsetzung von Sorgfaltspflichten in Bezug auf Risiken bei mittelbaren Zulieferern (§ 9) und

9. die Dokumentation (§ 10 Absatz 1) und die Berichterstattung (§ 10 Absatz 2).

(2) Die angemessene Weise eines Handelns, das den Sorgfaltspflichten genügt, bestimmt sich nach

1. Art und Umfang der Geschäftstätigkeit des Unternehmens,

2. dem Einflussvermögen des Unternehmens auf den unmittelbaren Verursacher eines menschenrechtlichen oder umweltbezogenen Risikos oder der Verletzung einer menschenrechtsbezogenen oder einer umweltbezogenen Pflicht,

3. der typischerweise zu erwartenden Schwere der Verletzung, der Umkehrbarkeit der Verletzung und der Wahrscheinlichkeit der Verletzung einer menschenrechtsbezogenen oder einer umweltbezogenen Pflicht sowie

4. nach der Art des Verursachungsbeitrages des Unternehmens zu dem menschenrechtlichen oder umweltbezogenen Risiko oder zu der Verletzung einer menschenrechtsbezogenen oder einer umweltbezogenen Pflicht.

(3) Eine Verletzung der Pflichten aus diesem Gesetz begründet keine zivilrechtliche Haftung. Eine unabhängig von diesem Gesetz begründete zivilrechtliche Haftung bleibt unberührt.

§ 4
Risikomanagement

(1) Unternehmen müssen ein angemessenes und wirksames Risikomanagement zur Einhaltung der Sorgfaltspflichten (§ 3 Absatz 1) einrichten. Das Risikomanagement ist in alle maßgebliche Geschäftsabläufe durch angemessene Maßnahmen zu verankern.

(2) Wirksam sind solche Maßnahmen, die es ermöglichen, menschenrechtliche und umweltbezogene Risiken zu erkennen und zu minimieren sowie Verletzungen menschenrechtsbezogener oder umweltbezogener Pflichten zu verhindern, zu beenden oder deren Ausmaß zu minimieren, wenn das Unternehmen diese Risiken oder Verletzungen innerhalb der Lieferkette verursacht oder dazu beigetragen hat.

(3) Das Unternehmen hat dafür zu sorgen, dass festgelegt ist, wer innerhalb des Unternehmens dafür zuständig ist, das Risikomanagement zu überwachen, etwa durch die Benennung eines Menschenrechtsbeauftragten. Die Geschäftsleitung hat sich regelmäßig, mindestens einmal jährlich, über die Arbeit der zuständigen Person oder Personen zu informieren.

(4) Das Unternehmen hat bei der Errichtung und Umsetzung seines Risikomanagementsystems die Interessen seiner Beschäftigten, der Beschäftigten innerhalb seiner Lieferketten und derjenigen, die in sonstiger Weise durch das wirtschaftliche Handeln des Unternehmens oder durch das wirtschaftliche Handeln eines Unternehmens in seinen Lieferketten in einer geschützten Rechtsposition unmittelbar betroffen sein können, angemessen zu berücksichtigen.

§ 5
Risikoanalyse

(1) Im Rahmen des Risikomanagements hat das Unternehmen eine angemessene Risikoanalyse nach den Abätzen 2 bis 4 durchzuführen, um die menschenrechtlichen und umweltbezogenen Risiken im eigenen Geschäftsbereich sowie bei seinen unmittelbaren Zulieferern zu ermitteln. In Fällen, in denen ein Unternehmen eine missbräuchliche Gestaltung der unmittelbaren Zuliefererbeziehung oder ein Umgehungsgeschäft vorgenommen hat, um die Anforderungen an die Sorgfaltspflichten in Hinblick auf den unmittelbaren Zulieferer zu umgehen, gilt ein mittelbarer Zulieferer als unmittelbarer Zulieferer.

(2) Die ermittelten menschenrechtlichen und umweltbezogenen Risiken sind angemessen zu gewichten und zu priorisieren. Dabei sind insbesondere die in § 3 Absatz 2 genannten Kriterien maßgeblich.

(3) Das Unternehmen muss dafür Sorge tragen, dass die Ergebnisse der Risikoanalyse intern an die maßgeblichen Entscheidungsträger, etwa an den Vorstand oder an die Einkaufsabteilung, kommuniziert werden.

(4) Die Risikoanalyse ist einmal im Jahr sowie anlassbezogen durchzuführen, wenn das Unternehmen mit einer wesentlich veränderten oder wesentlich erweiterten Risikolage in der Lieferkette rechnen muss, etwa durch die Einführung neuer Produkte, Projekte oder eines neuen Geschäftsfeldes. Erkenntnisse aus der Bearbeitung von Hinweisen nach § 8 Absatz 1 sind zu berücksichtigen.

§ 6
Präventionsmaßnahmen

(1) Stellt ein Unternehmen im Rahmen einer Risikoanalyse nach § 5 ein Risiko fest, hat es unverzüglich angemessene Präventionsmaßnahmen nach den Absätzen 2 bis 4 zu ergreifen.

(2) Das Unternehmen muss eine Grundsatzerklärung über seine Menschenrechtsstrategie abgeben. Die Unternehmensleitung hat die Grundsatzerklärung abzu-

geben. Die Grundsatzerklärung muss mindestens die folgenden Elemente einer Menschenrechtsstrategie des Unternehmens enthalten:

1. die Beschreibung des Verfahrens, mit dem das Unternehmen seinen Pflichten nach § 4 Absatz 1, § 5 Absatz 1, § 6 Absatz 3 bis 5, sowie den §§ 7 bis 10 nachkommt,

2. die für das Unternehmen auf Grundlage der Risikoanalyse festgestellten prioritären menschenrechtlichen und umweltbezogenen Risiken und

3. die auf Grundlage der Risikoanalyse erfolgte Festlegung der menschenrechtsbezogenen und umweltbezogenen Erwartungen, die das Unternehmen an seine Beschäftigten und Zulieferer in der Lieferkette richtet.

(3) Das Unternehmen muss angemessene Präventionsmaßnahmen im eigenen Geschäftsbereich verankern, insbesondere:

1. die Umsetzung der in der Grundsatzerklärung dargelegten Menschenrechtsstrategie in den relevanten Geschäftsabläufen,

2. die Entwicklung und Implementierung geeigneter Beschaffungsstrategien und Einkaufspraktiken, durch die festgestellte Risiken verhindert oder minimiert werden,

3. die Durchführung von Schulungen in den relevanten Geschäftsbereichen,

4. die Durchführung risikobasierter Kontrollmaßnahmen, mit denen die Einhaltung der in der Grundsatzerklärung enthaltenen Menschenrechtsstrategie im eigenen Geschäftsbereich überprüft wird.

(4) Das Unternehmen muss angemessene Präventionsmaßnahmen gegenüber einem unmittelbaren Zulieferer verankern, insbesondere:

1. die Berücksichtigung der menschenrechtsbezogenen und umweltbezogenen Erwartungen bei der Auswahl eines unmittelbaren Zulieferers,

2. die vertragliche Zusicherung eines unmittelbaren Zulieferers, dass dieser die von der Geschäftsleitung des Unternehmens verlangten menschenrechtsbezogenen und umweltbezogenen Erwartungen einhält und entlang der Lieferkette angemessen adressiert,

3. die Durchführung von Schulungen und Weiterbildungen zur Durchsetzung der vertraglichen Zusicherungen des unmittelbaren Zulieferers nach Nummer 2,

4. die Vereinbarung angemessener vertraglicher Kontrollmechanismen sowie deren risikobasierte Durchführung, um die Einhaltung der Menschenrechtsstrategie bei dem unmittelbaren Zulieferer zu überprüfen.

(5) Die Wirksamkeit der Präventionsmaßnahmen ist einmal im Jahr sowie anlassbezogen zu überprüfen, wenn das Unternehmen mit einer wesentlich veränderten oder wesentlich erweiterten Risikolage im eigenen Geschäftsbereich oder beim unmittelbaren Zulieferer rechnen muss, etwa durch die Einführung neuer

Produkte, Projekte oder eines neuen Geschäftsfeldes. Erkenntnisse aus der Bearbeitung von Hinweisen nach § 8 Absatz 1 sind zu berücksichtigen. Die Maßnahmen sind bei Bedarf unverzüglich zu aktualisieren.

§ 7
Abhilfemaßnahmen

(1) Stellt das Unternehmen fest, dass die Verletzung einer menschenrechtsbezogenen oder einer umweltbezogenen Pflicht in seinem eigenen Geschäftsbereich
oder bei einem unmittelbaren Zulieferer bereits eingetreten ist oder unmittelbar bevorsteht, hat es unverzüglich angemessene Abhilfemaßnahmen zu
ergreifen, um diese Verletzung zu verhindern, zu beenden oder das Ausmaß der
Verletzung zu minimieren. § 5 Absatz 1 Satz 2 gilt entsprechend. Im eigenen
Geschäftsbereich im Inland muss die Abhilfemaßnahme zu einer Beendigung
der Verletzung führen. Im eigenen Geschäftsbereich im Ausland und im eigenen Geschäftsbereich gemäß § 2 Absatz 6 Satz 3 muss die Abhilfemaßnahme
in der Regel zur Beendigung der Verletzung führen.

(2) Ist die Verletzung einer menschenrechtsbezogenen oder einer umweltbezogenen Pflicht bei einem unmittelbaren Zulieferer so beschaffen, dass das Unternehmen sie nicht in absehbarer Zeit beenden kann, muss es unverzüglich ein
Konzept zur Beendigung oder Minimierung erstellen und umsetzen. Das Konzept muss einen konkreten Zeitplan enthalten. Bei der Erstellung und Umsetzung des Konzepts sind insbesondere folgende Maßnahmen in Betracht
zu ziehen:

1. die gemeinsame Erarbeitung und Umsetzung eines Plans zur Beendigung
oder Minimierung der Verletzung mit dem Unternehmen, durch das die Verletzung verursacht wird,

2. der Zusammenschluss mit anderen Unternehmen im Rahmen von Brancheninitiativen und Branchenstandards, um die Einflussmöglichkeit auf den
Verursacher zu erhöhen,

3. ein temporäres Aussetzen der Geschäftsbeziehung während der Bemühungen zur Risikominimierung.

(3) Der Abbruch einer Geschäftsbeziehung ist nur geboten, wenn

1. die Verletzung einer geschützten Rechtsposition oder einer umweltbezogenen Pflicht als sehr schwerwiegend bewertet wird,

2. die Umsetzung der im Konzept erarbeiteten Maßnahmen nach Ablauf der
im Konzept festgelegten Zeit keine Abhilfe bewirkt,

3. dem Unternehmen keine anderen milderen Mittel zur Verfügung stehen und eine Erhöhung des Einflussvermögens nicht aussichtsreich erscheint.

Die bloße Tatsache, dass ein Staat eines der in der Anlage zu diesem Gesetz aufgelisteten Übereinkommen nicht ratifiziert oder nicht in sein nationales Recht umgesetzt hat, führt nicht zu einer Pflicht zum Abbruch der Geschäftsbeziehung. Von Satz 2 unberührt bleiben Einschränkungen des Außenwirtschaftsverkehrs durch oder aufgrund von Bundesrecht, Recht der Europäischen Union oder Völkerrecht.

(4) Die Wirksamkeit der Abhilfemaßnahmen ist einmal im Jahr sowie anlassbezogen zu überprüfen, wenn das Unternehmen mit einer wesentlich veränderten oder wesentlich erweiterten Risikolage im eigenen Geschäftsbereich oder beim unmittelbaren Zulieferer rechnen muss, etwa durch die Einführung neuer Produkte, Projekte oder eines neuen Geschäftsfeldes. Erkenntnisse aus der Bearbeitung von Hinweisen nach § 8 Absatz 1 sind zu berücksichtigen. Die Maßnahmen sind bei Bedarf unverzüglich zu aktualisieren.

§ 8
Beschwerdeverfahren

(1) Das Unternehmen hat dafür zu sorgen, dass ein angemessenes unternehmensinternes Beschwerdeverfahren nach den Absätzen 2 bis 4 eingerichtet ist. Das Beschwerdeverfahren ermöglicht Personen, auf menschenrechtliche und umweltbezogene Risiken sowie auf Verletzungen menschenrechtsbezogener oder umweltbezogener Pflichten hinzuweisen, die durch das wirtschaftliche Handeln eines Unternehmens im eigenen Geschäftsbereich oder eines unmittelbaren Zulieferers entstanden sind. Der Eingang des Hinweises ist den Hinweisgebern zu bestätigen. Die von dem Unternehmen mit der Durchführung des Verfahrens betrauten Personen haben den Sachverhalt mit den Hinweisgebern zu erörtern. Sie können ein Verfahren der einvernehmlichen Beilegung anbieten. Die Unternehmen können sich stattdessen an einem entsprechenden externen Beschwerdeverfahren beteiligen, sofern es die nachfolgenden Kriterien erfüllt.

(2) Das Unternehmen legt eine Verfahrensordnung in Textform fest, die öffentlich zugänglich ist.

(3) Die von dem Unternehmen mit der Durchführung des Verfahrens betrauten Personen müssen Gewähr für unparteiisches Handeln bieten, insbesondere müssen sie unabhängig und an Weisungen nicht gebunden sein. Sie sind zur Verschwiegenheit verpflichtet.

(4) Das Unternehmen muss in geeigneter Weise klare und verständliche Informationen zur Erreichbarkeit und Zuständigkeit und zur Durchführung des Beschwerdeverfahrens öffentlich zugänglich machen. Das Beschwerdeverfahren muss für potenzielle Beteiligte zugänglich sein, die Vertraulichkeit der Identität wahren und wirksamen Schutz vor Benachteiligung oder Bestrafung aufgrund einer Beschwerde gewährleisten.

(5) Die Wirksamkeit des Beschwerdeverfahrens ist mindestens einmal im Jahr sowie anlassbezogen zu überprüfen, wenn das Unternehmen mit einer wesentlich veränderten oder wesentlich erweiterten Risikolage im eigenen Geschäftsbereich oder beim unmittelbaren Zulieferer rechnen muss, etwa durch die Einführung neuer Produkte, Projekte oder eines neuen Geschäftsfeldes. Die Maßnahmen sind bei Bedarf unverzüglich zu wiederholen.

§ 9

Mittelbare Zulieferer;
Verordnungsermächtigung

(1) Das Unternehmen muss das Beschwerdeverfahren nach § 8 so einrichten, dass es Personen auch ermöglicht, auf menschenrechtliche oder umweltbezogene Risiken sowie auf Verletzungen menschenrechtsbezogener oder umweltbezogener Pflichten hinzuweisen, die durch das wirtschaftliche Handeln eines mittelbaren Zulieferers entstanden sind.

(2) Das Unternehmen muss nach Maßgabe des Absatzes 3 sein bestehendes Risikomanagement im Sinne von § 4 anpassen.

(3) Liegen einem Unternehmen tatsächliche Anhaltspunkte vor, die eine Verletzung einer menschenrechtsbezogenen oder einer umweltbezogenen Pflicht bei mittelbaren Zulieferern möglich erscheinen lassen (substanziierte Kenntnis), so hat es anlassbezogen unverzüglich

1. eine Risikoanalyse gemäß § 5 Absatz 1 bis 3 durchzuführen,

2. angemessene Präventionsmaßnahmen gegenüber dem Verursacher zu verankern, etwa die Durchführung von Kontrollmaßnahmen, die Unterstützung bei der Vorbeugung und Vermeidung eines Risikos oder die Umsetzung von branchenspezifischen oder branchenübergreifenden Initiativen, denen das Unternehmen beigetreten ist,

3. ein Konzept zur Verhinderung, Beendigung oder Minimierung zu erstellen und umzusetzen und

4. gegebenenfalls entsprechend seine Grundsatzerklärung gemäß § 6 Absatz 2 zu aktualisieren.

(4) Das Bundesministerium für Arbeit und Soziales wird ermächtigt, Näheres zu den Pflichten des Absatzes 3 durch Rechtsverordnung im Einvernehmen mit dem Bundesministerium für Wirtschaft und Energie ohne Zustimmung des Bundesrates zu regeln.

§ 10
Dokumentations- und Berichtspflicht

(1) Die Erfüllung der Sorgfaltspflichten nach § 3 ist unternehmensintern fortlaufend zu dokumentieren. Die Dokumentation ist ab ihrer Erstellung mindestens sieben Jahre lang aufzubewahren.

(2) Das Unternehmen hat jährlich einen Bericht über die Erfüllung seiner Sorgfaltspflichten im vergangenen Geschäftsjahr zu erstellen und spätestens vier Monate nach dem Schluss des Geschäftsjahrs auf der Internetseite des Unternehmens für einen Zeitraum von sieben Jahren kostenfrei öffentlich zugänglich zu machen. In dem Bericht ist nachvollziehbar mindestens darzulegen,

1. ob und falls ja, welche menschenrechtlichen und umweltbezogenen Risiken oder Verletzungen einer menschenrechtsbezogenen oder umweltbezogenen Pflicht das Unternehmen identifiziert hat,

2. was das Unternehmen, unter Bezugnahme auf die in den §§ 4 bis 9 beschriebenen Maßnahmen, zur Erfüllung seiner Sorgfaltspflichten unternommen hat; dazu zählen auch die Elemente der Grundsatzerklärung gemäß § 6 Absatz 2, sowie die Maßnahmen, die das Unternehmen aufgrund von Beschwerden nach § 8 oder nach § 9 Absatz 1 getroffen hat,

3. wie das Unternehmen die Auswirkungen und die Wirksamkeit der Maßnahmen bewertet und

4. welche Schlussfolgerungen es aus der Bewertung für zukünftige Maßnahmen zieht.

(3) Hat das Unternehmen kein menschenrechtliches oder umweltbezogenes Risiko und keine Verletzung einer menschenrechtsbezogenen oder einer umweltbezogenen Pflicht festgestellt und dies in seinem Bericht plausibel dargelegt, sind keine weiteren Ausführungen nach Absatz 2 Satz 2 Nummer 2 bis 4 erforderlich.

(4) Der Wahrung von Betriebs- und Geschäftsgeheimnissen ist dabei gebührend Rechnung zu tragen.

Abschnitt 3
Zivilprozess
§ 11

Besondere Prozessstandschaft

(1) Wer geltend macht, in einer überragend wichtigen geschützten Rechtsposition aus § 2 Absatz 1 verletzt zu sein, kann zur gerichtlichen Geltendmachung seiner Rechte einer inländischen Gewerkschaft oder Nichtregierungsorganisation die Ermächtigung zur Prozessführung erteilen.

(2) Eine Gewerkschaft oder Nichtregierungsorganisation kann nach Absatz 1 nur ermächtigt werden, wenn sie eine auf Dauer angelegte eigene Präsenz unterhält und sich nach ihrer Satzung nicht gewerbsmäßig und nicht nur vorübergehend dafür einsetzt, die Menschenrechte oder entsprechende Rechte im nationalen Recht eines Staates zu realisieren.

Abschnitt 4
Behördliche
Kontrolle und Durchsetzung
Unterabschnitt 1
Berichtsprüfung
§ 12
Einreichung des Berichts

(1) Der Bericht nach § 10 Absatz 2 Satz 1 ist in deutscher Sprache und elektronisch über einen von der zuständigen Behörde bereitgestellten Zugang einzureichen.

(2) Der Bericht ist spätestens vier Monate nach dem Schluss des Geschäftsjahres, auf das er sich bezieht, einzureichen.

§ 13
Behördliche
Berichtsprüfung; Verordnungsermächtigung

(1) Die zuständige Behörde prüft, ob
  1. der Bericht nach § 10 Absatz 2 Satz 1 vorliegt und
  2. die Anforderungen nach § 10 Absatz 2 und 3 eingehalten wurden.

(2) Werden die Anforderungen nach § 10 Absatz 2 und 3 nicht erfüllt, kann die zuständige Behörde verlangen, dass das Unternehmen den Bericht innerhalb einer angemessenen Frist nachbessert.

(3) Das Bundesministerium für Arbeit und Soziales wird ermächtigt, durch Rechtsverordnung im Einvernehmen mit dem Bundesministerium für Wirt-

schaft und Energie ohne Zustimmung des Bundesrates folgende Verfahren näher zu regeln:

1. das Verfahren der Einreichung des Berichts nach § 12 sowie
2. das Verfahren der behördlichen Berichtsprüfung nach den Absätzen 1 und 2.

Unterabschnitt 2
Risikobasierte Kontrolle
§ 14
Behördliches Tätigwerden;
Verordnungsermächtigung

(1) Die zuständige Behörde wird tätig:
1. von Amts wegen nach pflichtgemäßem Ermessen,
   a) um die Einhaltung der Pflichten nach den §§ 3 bis 10 Absatz 1 im Hinblick auf mögliche menschenrechtliche und umweltbezogene Risiken sowie Verletzungen einer menschenrechtsbezogenen oder einer umweltbezogenen Pflicht zu kontrollieren und
   b) Verstöße gegen Pflichten nach Buchstabe a fest-zustellen, zu beseitigen und zu verhindern;
2. auf Antrag, wenn die antragstellende Person substanziiert geltend macht,
   a) infolge der Nichterfüllung einer in den §§ 3 bis 9 enthaltenen Pflicht in einer geschützten Rechtsposition verletzt zu sein oder
   b) dass eine in Buchstabe a genannte Verletzung unmittelbar bevorsteht.
(2) Das Bundesministerium für Arbeit und Soziales wird ermächtigt, durch Rechtsverordnung im Einvernehmen mit dem Bundesministerium für Wirtschaft und Energie ohne Zustimmung des Bundesrates das Verfahren der risikobasierten Kontrolle nach Absatz 1 und den §§ 15 bis 17 näher zu regeln.

§ 15
Anordnungen und Maßnahmen
Die zuständige Behörde trifft die geeigneten und erforderlichen Anordnungen und Maßnahmen, um Verstöße gegen die Pflichten nach den §§ 3 bis 10 Absatz 1 festzustellen, zu beseitigen und zu verhindern. Sie kann insbesondere

1. Personen laden,
2. dem Unternehmen aufgeben, innerhalb von drei Monaten ab Bekanntgabe der Anordnung einen Plan zur Behebung der Missstände einschließlich klarer Zeitangaben zu dessen Umsetzung vorzulegen und
3. dem Unternehmen konkrete Handlungen zur Erfüllung seiner Pflichten aufgeben.

§ 16

Betretensrechte

Soweit dies zur Wahrnehmung der Aufgaben nach § 14 erforderlich ist, sind die zuständige Behörde und ihre Beauftragten befugt,

1. Betriebsgrundstücke, Geschäftsräume und Wirtschaftsgebäude der Unternehmen während der üblichen Geschäfts- oder Betriebszeiten zu betreten und zu besichtigen sowie
2. bei Unternehmen während der üblichen Geschäfts- oder Betriebszeiten geschäftliche Unterlagen und Aufzeichnungen, aus denen sich ableiten lässt, ob die Sorgfaltspflichten nach den §§ 3 bis 10 Absatz 1 eingehalten wurden, einzusehen und zu prüfen.

§ 17

Auskunfts- und Herausgabepflichten

(1) Unternehmen und nach § 15 Satz 2 Nummer 1 geladene Personen sind verpflichtet, der zuständigen Behörde auf Verlangen die Auskünfte zu erteilen und die Unterlagen herauszugeben, die die Behörde zur Durchführung der ihr durch dieses Gesetz oder aufgrund dieses Gesetzes übertragenen Aufgaben benötigt. Die Verpflichtung erstreckt sich auch auf Auskünfte über verbundene Unternehmen (§ 15 des Aktiengesetzes), unmittelbare und mittelbare Zulieferer und die Herausgabe von Unterlagen dieser Unternehmen, soweit das auskunfts- oder herausgabepflichtige Unternehmen oder die auskunfts- oder herausgabepflichtige Person die Informationen zur Verfügung hat oder aufgrund bestehender vertraglicher Beziehungen zur Beschaffung der verlangten Informationen in der Lage ist.

(2) Die zu erteilenden Auskünfte und herauszugebenden Unterlagen nach Absatz 1 umfassen insbesondere

1. die Angaben und Nachweise zur Feststellung, ob ein Unternehmen in den Anwendungsbereich dieses Gesetzes fällt,
2. die Angaben und Nachweise über die Erfüllung der Pflichten nach den §§ 3 bis 10 Absatz 1 und
3. die Namen der zur Überwachung der internen Prozesse des Unternehmens zur Erfüllung der Pflichten nach den §§ 3 bis 10 Absatz 1 zuständigen Personen.

(3) Wer zur Auskunft nach Absatz 1 verpflichtet ist, kann die Auskunft auf solche Fragen verweigern, deren Beantwortung ihn selbst oder einen der in § 52 Ab-

satz 1 der Strafprozessordnung bezeichneten Angehörigen der Gefahr strafgerichtlicher Verfolgung oder eines Verfahrens nach dem Gesetz über Ordnungswidrigkeiten aussetzen würde. Die auskunftspflichtige Person ist über ihr
Recht zur Verweigerung der Auskunft zu belehren. Sonstige gesetzliche Aus-
kunfts- oder Aussageverweigerungsrechte sowie gesetzliche Verschwiegenheitspflichten bleiben unberührt.

§ 18

Duldungs- und

Mitwirkungspflichten

Die Unternehmen haben die Maßnahmen der zuständigen Behörde und ihrer
Beauftragten zu dulden und bei der Durchführung der Maßnahmen mitzuwirken.
Satz 1 gilt auch für die Inhaber der Unternehmen und ihre Vertretung, bei juristi-
schen Personen für die nach Gesetz oder Satzung zur Vertretung berufenen
Personen.

Unterabschnitt 3

Zuständige Behörde, Handreichungen, Rechenschaftsbericht

§ 19

Zuständige Behörde

(1) Für die behördliche Kontrolle und Durchsetzung nach diesem Abschnitt ist das
Bundesamt für Wirtschaft und Ausfuhrkontrolle zuständig. Für die Aufgaben
nach diesem Gesetz obliegt die Rechts- und Fachaufsicht über das Bundesamt
dem Bundesministerium für Wirtschaft und Energie. Das Bundesministerium
für Wirtschaft und Energie übt die Rechts- und Fachaufsicht im Einvernehmen
mit dem Bundesministerium für Arbeit und Soziales aus.

(2) Bei der Wahrnehmung ihrer Aufgaben verfolgt die zuständige Behörde einen
risikobasierten Ansatz.

§ 20

Handreichungen

Die zuständige Behörde veröffentlicht branchenübergreifende oder branchenspezifische Informationen, Hilfestellungen und Empfehlungen zur Einhaltung
dieses Gesetzes und stimmt sich dabei mit den fachlich betroffenen Behörden ab.
Die Informationen, Hilfestellungen oder Empfehlungen bedürfen vor Veröffentlichung der Zustimmung des Auswärtigen Amtes, insofern außenpolitische Belange
davon berührt sind.

§ 21

Rechenschaftsbericht

(1) Die nach § 19 Absatz 1 Satz 1 zuständige Behörde berichtet einmal jährlich über ihre im vorausgegangenen Kalenderjahr erfolgten Kontroll- und Durchsetzungstätigkeiten nach Abschn. 4. Der Bericht ist erstmals für das Jahr 2022 zu erstellen und auf der Webseite der zuständigen Behörde zu veröffentlichen.

(2) Die Berichte sollen auf festgestellte Verstöße und angeordnete Abhilfemaßnahmen hinweisen und diese erläutern sowie eine Auswertung der eingereichten Unternehmensberichte nach § 12 enthalten, ohne die jeweils betroffenen Unternehmen zu benennen.

Abschnitt 5
Öffentliche Beschaffung
§ 22
Ausschluss von der
Vergabe öffentlicher Aufträge

(1) Von der Teilnahme an einem Verfahren über die Vergabe eines Liefer-, Bau- oder Dienstleistungsauftrags der in den §§ 99 und 100 des Gesetzes gegen Wettbewerbsbeschränkungen genannten Auftraggeber sollen Unternehmen bis zur nachgewiesenen Selbstreinigung nach § 125 des Gesetzes gegen Wettbewerbsbeschränkungen ausgeschlossen werden, die wegen eines rechtskräftig festgestellten Verstoßes nach § 24 Absatz 1 mit einer Geldbuße nach Maßgabe von Absatz 2 belegt worden sind. Der Ausschluss nach Satz 1 darf nur innerhalb eines angemessenen Zeitraums von bis zu drei Jahren erfolgen.

(2) Ein Ausschluss nach Absatz 1 setzt einen rechtskräftig festgestellten Verstoß mit einer Geldbuße von wenigstens einhundertfünfundsiebzigtausend Euro voraus. Abweichend von Satz 1 wird

1. in den Fällen des § 24 Absatz 2 Satz 2 in Verbindung mit § 24 Absatz 2 Satz 1 Nummer 2 ein rechtskräftig festgestellter Verstoß mit einer Geldbuße von wenigstens eine Million fünfhunderttausend Euro,

2. in den Fällen des § 24 Absatz 2 Satz 2 in Verbindung mit § 24 Absatz 2 Satz 1 Nummer 1 ein rechtskräftig festgestellter Verstoß mit einer Geldbuße von wenigstens zwei Millionen Euro und

3. in den Fällen des § 24 Absatz 3 ein rechtskräftig festgestellter Verstoß mit einer Geldbuße von wenigstens 0,35 Prozent des durchschnittlichen Jahresumsatzes vorausgesetzt.

(3) Vor der Entscheidung über den Ausschluss ist der Bewerber zu hören.

Abschnitt 6
Zwangsgeld und Bußgeld
§ 23
Zwangsgeld
Die Höhe des Zwangsgeldes im Verwaltungszwangsverfahren der nach § 19 Absatz 1 Satz 1 zuständigen Behörde beträgt abweichend von § 11 Absatz 3 des Verwaltungsvollstreckungsgesetzes bis zu 50.000 Euro.

§ 24
Bußgeldvorschriften

(1) Ordnungswidrig handelt, wer vorsätzlich oder fahrlässig

1. entgegen § 4 Absatz 3 Satz 1 nicht dafür sorgt, dass eine dort genannte Festlegung getroffen ist,

2. entgegen § 5 Absatz 1 Satz 1 oder § 9 Absatz 3 Nummer 1 eine Risikoanalyse nicht, nicht richtig, nicht vollständig oder nicht rechtzeitig durchführt,

3. entgegen § 6 Absatz 1 eine Präventionsmaßnahme nicht oder nicht rechtzeitig ergreift,

4. entgegen § 6 Absatz 5 Satz 1, § 7 Absatz 4 Satz 1 oder § 8 Absatz 5 Satz 1 eine Überprüfung nicht oder nicht rechtzeitig vornimmt,

5. entgegen § 6 Absatz 5 Satz 3, § 7 Absatz 4 Satz 3 oder § 8 Absatz 5 Satz 2 eine Maßnahme nicht oder nicht rechtzeitig aktualisiert,

6. entgegen § 7 Absatz 1 Satz 1 eine Abhilfemaßnahme nicht oder nicht rechtzeitig ergreift,

7. entgegen
   a) § 7 Absatz 2 Satz 1 oder
   b) § 9 Absatz 3 Nummer 3
   ein Konzept nicht oder nicht rechtzeitig erstellt oder nicht oder nicht rechtzeitig umsetzt,

8. entgegen § 8 Absatz 1 Satz 1, auch in Verbindung mit § 9 Absatz 1, nicht dafür sorgt, dass ein Beschwerdeverfahren eingerichtet ist,

9. entgegen § 10 Absatz 1 Satz 2 eine Dokumentation nicht oder nicht mindestens sieben Jahre aufbewahrt,

10. entgegen § 10 Absatz 2 Satz 1 einen Bericht nicht richtig erstellt,

11. entgegen § 10 Absatz 2 Satz 1 einen dort genannten Bericht nicht oder nicht rechtzeitig öffentlich zugänglich macht,

12. entgegen § 12 einen Bericht nicht oder nicht rechtzeitig einreicht oder

13. einer vollziehbaren Anordnung nach § 13 Absatz 2 oder § 15 Satz 2 Nummer 2 zuwiderhandelt.

(2) Die Ordnungswidrigkeit kann geahndet werden

1. in den Fällen des Absatzes 1
   a) Nummer 3, 7 Buchstabe b und Nummer 8
   b) Nummer 6 und 7 Buchstabe damit einer Geldbuße bis zu achthunderttausend Euro,
2. in den Fällen des Absatzes 1 Nummer 1, 2, 4, 5 und 13 mit einer Geldbuße bis zu fünfhunderttausend Euro und
3. in den übrigen Fällen des Absatzes 1 mit einer Geldbuße bis zu hunderttausend Euro. In den Fällen des Satzes 1 Nummer 1 und 2 ist § 30 Absatz 2 Satz 3 des Gesetzes über Ordnungswidrigkeiten anzuwenden.

(3) Bei einer juristischen Person oder Personenvereinigung mit einem durchschnittlichen Jahresumsatz von mehr als 400 Millionen Euro kann abweichend von Absatz 2 Satz 2 in Verbindung mit Satz 1 Nummer 1 Buchstabe b eine Ordnungswidrigkeit nach Absatz 1 Nummer 6 oder 7 Buchstabe a mit einer Geldbuße bis zu 2 Prozent des durchschnittlichen Jahresumsatzes geahndet werden. Bei der Ermittlung des durchschnittlichen Jahresumsatzes der juristischen Person oder Personenvereinigung ist der weltweite Umsatz aller natürlichen und juristischen Personen sowie aller Personenvereinigungen der letzten drei Geschäftsjahre, die der Behördenentscheidung vorausgehen, zugrunde zu legen, soweit diese Personen und Personenvereinigungen als wirtschaftliche Einheit operieren. Der durchschnittliche Jahresumsatz kann geschätzt werden.

(4) Grundlage für die Bemessung der Geldbuße bei juristischen Personen und Personenvereinigungen ist die Bedeutung der Ordnungswidrigkeit. Bei der Bemessung sind die wirtschaftlichen Verhältnisse der juristischen Person oder Personenvereinigung zu berücksichtigen. Bei der Bemessung sind die Umstände, insoweit sie für und gegen die juristische Person oder Personenvereinigung sprechen, gegeneinander abzuwägen. Dabei kommen insbesondere in Betracht:
1. der Vorwurf, der den Täter der Ordnungswidrigkeit trifft,
2. die Beweggründe und Ziele des Täters der Ordnungswidrigkeit,
3. Gewicht, Ausmaß und Dauer der Ordnungswidrigkeit,
4. Art der Ausführung der Ordnungswidrigkeit, insbesondere die Anzahl der Täter und deren Position in der juristischen Person oder Personenvereinigung,
5. die Auswirkungen der Ordnungswidrigkeit,
6. vorausgegangene Ordnungswidrigkeiten, für die die juristische Person oder Personenvereinigung nach § 30 des Gesetzes über Ordnungswidrigkeiten, auch in Verbindung mit § 130 des Gesetzes über Ordnungswidrigkeiten, verantwortlich ist, sowie vor der Ordnungswidrigkeit getroffene Vorkehrungen zur Vermeidung und Aufdeckung von Ordnungswidrigkeiten,

7. das Bemühen der juristischen Person oder Personenvereinigung, die Ordnungswidrigkeit aufzudecken und den Schaden wiedergutzumachen, sowie
nach der Ordnungswidrigkeit getroffene Vorkehrungen zur Vermeidung
und Aufdeckung von Ordnungswidrigkeiten,

8. die Folgen der Ordnungswidrigkeit, die die juristische Person oder Personenvereinigung getroffen haben.

(5) Verwaltungsbehörde im Sinne des § 36 Absatz 1 Nummer 1 des Gesetzes über
Ordnungswidrigkeiten ist das Bundesamt für Wirtschaft und Ausfuhrkontrolle.
Für die Rechts- und Fachaufsicht über das Bundesamt gilt § 19 Absatz 1
Satz 2 und 3.

Anlage

(zu § 2 Absatz 1, § 7 Absatz 3 Satz 2)

Übereinkommen

1. Übereinkommen Nr. 29 der Internationalen Arbeitsorganisation vom 28. Juni
1930 über Zwangs- oder Pflichtarbeit (BGBl. 1956 II S. 640, 641) (ILO-
Übereinkommen Nr. 29)

2. Protokoll vom 11. Juni 2014 zum Übereinkommen Nr. 29 der Internationalen
Arbeitsorganisation vom 28. Juni 1930 über Zwangs- oder Pflichtarbeit
(BGBl. 2019 II S. 437, 438)

3. Übereinkommen Nr. 87 der Internationalen Arbeitsorganisation vom 9. Juli
1948 über die Vereinigungsfreiheit und den Schutz des Vereinigungsrechtes
(BGBl. 1956 II S. 2072, 2071) geändert durch das Übereinkommen vom
26. Juni 1961 (BGBl. 1963 II S. 1135, 1136) (ILO-Übereinkommen Nr. 87)

4. Übereinkommen Nr. 98 der Internationalen Arbeitsorganisation vom 1. Juli
1949 über die Anwendung der Grundsätze des Vereinigungsrechtes und des
Rechtes zu Kollektivverhandlungen (BGBl. 1955 II S. 1122, 1123) geändert
durch das Übereinkommen vom 26. Juni 1961 (BGBl. 1963 II S. 1135, 1136)
(ILO-Übereinkommen Nr. 98)

5. Übereinkommen Nr. 100 der Internationalen Arbeitsorganisation vom 29. Juni
1951 über die Gleichheit des Entgelts männlicher und weiblicher Arbeitskräfte
für gleichwertige Arbeit (BGBl. 1956 II S. 23, 24) (ILO-Übereinkommen
Nr. 100)

6. Übereinkommen Nr. 105 der Internationalen Arbeitsorganisation vom 25. Juni
1957 über die Abschaffung der Zwangsarbeit (BGBl. 1959 II S. 441, 442)
(ILO-Übereinkommen Nr. 105)

7. Übereinkommen Nr. 111 der Internationalen Arbeitsorganisation vom 25. Juni 1958 über die Diskriminierung in Beschäftigung und Beruf (BGBl. 1961 II S. 97, 98) (ILO-Übereinkommen Nr. 111)

8. Übereinkommen Nr. 138 der Internationalen Arbeitsorganisation vom 26. Juni 1973 über das Mindestalter für die Zulassung zur Beschäftigung (BGBl. 1976 II S. 201, 202) (ILO-Übereinkommen Nr. 138)

9. Übereinkommen Nr. 182 der Internationalen Arbeitsorganisation vom 17. Juni 1999 über das Verbot und unverzügliche Maßnahmen zur Beseitigung der schlimmsten Formen der Kinderarbeit (BGBl. 2001 II S. 1290, 1291) (ILO-Übereinkommen Nr. 182)

10. Internationaler Pakt vom 19. Dezember 1966 über bürgerliche und politische Rechte, (BGBl. 1973 II S. 1533, 1534)

11. Internationaler Pakt vom 19. Dezember 1966 über wirtschaftliche, soziale und kulturelle Rechte (BGBl. 1973 II S. 1569, 1570)

12. Übereinkommen von Minamata vom 10. Oktober 2013 über Quecksilber (BGBl. 2017 II S. 610, 611) (Minamata-Übereinkommen)

13. Stockholmer Übereinkommen vom 23. Mai 2001 über persistente organische Schadstoffe (BGBl. 2002 II S. 803, 804) (POPs-Übereinkommen), zuletzt geändert durch den Beschluss vom 6. Mai 2005 (BGBl. 2009 II S. 1060, 1061)

14. Basler Übereinkommen über die Kontrolle der grenzüberschreitenden Verbringung gefährlicher Abfälle und ihrer Entsorgung vom 22. März 1989 (BGBl. 1994 II S. 2703, 2704) (Basler Übereinkommen), zuletzt geändert durch die Dritte Verordnung zur Änderung von Anlagen zum Basler Übereinkommen vom 22. März 1989 vom 6. Mai 2014 (BGBl. II S. 306/307)

The manufacturer's authorised representative in the EU is Springer
Nature Customer Service Centre GmbH, Europaplatz 3, 69115 Heidelberg,
Germany. If you have any concerns regarding our products, please
contact ProductSafety@springernature.com

Printed and bound by CPI Group (UK) Ltd, Croydon, CR0 4YY

28/04/2026

02098491-0006